# 日本とフィンランドにおける子どものウェルビーイングへの多面的アプローチ

子どもの幸福を考える

松本真理子［編著］

明石書店

# はじめに

　本書は、日本学術振興会科学研究費基盤研究（B）「子どもと環境に対する包括的支援モデルの構築──小学校臨床における新たな視点の導入」の一環として実施した、日本とフィンランドの子どもにおける心の健康に関する2国間調査の結果を基盤にしている。具体的には、両国の小中学生を対象として実施した質問紙法および投影法による多面的2国間比較研究、社会的養護を必要とする子どもの2国間比較研究、フィンランドにおける子どものメンタルヘルスに関する現状と課題についての論考および両国の社会的基盤、教育基盤などの比較資料を加えて、両国の子どものメンタルヘルスに対して学術的かつ多面的なアプローチを試みるものである。

**ウェルビーイングと心の健康**
　本書のタイトルは「日本とフィンランドにおける子どものウェルビーイングへの多面的アプローチ」である。このウェルビーイング（well-being）という用語は1946年にWHO（世界保健機関）が"健康とは身体的、心理的、社会的安寧状態であり、単に疾患や障がいがないことを意味するものではない（Health is a state of complete physical, mental and social well-being and not merely the absence of disease or infirmity.）"と宣言した際に用いられたことに始まり、それ以来、医療、福祉、心理、社会などさまざまな領域で用いられてきている。最近では心理学においても幸福やウェルビーイングなど人間の肯定的な面に注目する研究が盛んに行われ、ポジティブ心理学という新しい分野も広まりつつある。一方、ウェルビーイングとは何であるのか、といった議論は結論に一致を見ることなく、研究者によってさまざまな側面からの測定や評価によってウェルビーイングの状態が記載されている現状にあるといってよい。このような現状の中で、心理学領域に

おいて重視される側面として、ウェルビーイングとはあくまでも主観的な要素を含むものである、ということがある。すなわち、「自分はよりよく生きているという感覚」や「自分は幸せであるという感覚」が大切である、ということになる。

われわれの研究テーマは「心の健康に関する2国間比較」である。心の健康という用語もまた曖昧さを含むものであり、研究者が定義する健康概念が心の健康である、という操作的定義が一般的である。われわれは、心の健康概念について複数の側面について多面的な心理学的方法で光をあてることを試みた。すなわち、身体的健康、情緒的ウェルビーイング、自尊感情、家族関係、友人関係、学校生活の側面について、質問紙法と投影法合わせて6つの心理学的手法を用いて調査を進めた。したがって、われわれの捉えた心の健康の定義はかなり広いものとなり、WHOの規定する身体、心理、社会（環境）を含むものと考え、タイトルではより広い概念であるウェルビーイングとした。

**日本の子どもは幸せだろうか**
さて、個人にとって重要な主観的ウェルビーイングとは、「自分は現在の生活に満足である」あるいは「自分は、今、幸せに生きている」ということに他ならない。本研究における分析や考察の過程において、われわれがしばしば議論したことの一つに「日本の子どもたちは幸せだろうか」という問いがあった。「日本の子どもは幸せか」という問いに対する回答は大変に難しいものである。そもそも幸せであるかどうか、という判断は上述したように主観的で個人にゆだねられる面も大きいものである。

しかし一方で、われわれが2国間比較研究を通して実感したことは、「大人は子どもを取り巻く環境として一つの重要な存在であり、子どもの幸せに大きくかかわる存在である」ということである。このことが、副題を「子どもの幸福を考える」とした理由である。

読者の皆様が「日本の子どもは幸せだろうか」「われわれは子ども

はじめに

を取り巻く環境として子どもの幸福にどのような貢献ができるのだろうか」ということについて考える機会として、本書が役に立つとしたら、そして未来を担う子どもの幸せについて思いを馳せていただけたなら、編者として望外の喜びである。

編　者

トゥルク大聖堂

目　次

はじめに……………………………………………………………………… 3

## 序　章　フィンランドの概要と研究概要……………………………… 15
### 第1節　フィンランドの概要………………………………………… 16
(1)国土／(2)人口構成／(3)言語／(4)宗教／(5)歴史／(6)政治／(7)経済／(8)福祉／(9)教育／(10)文化
### 第2節　研究概要……………………………………………………… 22
(1)研究目的／(2)質問紙および投影法／(3)調査協力者／(4)現地調査の概要

## 第Ⅰ部
## 小中学生のウェルビーイング調査

## 第1章　質問紙を通してみたウェルビーイング……………………… 31
はじめに……………………………………………………………………… 32
### 第1節　日本の子どものQOL──フィンランドの子どもとの比較…… 33
(1)対象と方法／(2)結果／(3)考察
### 第2節　友だち領域と学校領域のQOLに関する検討………………… 44
まとめと今後の課題………………………………………………………… 50

## 第2章　イメージ連想法を通してみた自己イメージと学校イメージ… 59
はじめに……………………………………………………………………… 60
### 第1節　方　法………………………………………………………… 61
(1)調査協力者／(2)調査方法／(3)手続き／(4)分析方法
### 第2節　結果と考察…………………………………………………… 63
(1)イメージ連想法を通してみた自己イメージ／(2)イメージ連想法を通してみた学校イメージ
まとめと今後の課題………………………………………………………… 72

## 第3章　対人葛藤解決方略調査を通してみた葛藤解決のあり方……77

第1節　子どもの対人葛藤解決方略と学校生活………………………78
第2節　対人葛藤解決方略における文化差……………………………79
第3節　方　法……………………………………………………………80
　　　⑴調査協力者／⑵調査内容／⑶手続き／⑷分析方法
第4節　国、発達段階、性別による各方略使用の違い………………83
　　　⑴他者変化志向の方略（対人葛藤場面において、他者を変化させる方略）／⑵自己変化志向の方略（対人葛藤場面において、自己を変化させる方略）／⑶教師介入志向の方略／⑷ジャンケン志向の方略／⑸協調志向の方略（対人葛藤場面において、両者の欲求を協調的に変化させる方略）
まとめと今後の課題………………………………………………………93

## 第4章　文章完成法を通してみた自己像と対人関係………………103

第1節　問題と目的………………………………………………………104
第2節　方　法……………………………………………………………105
　　　⑴調査協力者／⑵調査方法／⑶手続き／⑷評定方法／⑸分析方法
第3節　結　果……………………………………………………………108
　　　⑴学校における自己／⑵友人関係／⑶対教師関係／⑷家族関係
第4節　考　察……………………………………………………………114
　　　⑴学校における自己の2国間比較／⑵友人関係の2国間比較／⑶対教師関係の2国間比較／⑷家族関係の2国間比較
まとめと今後の課題………………………………………………………116

## 第5章　動的学校画を通してみた学校生活…………………………123

はじめに……………………………………………………………………124
第1節　印象、活動および自己像の2国間比較………………………124
　　　⑴方法／⑵結果／⑶考察
第2節　友人関係および対教師関係の2国間比較……………………136
　　　⑴方法／⑵結果／⑶考察
まとめと今後の課題………………………………………………………142

## 第Ⅱ部
## 社会の支援を必要とする子どものウェルビーイング

### 第6章　日本とフィンランドにおけるひきこもり傾向児……………… 147
　はじめに……………………………………………………………………… 148
　第1節　日本のひきこもり傾向児………………………………………… 150
　　　(1)目的／(2)方法／(3)結果と考察
　第2節　フィンランドのひきこもり傾向児……………………………… 159
　　　(1)目的／(2)方法／(3)結果と考察
　第3節　総合考察…………………………………………………………… 166
　まとめと今後の課題………………………………………………………… 168

### 第7章　日本とフィンランドにおける子どもの社会的養護………… 171
　はじめに……………………………………………………………………… 172
　第1節　社会的養護の背景について……………………………………… 172
　　　(1)日本における社会的養護の背景／(2)フィンランドにおける社会的養護の背景／(3)統計データからの検討
　第2節　児童福祉施設の実際……………………………………………… 179
　　　(1)日本の児童福祉施設について／(2)日本における児童養護施設の例／(3)フィンランドにおける児童福祉施設の例
　第3節　考　察……………………………………………………………… 184
　　　(1)社会的養護の背景から考える／(2)社会的養護の実際について
　まとめと今後の課題………………………………………………………… 186

# 第Ⅲ部
# 学校における心の支援

## 第8章　学校現場を支える学校カウンセリングの2国間比較 …… 191
### はじめに …… 192
### 第1節　歴史的背景 …… 193
⑴フィンランドにおけるスクールサイコロジストの歴史／⑵日本におけるスクールカウンセラーの歴史

### 第2節　一次的援助サービス …… 195
⑴-①フィンランドにおける一次的援助サービスの基本／⑴-②一次的援助サービスにおけるSPの役割／⑵-①日本における一次的援助サービス／⑵-②一次的援助サービスにおけるSCの役割

### 第3節　二次的援助サービス …… 201
⑴フィンランドにおける二次的援助サービス／⑵日本における二次的援助サービス

### 第4節　三次的援助サービス …… 202
⑴フィンランドにおける三次的援助サービス／⑵日本における三次的援助サービス

### 第5節　心理アセスメント …… 203
⑴フィンランドにおける心理アセスメント／⑵日本における心理アセスメント

### 第6節　資格と組織的基盤 …… 205
⑴フィンランド／⑵日本

### 第7節　専門家の養成 …… 207
⑴フィンランド／⑵日本

### 第8節　課　題 …… 208
⑴フィンランド／⑵日本

# 第Ⅳ部
# フィンランドにおける子どものウェルビーイング

## 第9章　フィンランドにおける子どもの幸福とその支援 …………… 215
　はじめに ……………………………………………………………………… 216
　第1節　子どもと若者の育成に関する2015年フィンランド内閣計画 … 216
　第2節　幸福と健康における政府の目標について ………………………… 218
　　(1)生活水準・物質的幸福／(2)安全な環境／(3)健康／(4)教育／(5)家族・参加・余暇時間／(6)国と地方自治体によって提供される支援と保護
　第3節　児童福祉法について ……………………………………………… 227
　　(1)子どもの幸福に対する責任／(2)子どものための福祉／(3)子どものための予防的福祉／(4)子どものための福祉の主要原則／(5)子どもや若者の考えと希望／(6)子どもと若者──子どもと若者の幸福を促進する／(7)児童と生徒のための福祉／(8)大人に対するサービスにおいて子どもを考慮する／(9)子どものための福祉を用意する／(10)子どもと若者の幸福のための計画(1292/2013)／(11)子どもに関することに責任を持つソーシャルワーカー／(12)複数の専門職によって専門性を保障する／(13)特別な医療の義務／(14)子どものための福祉を用意する責任を持つ地方自治体／(15)子どものための福祉の費用に責任を持つ地方自治体
　第4節　保健・医療法について ……………………………………………… 235
　　(1)母親と子どものための診療所サービス（15節）／(2)学校保健（16節）／(3)生徒・学生の保健（17節）
　第5節　福祉事業の担い手と団体について ………………………………… 240
　　(1)マンネルヘイム児童福祉連盟：子どもたちへの配慮／(2)フィンランド赤十字社
　第6節　国立健康福祉研究所：統計と専門的助言 について ………… 244
　　(1)職員／(2)THL の義務／(3)THL の機能／(4)政令によって定められた機能
　第7節　セーブ・ザ・チルドレン・フィンランド
　　　　　：ケア事業はどのように行われているか ………………………… 246

第8節　政府による開発計画：KASTE について……………………250
第9節　子どものための福祉サービスの有効性
　　　　：フィンランド地方自治体協会による研究プロジェクト……251

# 第10章　フィンランド在住の日本人心理学者からみた学校環境とウェルビーイング……255

はじめに……………………………………………………………………256
第1節　学校ウェルフェアチーム………………………………………256
第2節　いじめ……………………………………………………………259
第3節　学習と学校生活についての支援………………………………263
第4節　学校と保護者の連携……………………………………………266
第5節　多言語、多文化教育……………………………………………267
おわりに……………………………………………………………………269

# 資　料　2国間比較統計………………………………………………271

2国間調査研究成果一覧（平成22年〜平成28年）……………………289

あとがき……………………………………………………………………295

＊本文に掲載されている写真はすべてフィンランドの学校場面と風景です。

# 序　章

## フィンランドの概要と研究概要

森と湖の国フィンランド

## 第 1 節　フィンランドの概要

### (1) 国　土

　フィンランドは、緯度60度と70度の間に位置する欧州最北端の国で、国土の4分の1は北極圏にある。西にスウェーデン、北にノルウェー、東にロシアとの国境があり、フィンランド湾を挟んで南にはエストニアがある。日本からは、フィンランド航空の直行便にて9～10時間で行くことができる。日本との時差は7時間であり、4～10月のサマータイム時は6時間となる。
　面積は33万8400km²であり、日本の面積37万7972km²との差は北海道の半分ほどである。地目別でみると、73％が森林（約2200万ヘクタール）、10％が湖沼（約18万8000個）、7％が耕地となっており、自然の豊かな国であるといえる。平均海抜が152mであり、高地がほとんどないが、河川の浸食や大昔の大陸氷河による影響によって独特の地形が生まれ、「森と湖の国」と呼ばれるほど美しい景観を有している。
　気候に関しては、バルト海や湖の広大な総面積やメキシコ湾流上空の温かい空気を運ぶ偏西風の影響で、高緯度に位置するわりに比較的穏やかである。また、春と秋は短いものの、日本と同じようにはっきりとした四季がある。首都ヘルシンキの年間平均気温は5.3度であるが、夏は20～30度、冬はマイナス20度以下になるなど、気温はかなり激しく変動する。北極圏では夏に2カ月以上太陽が沈まず、冬には50日以上太陽が地平線上に昇らないなど、日の長さも極端に変わることが特徴である。

### (2) 人口構成

　2015年時点で、フィンランドの人口は約547万人となっている（Statistics Finland, 2016）。日本の人口は2015年時点で約1億2689万人である（総務省統計局, 2016）。人口密度にすると、フィンランドが16人／km²、日本が335人／km²

序　章　フィンランドの概要と研究概要

であり、ほぼ同じような国土の中にフィンランドが抱える人口は日本の約23分の1ということになる。なお、フィンランドにおける15歳未満の子どもの割合は16.4％（2014年時点）であり、日本の12.6％（2016年時点）に比べて高くなっている。一方で、近年ではフィンランドにおいても急速な高齢化が進んでおり、65歳以上の高齢者の占める割合は約20％となっている。加えて、移民の流入により人口全体は増加傾向にある。

## (3) 言　語

　フィンランドの公用語はフィンランド語とスウェーデン語である。フィンランド語を使用する国民が89％であるのに対し、スウェーデン語を使用する国民は5.4％であるため、ほとんどの国民はフィンランド語を話していることになる。フィンランド語は文法が複雑で単語も英語とは異なることから、外国人が習得することは難しいとされているが、例えば「Kiitos（キートス、ありがとう）」など日本語と音が類似する言葉も多く、日本人には馴染みやすいとも言われている。このほか、公的地位にある第3の言語がサーミ語である。サーミ人はヨーロッパ連合（以下、EU）国内で唯一の先住民族である。フィンランドには約9000人が暮らしており、主にトナカイの飼育で生計を立てている。サーミ人には、言語、文化や伝統的な生活を維持し発展させる権利が認められている。

## (4) 宗　教

　国民の約78％は福音ルーテル派教会に、1.1％はギリシア正教会に属している。19.5％は所属する宗教を持たない。フィンランドの人々にとって、宗教が日常生活に大きな影響を及ぼすということはないようだが、学校では宗教の時間が設けられており、その内容は日本の道徳の授業に相当する。また、地域の教会は子どもたちの居場所の一つとなっている。

(5) 歴　史

　フィンランドは他国の領土争いに翻弄された過去があり、その歴史は決して順風満帆なものではなかった。まず、12世紀の十字軍派遣をきっかけに、フィンランドは大公国という名目でスウェーデン王国の統治下に置かれた。1809年にはスウェーデン王国とロシア帝国の間でフィンランド戦争が勃発し、平和条約の締結によりフィンランドはスウェーデン王国からロシア帝国に割譲され、ロシア帝国の大公国として統治されることとなった。当初はスウェーデンの統治時代と同様の自治権が与えられていたものの、1880年代から「ロシア化」政策と呼ばれるフィンランドへの干渉政策がとられたことを契機に、独立への機運が高まり始めた。1917年12月6日、ロシア革命の混乱に乗じ、フィンランドは独立を宣言する。1919年には現行の憲法が採択され、大統領を元首とする「フィンランド共和国」が誕生した。同年に日本との外交関係も樹立されている。第二次世界大戦中はソ連の侵攻に遭うが、占領を阻止し、独立と主権を死守した。

(6) 政　治

　フィンランドは複数政党の議会制民主主義の国であり、国家元首は6年毎に選出される大統領である。国会は200議席あり、一院制をとっている。フィンランドの地方行政制度は一層制で、国と基礎自治体（法律上の差異はないが、「市」か「町」のどちらかを名乗る）により成り立つという特徴を持つ。地方分権の進むフィンランドにおいて、自治体は社会福祉・保健、教育・文化、環境・土地利用・インフラ整備に関するサービスを供給する主体として位置づけられている。

　なお、選挙権と被選挙権はともに、投票日までに18歳に達したすべてのフィンランド国民に与えられる。

## (7) 経　済

　第二次世界大戦後、それまで農業国であったフィンランドは教育と研究に重点を置いて急速な経済成長を遂げた。主要産業は製紙・パルプ・木材関連、金属・機械および情報通信産業などである。1995年にはEUに加盟し、海外との貿易も積極的に行っている。近年では、フィンランドは世界で最も国際競争力のある国の一つとして位置づけられるまでとなった。これには、教育の質の高さ、国家財政の管理がうまくいっていることや、汚職が少ないことなど、さまざまな要因が挙げられている。

## (8) 福　祉

　北欧型福祉国家の一つであるフィンランドは、子どもの特別な権利を尊重し、子育てを担う家族を社会で支えるという考えが定着している。具体的な家族支援策としては、母親手当（健診後に現金または衣類等の詰め合わせである育児パッケージを受け取る）、出産休業制度（母親は105日、父親は30日が上限）や親休業制度（158日）、および子ども手当等が挙げられる。

　すべての自治体のヘルスセンター内には、妊娠指導から出産、子育て支援などを担う「ネウボラ」が設置されている。医師と保健師が常駐しているほか、ソーシャルワーカー、心理士、看護師、栄養士、理学療法士や言語療法士なども勤務している。定期健診、予防接種、歯科健診や育児相談などはすべて無償で受けることができる。ネウボラでは、母子のみならず、父親をはじめとした家族全員の健康状態を把握し支援することを目的としている。対象となるのは就学前（6歳）までであるが、基礎学校への就学後は学校の保健師がネウボラで蓄積された情報に基づき子どもたちの健康を見守っている。

## (9) 教　育

　フィンランドでは7歳より基礎学校に入学し、義務教育期間は9年間とされている。2000年より経済協力開発機構（OECD）が実施している国際学習

到達度調査(PISA)にて上位を占めるようになり、福祉分野とともに教育分野においても世界の注目を集めている(詳細は巻末資料参照)。

## ⑽ 文　化

カレリア地方を中心に口承されてきた民族叙事詩を編纂し、19世紀中頃に誕生した「カレワラ」は、フィンランドの民族文化の象徴とされている。日本において馴染み深い文化としては、トーヴェ・ヤンソン作の「ムーミン」が挙げられる。また、シベリウス作曲の交響詩「フィンランディア」もよく知られている。そのほか、フィンランドはサウナ発祥の地やサンタクロースの国としても有名である。

森の中の学童保育所

野生のトナカイ

## 第2節　研究概要

　本研究は、日本学術振興会科学研究費基盤研究（B）「子どもと環境に対する包括的支援モデルの構築――小学校臨床における新たな視点の導入」（No.21330159、研究代表：松本真理子）の一環である「現代の日本社会・文化に生きる子ども像とその環境の解明」として行った日本とフィンランドの学校環境および子どもたちのウェルビーイング（心の健康）に関する２国間比較調査の結果をまとめたものである。われわれは、2011年度から2014年度にかけて５回の現地調査を行い、フィンランドの子どもを取り巻く学校環境をはじめ、さまざまな医療、福祉、社会施設を観察、インタビュー調査を行った。その結果の一部は『フィンランドの子どもを支える学校環境と心の健康――子どもにとって大切なことは何か』（明石書店, 2013年）として出版している。

　本書で報告する研究成果は、日本とフィンランドの子どもを対象として実施した、ウェルビーイングに関する多面的調査の結果を中心とするものである。また臨床研究として実施した、ひきこもり傾向児童の２国間比較と被虐待児に関する現地調査の成果も報告する。

　以下に本書で扱う主な研究の概要をまとめて紹介する。

### (1) 研究目的

　日本の子どもにおける心の健康の特徴についてフィンランドとの２国間比較を通して明らかにすることを目的とする。本研究で捉えるウェルビーイングとは、図０－１に示す10の側面として、それらについて、３つの質問紙および３つの投影法を通して理解しようとするものである。

| 心の<br>健康調査 | Kid-KINDL<sup>R</sup><br>QOL 尺度<br>〔第1章〕 | YSR<br>攻撃性・ひき<br>こもり尺度<br>〔第1章〕 | SCT<br>・文章完成法<br>・イメージ連<br>想法<br>〔第2・4章〕 | 対人葛藤解決<br>方略質問紙<br>〔第3章〕 | KSD<br>動的学校画<br>〔第5章〕 |
|---|---|---|---|---|---|
| 身体的健康 | ■ | | ▨ | | |
| 情緒的ウェルビーイング | ■ | | | | |
| 自尊感情 | ■ | | | | |
| 攻撃性 | | ■ | | | |
| ひきこもり | | ■ | | | |
| 家族関係 | ■ | | ▨ | | |
| 友人関係 | ■ | | ▨ | ■ | ▨ |
| 教師関係 | | | ▨ | ■ | ▨ |
| 学校生活 | ■ | | | | ▨ |
| QOL 総得点 | ■ | | | | |

図0-1　本研究のウェルビーイングの10の側面

## (2) 質問紙および投影法

以下に本研究で用いた質問紙と投影法の概要を紹介するが詳細については各章を参照されたい。

### [1] Kid-KINDL<sup>R</sup>

ラーベンスとブリンガー（Ravens & Bullinger, 1998）によって開発された質問紙であり、世界各国語に翻訳されている。本研究では、ラーベンスとブリンガー（Ravens & Bullinger, 2009）によるフィンランド語版と、日本語版としては柴田ら（2003）による小学生版 QOL 尺度と松嵜ら（2007）による中学生版 QOL 尺度を用いた。本質問紙は「身体的健康」「情緒的ウェルビーイング（well-being）」「自尊感情」「家族」「友だち」「学校」の6つの下位尺度から成り、各尺度は4項目5件法で構成されている。

### [2] YSR（Youth Self Report：Achenbach, 1991）

アッケンバック（Achenbach, 1991）によって開発された児童青年期の行

動特徴を把握する質問紙であり、その中から、われわれが日本の子どもにおける臨床的問題として特に注目している「ひきこもり傾向」7項目と「攻撃的行動傾向」19項目の計26項目を用いた。いずれも3件法であり、フィンランド語版、日本語版ともに公刊されている。

[3] **対人葛藤解決方略質問紙**

　小中学生の対人葛藤場面における解決方略を把握する質問紙であり、対人交渉方略 (interpersonal negotiation strategies : INS) モデル (Yeates & Selman, 1989) と山岸 (1998) を参考にして作成した。本質問紙では、子どもたちが学校生活で経験すると思われる2種類の対人葛藤場面に対してそれぞれ9種類の解決方略を設定し、「場面の問題の定義」「各方略を使用する程度」「最良の方略選択と理由」について尋ねた。

[4] **文章完成法 (Sentence Completion Test : SCT)**

　「わたしの友だちは……」「わたしは先生と……」「わたしは学校で……」などのように短い言葉を提示し、それに続けて自由に文章を書いてもらう方法である。刺激語については、SCTに関する諸研究を参考にして友人関係5項目、対教師関係5項目、家族関係3項目、学校における自己2項目を作成した。

[5] **イメージ連想法 (Image Association Method : IAM)**

　自分および学校のイメージを質的に把握するためにイメージ連想法を用いた。本方法はTST (Twenty Statement Test 20答法 : Kuhn & McPartland, 1954) を参考に、フィンランドの学校教育で用いられているマインド・マップ方式を応用して、われわれが独自に考案したものである。「わたし」「学校」という言葉が円の中央に記載されており、その言葉を見て思いついたことを次々と書いていく方法である。円から遠心状に1から20まで番号のついた20本の線が描かれており、思いついた言葉を順に記述する方法である。

## [6] 動的学校画 (Kinetic School Drawing：KSD)

　プラウトとフィリップス (Prout & Phillips, 1974) が創始した描画法で、A4サイズの白紙と鉛筆、消しゴムを用意し、「あなたが学校で何かしているところを描いてください。絵の中にあなたとあなたの先生、2人以上の友達を描いてください」と教示して、自由に描く方法である。描画後に「今何をしているところか」「次に何が起こると思うか」を尋ねた。

### (3) 調査協力者

　調査は日本では2009年7月から2010年3月までの間に小学校8校、中学校5校（いずれも東海地区）、フィンランドでは2010年5月から11月の間に小学校5校、中学校8校（トゥルク市およびその近郊）で、小学2年生、4年生、6年生、中学2年生（フィンランドでは8年生）を対象に実施し、両国合わせて約3400名の子どもたちの協力を得た。本書で報告する研究対象となったのは、表0-1に示した計1820名のデータである。なお実際の分析対象となった人数は質問紙（投影法）により異なるため各章を参照されたい。

表0-1　調査対象者数

|  | 4年生 | | 中学2年生（8年生） | | 計 |
| --- | --- | --- | --- | --- | --- |
|  | 男子 | 女子 | 男子 | 女子 |  |
| 日本 | 321 | 299 | 404 | 396 | 1420 |
| フィンランド | 78 | 101 | 123 | 97 | 400*(399) |
| 計 | 399 | 400 | 527 | 493 | *1820(1819) |

＊1名は性別不明のため性別内訳より除外している。

　なお、本研究を開始するにあたって、名古屋大学大学院教育発達科学研究科倫理委員会の承認を得た後に調査を実施した。

### (4) 現地調査の概要

　各施設では、施設長および職員に対するインタビュー調査を実施した。詳細な現地調査報告については、松本・ケスキネン編著（2013）を参照さ

れたい。

- 1回目調査：2010年3月、1週間

　マンテュマキ家族センター（Mäntymäen Perhekeskus, Mäntymäki、トゥルク市）、ヴァリッスオ学校（Varissuon Koulu, Varissuo、トゥルク市小学校）、パェスキュヴオリ学校（Pääskyvuoren koulu, Pääskyvuori、トゥルク市小学校）、イルポイネン学校（Ilpoisten Koulu, Ilpoinen、トゥルク市小学校）の終日観察調査。トゥルク大学児童精神科病棟、トゥルク市養護施設およびロバニエミ市立図書館の観察調査、スクールサイコロジストへのインタビュー調査。

- 2回目調査：2010年8月、1週間

　イルポイネン学校（Ilpoisten Koulu、トゥルク市小学校）、ヴァルチオキュラ学校（Vartiokylän Koulu, Vartiokylä, Comprehensive School、ヘルシンキ市）の終日観察調査。2国間比較調査打ち合わせ会議。

- 3回目調査：2011年8月、1週間

　プロペルト学校（Puropellon Koulu, Puropelto、トゥルク市中学校）、ク

クリッテュラ学校（トゥルク市近郊の小学校）

リッテュラ学校（Kurittulan Koulu, Kurittula、マスク市小学校）、クロサーリ学校（Kulosaaren Koulu, Kulosaari、ヘルシンキ市中学校）の終日観察調査。トゥルク市立図書館、地区教会、ユースセンター、学童保育所および放課後の子どもたちの居場所の観察調査。トゥルク大学クリスティナ・サルミヴァッリ（Christina Salmivalli）先生に対するKiVaプログラム（フィンランドのいじめ予防プログラム）に関するインタビュー調査。

● 4回目調査：2012年8月、1週間

オムニア職業学校（Omnian ammattiopisto、エスポー市、職業高校）、プイストラ学校（Puistolan Peruskoulu, Puistola、ヘルシンキ市中学校）の観察調査。学童保育所の観察調査、中学生・高校生と働く親に対するインタビュー調査（ヘルシンキ市内）。

● 5回目調査：2014年3月、5日間

プロペルト学校（Puropellon Koulu, Puropelto、トゥルク市中学校）におけるキャリア教育授業観察調査。スクールサイコロジストへのインタビュー調査、研究成果打ち合わせ会議。

---

**引用・参考文献**

Achenbach, T. M. (1991): *Integrative Guide for the 1991 CBCL/4-18, YSR, and TRF Profiles.* Burlington, VT : University of Vermont, Department of Psychiatry.
FAOSTAT　http://www.fao.org/faostat/en/#country/67
フィンランド大使館
　　http://www.finland.or.jp/public/default.aspx?nodeid=46039&contentlan=23&culture=ja-JP
外務省　http://www.mofa.go.jp/mofaj/area/finland/
堀内都喜子（2008）『フィンランド豊かさのメソッド』集英社新書
木脇奈智子・太田由加里（2014）「多様化する子育て支援の現状と課題：第3報──フィンランドの家族支援『ネウヴォラ』に着目して」『藤女子大学QOL研究所紀要』9, 35-43.
国立教育政策研究所（2013）『生きるための知識と技能5　OECD生徒の学習到達度調査（PISA）2012年調査国際結果報告書』明石書店
Kuhn, M. H., & Mcpartland, T. S.(1954) "An Empirical Investigation of Self-Attitudes."

*American Sociological Review* 19 : 68-76.

松嵜くみ子・柴田玲子・根本芳子他（2007）「日本における『中学生版 QOL 尺度』の検討」『日本小児科学会雑誌』111, 1404-1410.

百瀬宏・石野裕子編著（2008）『フィンランドを知るための44章』明石書店

Prout, H.T., & Phillips, P.D.(1974) A clinical note : The Kinetic School Drawing. *Psychology in the Schools*, 11, 303-306.

Ravens-Sieberer, U., & Bullinger, M.(1998) "Assessing health-related quality of life in chronically ill children with the German KINDL : first psychometric and content analytical results". *Quality of Life Research*, 7, 399-407.

柴田玲子・根本芳子・松嵜くみ子他（2003）「日本における Kid-KINDL[R] Questionnaire（小学生版 QOL 尺度）の検討」『日本小児科学会雑誌』107, 1514-1520.

総務省統計局　http://www.stat.go.jp/data/jinsui/new.htm

Statistics Finland　http://www.tilastokeskus.fi/index_en.html

渡辺久子、トゥーラ・タンミネン、髙橋睦子（2009）『子どもと家族にやさしい社会フィンランド──未来へのいのちを育む』明石書店

山岸明子（1998）「小・中学生における対人交渉方略の発達及び適応感との関連──性差を中心に」『教育心理学研究』46, 163-172.

山田眞知子（2010）「フィンランドの地方自治体とサービスの構造改革」『比較地方自治研究会報告書』

Yeates, K. O., & Selman, R. L.(1989) "Social competence in the school : Toward an integrative developmental model for intervention." *Developmental Review* 9 : 64-100.

# 第Ⅰ部 小中学生のウェルビーイング調査

ヘルシンキ市内一望。遠くにヘルシンキ大聖堂が見える

# 第 1 章

## 質問紙を通してみた ウェルビーイング

低学年用中庭で遊ぶ子どもたち

## はじめに

　フィンランドは、OECDが行っているPISA（国際学習到達度調査）で2003年以来上位の成績を示しており（国立教育政策研究所, 2010）、世界の中でも学力の高さに定評がある。また「子どもは国の宝である」という考えが国全体に浸透しており、子どもに対する高福祉や各種支援が充実している。これらのことから日本からもフィンランドの教育環境に学ぼうと注目が集まっている。

　筆者らの研究グループでは、学力だけでなく子どもの心の健康も含めた検討をするために、日本とフィンランドの子どもの2国間のメンタルヘルスに関する比較研究（松本ら, 2008など）を行ってきている。筆者らは、学校環境に関する観察調査を通して、日本の子どもたちを取り巻く環境とメンタルヘルスとの関連について、さらに検討を進めるため、子どもたちが自分たちの生活をどう捉えているのかについても明らかにしていく必要があると考えた。そのため、メンタルヘルスに関する質問紙および投影法による多面的調査を行ってきた。

　そのうち、本章では、子どものメンタルヘルスに関して、QOL（Quality of Life）の観点から、日本の子どもたちとフィンランドの子どもたちとの比較検討を行い、日本の子どもの特徴と課題を浮き彫りにすることを目的とした調査の結果をまとめたもの（Tsuboi et al., 2012）を紹介する。さらに、QOLのうち学校領域と友だち領域については、追加分析を行っている（坪井ら, 2015）ので、その結果についても紹介する。いずれも詳細については、各論文（Tsuboi et al., 2012；坪井ら, 2015）を参照していただきたい。

第1章 質問紙を通してみたウェルビーイング

## 第1節 日本の子どものQOL——フィンランドの子どもとの比較

### (1) 対象と方法

#### [1] 対　象

本章で示す対象者は、本研究全体の対象者のうち、QOLおよびYSR質問紙に記入した人数である。いずれも発達になんらかの問題のある子どもは除外し、通常学級に在籍する一般児のみを分析対象とした。内訳は表1－1に示す。

【日本】　東海地方2県の公立小中学校に通う小学校4年生620名（男子321名、女子299名、平均年齢＝9.8歳、$SD=.39$）と中学2年生800名（男子404名、女子396名、平均年齢＝13.8歳、$SD=.44$）の計1420名。

【フィンランド】　公立学校に通う4年生178名（男子77名、女子101名、平均年齢＝10.6歳、$SD=.56$）と8年生219名（男子123名、女子96名、平均年齢＝14.1歳、$SD=.51$）の計397名。

表1－1　分析対象者　　　　　　　　　　　　　　　　　　　　　（人）

|  | 4年生 | | 8年生（中2） | | 計 |
| --- | --- | --- | --- | --- | --- |
|  | 男子 | 女子 | 男子 | 女子 |  |
| 日　本 | 321 | 299 | 404 | 396 | 1420 |
| フィンランド | 77 | 101 | 123 | 96 | 397 |
| 計 | 398 | 400 | 527 | 492 | 1817 |

#### [2] 方　法

質問紙調査を行った。日本、フィンランドとも、学校に依頼し集団で実施した。質問紙の内容は以下の通りである。

(1) 生活上の適応（QOL）：自己記入式のKid-KINDL$^R$（Questionnaire for Measuring Health - Related Quality of Life in Children, Revised Version, Ravens & Bullinger, 1998）を用いた。日本では小学生版QOL尺度（柴田ら, 2003）および中学生版QOL尺度（松嵜ら, 2007）を使用した。フィンランドでは、

QOL尺度各項目のフィンランド語版（Ravens & Bullinger, 2009）を用いた。いずれも「身体的健康」「情緒的ウェルビーイング」「自尊感情」「家族」「友だち」「学校」の6領域、計24項目について5段階で回答を求めた。分析には松嵜ら（2010）の採点法に基づき算出した得点を用いた。なお、尺度の使用については著者らの承諾を得ている。

(2) 行動と情緒：自己記入式のYSR（Youth Self Report；Achenbach, 1991）を用いた。日本では、日本版YSR（倉本ら, 1999）を使用した。フィンランドでは、同じ項目のフィンランド語に翻訳されたものを用いた。いずれも「ひきこもり」と「攻撃的行動」から抜粋した計19項目について3段階で回答を求めた。分析にはYSRの下位尺度ごとの合計得点を用いた。なお、尺度の使用については出版社の承諾を得ている。

[3] 調査時期

日本は2010年1月〜3月、フィンランドは2010年5月〜11月である。

[4] 倫　理

本研究の手続きについては、名古屋大学大学院教育発達科学研究科倫理委員会において承認された。

## (2) 結　果

[1] QOLについて

QOLの各領域について、日本とフィンランドの得点を比較した。得点が高いほど、QOLが高い（適応が良い）という意味である。各領域について3要因の分散分析（国 × 性別 × 学年）を行った結果を表1−2に示す（なお、欠損値のある場合には領域の得点分析から除外し、欠損領域がある場合は総得点の分析からも除外した。そのため、領域ごとにNは異なっている）。国別、学年別、性別の得点をグラフ化したものが図1−1である。

第 1 章 質問紙を通してみたウェルビーイング

表 1 − 2 QOL 得点の比較（国・学年・性別）

| 尺度 | 国 | 4 年生 | | | | 中 2（8 年生） | | | | 主効果 |
|---|---|---|---|---|---|---|---|---|---|---|
| | | 男子 | | 女子 | | 男子 | | 女子 | | 交互作用 |
| | | Mean | SD | Mean | SD | Mean | SD | Mean | SD | |
| 身体的健康 | 日本 | 82.13 | 16.51 | 81.40 | 16.58 | 64.37 | 20.16 | 65.49 | 19.05 | 国 *** ・学年 *** |
| | フィンランド | 79.58 | 18.39 | 78.03 | 16.39 | 74.90 | 15.44 | 64.88 | 18.76 | |
| 情緒的ウェルビーイング | 日本 | 80.72 | 17.04 | 79.57 | 17.79 | 76.20 | 19.45 | 73.24 | 19.21 | 学年 *** ・性 * |
| | フィンランド | 83.33 | 10.65 | 79.42 | 13.34 | 77.71 | 12.55 | 76.50 | 10.37 | |
| 自尊感情 | 日本 | 52.62 | 23.05 | 51.48 | 22.02 | 40.84 | 25.69 | 29.84 | 22.01 | 国 *** ・学年 *** ・性 ** |
| | フィンランド | 64.27 | 20.86 | 66.29 | 16.93 | 61.50 | 14.05 | 58.20 | 16.00 | 国×学年 *** ・学年×性 ** ・国×性 * |
| 家族 | 日本 | 71.60 | 17.98 | 74.98 | 17.52 | 68.45 | 20.09 | 69.56 | 21.78 | 国 *** ・学年 *** |
| | フィンランド | 84.11 | 13.51 | 83.18 | 13.66 | 75.42 | 17.52 | 74.20 | 20.17 | 国×学年 * |
| 友だち | 日本 | 75.83 | 16.47 | 76.25 | 15.17 | 72.09 | 19.51 | 73.76 | 17.02 | 国 ** ・学年 *** |
| | フィンランド | 75.09 | 12.56 | 75.72 | 16.07 | 66.28 | 16.52 | 69.08 | 13.64 | 国×学年 * |
| 学校 | 日本 | 60.12 | 21.35 | 60.70 | 19.52 | 50.44 | 18.39 | 48.04 | 19.66 | 国 *** ・学年 *** |
| | フィンランド | 75.17 | 17.89 | 71.43 | 17.05 | 60.57 | 14.67 | 58.40 | 19.15 | |
| QOL総得点 | 日本 | 70.80 | 12.76 | 71.03 | 12.15 | 62.01 | 13.60 | 60.03 | 13.74 | 国 *** ・学年 *** ・性 * |
| | フィンランド | 78.89 | 9.21 | 76.74 | 9.61 | 69.93 | 9.94 | 66.53 | 12.20 | |

*** $p<.001$　** $p<.01$　* $p<.05$

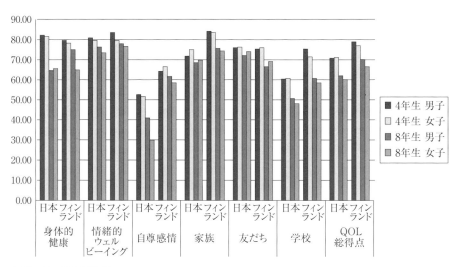

図 1 − 1　QOL 得点

以下にQOL総得点と領域ごとの結果を示す。

### ① QOL総得点

国（$F=101.19, p<.001$）と学年（$F=146.00, p<.001$）および性別（$F=6.50, p<.05$）の主効果が認められた。国では日本よりフィンランドの得点が有意に高く、性別では女子より男子、学年では8年生より4年生の得点が有意に高かった。

### ② 身体的健康

国（$F=107.17, p<.001$）および学年（$F=125.01, p<.001$）の主効果のみ認められた。国では日本よりフィンランドの得点が有意に高く、学年では8年生より4年生の得点が有意に高かった。

### ③ 情緒的ウェルビーイング

学年（$F=23.28, p<.001$）と性別（$F=5.28, p<.05$）のみ主効果が認められた。学年では8年生より4年生の得点が有意に高く、性別では男子の得点が女子より有意に高かった。国による違いは認められなかった。

### ④ 自尊感情

まず、国×学年の交互作用（$F=18.50, p<.001$）が認められたため、単純主効果の検定を行った。その結果、日本における学年の単純主効果（$F=188.12, p<.001$）とフィンランドにおける学年の単純主効果（$F=5.67, p<.05$）が示され、いずれの国でも8年生より4年生の得点が有意に高かった。また4年生における国の単純主効果（$F=46.98, p<.001$）と8年生における国の単純主効果（$F=204.93, p<.001$）が示され、いずれの学年でも日本よりフィンランドの得点の方が高かった。

次に、学年×性別（$F=8.26, p<.01$）の交互作用も認められたため、単純主効果の検定を行った。その結果、男子における学年の単純主効果（$F=34.35, p<.001$）および女子における学年の単純主効果（$F=149.23, p<.001$）が認めら

れ、いずれも4年生のほうが8年生より有意に得点が高かった。また、8年生における性別の単純主効果 ($F=46.72, p<.001$) が認められ、女子より男子の方が高得点であることが示された。

さらに、国×性別の交互作用 ($F=4.16, p<.05$) が認められたため、単純主効果の検定を行った。その結果、男子における国の単純主効果 ($F=77.17, p<.001$)、女子における国の単純主効果 ($F=147.70, p<.001$) が認められ、いずれも日本よりフィンランドの得点が有意に高かった。また、日本における性別の単純主効果 ($F=31.77, p<.001$) が認められ、日本では女子より男子の得点が有意に高いことが示された。フィンランドにおける性別による差異は認められなかった。

⑤ 家　族

国×学年の交互作用 ($F=4.16, p<.05$) が認められたため、単純主効果の検定を行った。その結果、日本における学年の単純主効果 ($F=16.73, p<.001$) とフィンランドにおける学年の単純主効果 ($F=20.06, p<.001$) が認められ、いずれも8年生より4年生の得点が有意に高かった。また、4年生における国の単純主効果 ($F=38.80, p<.001$) と8年生における国の単純主効果 ($F=15.59, p<.001$) が示され、いずれの学年でもフィンランドの得点が日本より有意に高かった。

⑥ 友だち

国×学年の交互作用 ($F=5.67, p<.05$) が認められたため、単純主効果の検定を行った。その結果、日本における学年の単純主効果 ($F=11.36, p<.01$) とフィンランドにおける学年の単純主効果 ($F=20.54, p<.001$) が示された。いずれも8年生より4年生の得点が有意に高かった。

⑦ 学　校

国 ($F=107.17, p<.001$) および学年 ($F=125.01, p<.001$) の主効果が認められた。国ではフィンランドが日本より有意に高く、学年では8年生より4年生の得点が有意に高かった。

## ［2］YSR について

YSR の「ひきこもり」「攻撃的行動」の各尺度について、日本とフィンランドの得点を比較した。ここでは得点が高いほど、問題があるという意味である。それぞれの尺度ごとに3要因の分散分析（国×学年×性別）を行った。その結果を表1-3に示す。

表1-3　YSR（ひきこもり・攻撃的行動）得点の比較（国・学年・性別）

|  |  | 4年生 | | | | 中2（8年生） | | | | |
|---|---|---|---|---|---|---|---|---|---|---|
|  |  | 男子 | | 女子 | | 男子 | | 女子 | | |
|  |  | Mean | SD | Mean | SD | Mean | SD | Mean | SD | |
| ひきこもり | 日本 | 3.10 | 2.50 | 3.15 | 2.11 | 3.44 | 2.90 | 3.77 | 2.99 | 国*** ・学年* ・性** |
|  | フィンランド | 2.01 | 2.19 | 2.96 | 2.55 | 2.44 | 1.94 | 7.02 | 5.16 |  |
| 攻撃的行動 | 日本 | 9.09 | 6.45 | 7.62 | 5.86 | 8.86 | 6.88 | 9.23 | 5.97 | 国×学年* ・学年×性** ・国×性* |
|  | フィンランド | 5.68 | 5.10 | 5.69 | 5.55 | 2.75 | 2.33 | 9.22 | 5.79 |  |

***$p<.001$　**$p<.01$　*$p<.05$

### ① ひきこもり

国（$F=30.46, p<.001$）と学年（$F=3.91, p<.05$）および性別（$F=7.52, p<.01$）の主効果が認められた。国ではフィンランドより日本の方がひきこもり得点が有意に高く、学年では4年生より8年生、性別では男子より女子のひきこもりの得点が有意に高かった。

### ② 攻撃的行動

まず、国×学年の交互作用（$F=6.05, p<.05$）が認められたため、単純主効果の検定を行った。その結果、日本における学年の単純主効果（$F=4.12, p<.05$）とフィンランドにおける学年の単純主効果（$F=37.93, p<.001$）が示された。いずれも4年生より8年生の方が有意に高い攻撃性の得点を示した。また、4年生における国の単純主効果（$F=26.42, p<.001$）と8年生における国の単純主効果（$F=5.15, p<.05$）も示された。いずれもフィンランドより日本の方が有意に高い攻撃性の得点を示した。

次に、学年×性別（$F=8.15, p<.01$）の交互作用も認められたため、単純主効果の検定を行った。その結果、女子における学年の単純主効果（$F=25.42, p<.001$）があり、4年生より8年生の方が有意に高い得点を示した。4年生

における性別の単純主効果（$F=8.76, p<.01$）と 8 年生における性別の単純主効果（$F=4.26, p<.05$）も認められ、いずれも女子が男子より有意に高い得点を示した。

さらに、国 × 性別（$F=5.52, p<.05$）の交互作用も認められたため、単純主効果の検定を行った。その結果、男子における国の単純主効果（$F=24.83, p<.001$）および女子における国の単純主効果（$F=5.10, p<.05$）が示され、いずれもフィンランドより日本の得点が高かった。

## ［3］QOL と YSR の相関

QOL と YSR の関連をみるために、国・学年別の相関（スピアマンの相関）を検討した。その結果を表 1 − 4 に示す。

**表 1 − 4　QOL と YSR の相関**

|  |  | 4 年生 | | 中 2（8 年生） | |
|---|---|---|---|---|---|
|  |  | ひきこもり | 攻撃的行動 | ひきこもり | 攻撃的行動 |
| 攻撃的行動 | 日本 | .40** |  | .42** |  |
|  | フィンランド | .41** |  | .24** |  |
| 身体的健康 | 日本 | −.35** | −.25** | −.46** | −.29** |
|  | フィンランド | −.20** | −.13 | −.36** | −.33** |
| 情緒的ウェルビーイング | 日本 | −.47** | −.27** | −.52** | −.21** |
|  | フィンランド | −.25** | −.13 | −.38** | −.16* |
| 自尊感情 | 日本 | −.21** | −.14** | −.21** | −.01 |
|  | フィンランド | −.08 | .06 | −.29** | −.12 |
| 家　族 | 日本 | −.31** | −.35** | −.22** | −.26** |
|  | フィンランド | −.10 | −.11 | −.14* | −.44** |
| 友だち | 日本 | −.34** | −.21** | −.42** | −.27** |
|  | フィンランド | −.29** | −.21** | −.40** | −.14* |
| 学　校 | 日本 | −.20** | −.21** | −.31** | −.19** |
|  | フィンランド | −.19** | −.35** | −.27** | −.39** |
| QOL 総得点 | 日本 | −.48** | −.34** | −.51** | −.28** |
|  | フィンランド | −.35** | −.29** | −.48** | −.44** |

$** p<.01　* p<.05$

日本の 4 年生では、ひきこもりと攻撃的行動の得点は有意な正の相関（$r=.40, p<.01$）を示し、両尺度とも QOL 総得点および各領域得点とは有意な負の相関が示された。フィンランドの 4 年生では、ひきこもりと攻撃的行動の得点は有意な正の相関（$r=.41, p<.01$）が認められた。両尺度とも QOL の自尊感情および家族の各領域以外では有意な負の相関が示された。

日本の中学2年生でも、ひきこもりと攻撃的行動の得点は有意な正の相関（$r=.41, p<.01$）が示された。攻撃的行動とQOLの自尊感情との間には有意な相関が示されなかったが、それ以外は両尺度ともにQOL各領域と負の相関が認められた。フィンランドの8年生では、ひきこもりと攻撃的行動の得点間には有意な正の相関（$r=.24, p<.01$）が示され、ひきこもりとQOL各領域すべてに有意な負の相関が認められた。攻撃的行動は、身体的健康（$r=-.33, p<.01$）、情緒的ウェルビーイング（$r=-.16, p<.05$）、家族（$r=-.44, p<.01$）、友だち（$r=-.14, p<.05$）、学校（$r=-.39, p<.01$）、QOL総得点（$r=-.44, p<.01$）との間に有意な負の相関が認められたが、自尊感情のみ相関は認められなかった。

## (3) 考　察

### ［1］QOL 全体の傾向の概観

　日本とフィンランドの子どもたちのQOL得点について概観すると、情緒的ウェルビーイング以外の領域で、フィンランドの子どもたちのQOL得点が日本の子どもたちより高いことが明らかになった。特に自尊感情については大きな差異が認められた。この点については後述する。

　学年差については、いずれの国でも、4年生より8年生の方がほとんどの領域でQOL得点は下がっている。学年が上がるとQOLが低下するという点に関しては、両国ともに同じ傾向が認められた。得点の程度の差はあるにせよ、発達的にみると、思春期に自覚的なQOLが下がるという同様の傾向が示されたといえるだろう。

　性差に関しても、両国ともに男子の方が女子よりQOLが高い傾向が認められた。この点に関しても、程度の差はあるものの、男女差は両国で同じ傾向にあることが明らかとなったといえる。そこで次に、いくつか特徴的な結果について考察を加えることとする。

### ［2］QOL 領域ごとの特徴について

　フィンランドと日本の子どものQOLの領域ごとの検討で、最も大きな差

異が認められたのは、自尊感情についてである。特に日本の中学 2 年生女子は、自尊感情が非常に低いということが明らかになった。

古荘（2009）は、日本とオランダの子どもの QOL を比較し、オランダの子どもより日本の子どもの自尊感情が低いことを指摘している。本研究でも、フィンランドの子どもに比べて、日本の子どもたちの自尊感情の低さが目立ち、古庄の指摘と同様の結果が示されている。古庄はさらに、オランダ在住の日本人の子どもたちの自尊感情はそれほど低くないことを示し、同じ日本人でも、環境によって自尊感情の高さに違いがあることを指摘している。日本には、自分をあまり主張しすぎない謙虚さが美徳とされる文化的背景があるものの、それを考慮したとしても、子どもたちの低すぎる自尊感情は、自信のなさや不安の高さを反映する問題と考えられる。

次に、子どもを取り巻く環境という意味で、家族と友だち、学校領域に着目したい。

まず、家族領域では、学年が上がると両国ともに得点が低下するという点では同じ傾向が見られたが、得点そのものは、日本よりフィンランドの得点が高いことが示された。友だち領域では、国による差異は示されなかった。次に学校領域でも、学年が上がると両国ともに得点が低下するという傾向は同じであるが、得点そのものは日本よりフィンランドの方が高いことが示された。家族・学校という子どもをとりまく重要な環境において、いずれも日本の子どもはフィンランドの子どもに比べ、QOL が低いことが示されたといえる。

家族関係については、2005年に行われた小学校 6 年生を対象とした松本ら（2006）の調査によると、日本の子どもはフィンランドの子どもより家族の関係を良好に認知しており、本研究とは異なる結果が示されている。しかし永井ら（2006）による中学 2 年生の比較では、フィンランドの方が日本より家族関係が有意に良好であるとの結果であり、本研究と同じ傾向が示されている。

家族関係を考える際の背景についても検討が必要である。フィンランドの離婚率は、世界でも高いことで知られている（高橋, 2005）。タンミネン（2009）によると、フィンランドには「子ども保護法」という法律があり、「子どもには特別な権利がある」とされているとのことである。その権利を

保障するために、「フィンランドの人々は、社会には子育て中の家族を支える義務があると考えている」とタンミネンは述べている。法的にも、父親・母親ともに育児休業の取得や子どもと関わる時間が日本に比べ保障されており、家族の時間が大切にされているとのことである。これらの背景を考えると、離婚率の高さと社会的な家族支援の充実は、フィンランドが抱える問題の表裏であるとも考えられる。このような社会的な意味での家族支援の充実が、フィンランドの子どもたちの家族領域のQOLの高さに反映されているとも考えられる。松本ら（2006）との結果の違いについては、質問内容や年代の違いなども要因として考えられるが、日本では、小学生段階においても、家族関係が希薄になってきている可能性も考えられる。このように両国の社会背景なども考慮したうえで慎重な検討が必要であろう。

　学校領域について、筆者らの学校環境の観察調査（松本ら,2013）によると、フィンランドの小学校では、特に低学年の間、読み書きと計算などの基本的な学力の底上げに力が注がれていることや、少人数学級なども多く取り入れられていることが明らかとなっている。これにより、いわゆる「落ちこぼれ」を少なくするという方針が見てとれる。福田（2009）は、フィンランドの教育の特徴について、テストなどの競争によって強制的に勉強させることをせず、「一人ひとりに合わせた教育」を行うと述べている。フィンランドに比べて、日本の子どもは、勉強面のストレスを抱えているとも考えられる。また、OECDの調査（国立教育政策研究所,2010）によると、学校環境のうち、教師と生徒の関係において、日本は肯定的な回答がOECD平均を下回り、他の国に比べて必ずしも良好とはいえないという結果が示されている。日本の子どもの学校環境でのメンタルヘルスについてさらに検討するには、学校領域の各項目の詳細な分析が今後の課題として挙げられる。

　友だち領域では、日本とフィンランドに大きな差異が認められなかったことにも注目したい。他の領域では日本の子どものQOLの低さが目立つが、友だち領域では日本の子どもたちのQOLが保たれているといえる。OECDの調査によると、日本では、OECD平均に比べ、授業以外の部活やその他の活動など学校における集団での活動が多く取り入れられている（国立教育政策研究所,2010）。学習場面以外にも、友だちと一緒に活動することが多い

ということである。日本では、学習以外の活動と友だち関係の重要性が、学校環境における特徴であるといえるだろう。もちろん、友だちとの関係がうまくいかない場合、子どもにとって学校環境がより苛酷なものになる恐れもある。これらの点も含めて、友だち領域の詳細な分析と、学校その他のQOLとの関連についての検討が必要である。

## ［3］YSR の検討から

本研究の結果から、日本の子どもはフィンランドの子どもに比べて、ひきこもり傾向の得点が高く、攻撃的行動の得点も高いことが示された。攻撃的行動の得点については、日本の中2の女子がかなり高い得点を示しているが、フィンランドの場合も、8年生の女子は日本の女子と変わらないほど高得点を示している。思春期年代の女子における攻撃性の高さは、両国に共通する問題として示されたといえる。

学年差や性差について、発達的に見た場合、両国で同じような傾向が示されたといえる。それでも、日本の子どもの問題得点そのものの高さについては、注意しておく必要があるだろう。ただし、今回はYSRから抜粋した一部の尺度のみの使用であり、何らかの臨床的なケアが必要なカットオフポイントより高い得点を示す子どもの割合などが明らかにできていない。したがって、今後、臨床的なケアの必要性を検討するためには、フルスケールの質問紙の実施が望まれる。

## ［4］QOL と YSR の関連

両国ともに、ひきこもりや攻撃的行動といった問題と、QOLには関連があることが明らかとなった。QOLの低い子どもは、行動や情緒の問題を抱えている場合があることが推測され、メンタルヘルス支援の際にも、QOLが一つの目安となる可能性が示唆されたといえる。

QOLの自尊感情においては、日本の中学2年生、フィンランドの8年生ともに、攻撃的行動と有意な相関が見られなかった。これは、いずれの国でも、学年が上がると男女ともに攻撃的行動は高く、自尊感情は低くなっており、ばらつきが少なくなったためではないかと考えられる。自尊感情に関連

## 第2節　友だち領域と学校領域のQOLに関する検討

前項で紹介した日本とフィンランドの子どものQOLに関する論文（Tsuboi, et al., 2012）では、友だち領域および学校領域の詳細な検討の必要性が課題として示されている。そこで、本節では、友だち領域および学校領域に関して、追加分析を行った結果（坪井ら, 2015）を引用して紹介する。なお、対象者、方法は前節と同じである。

### [I] 友だち領域について
#### ① 日本とフィンランドの学年別比較

友だち領域の各項目の得点について、日本とフィンランドの平均値の違いを学年別に比較した。その結果を表1-5に示す。得点をグラフ化したものが図1-2である。

日本・フィンランドともに友だち領域の得点は高く、基本的にQOLは良好であるが、項目別に見ると両国の差異が認められた。4年生において、項目①「友だちといっしょにいろいろなことをした」では日本がフィンランドより有意に高く（$t=3.28, p<.01$）、項目②「友だちに受け入れられていた（嫌われていなかった）」では、フィンランドが日本より有意に高かった（$t=-$

表1-5　日本とフィンランドの友だち領域得点

| | | 4年生 | | | 中2（8年生） | | |
|---|---|---|---|---|---|---|---|
| | | 日本 N=577 | フィンランド N=169 | t値 | 日本 N=789 | フィンランド N=209 | t値 |
| 項目① | 私は友だちといっしょにいろいろなことをした | 4.39 | 4.14 | 3.28 ** | 4.12 | 3.33 | 9.42 ** |
| 項目② | 友だちに受け入れられていた（嫌われていなかった） | 3.42 | 3.88 | -4.43 ** | 3.93 | 3.75 | 4.19 ** |
| 項目③ | 友だちとうまくやっていた | 4.55 | 4.48 | 1.20 | 4.19 | 4.30 | -1.84 |
| 項目④ | 他の人と比べて変わっているような気がした | 3.73 | 3.59 | 1.30 | 3.41 | 3.43 | -0.19 |

$**p<.01$

第1章　質問紙を通してみたウェルビーイング

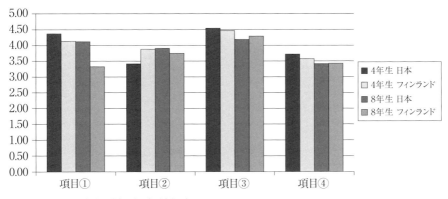

**図1-2　国別学年別友だち領域得点**

4.43, $p<.01$）。8年生（中2）では、項目①（$t=9.42, p<.01$）、項目②（$t=2.78, p<.01$）ともに日本がフィンランドより有意に高い得点を示した。項目③および項目④では有意差は認められなかった。

② 項目①の国別・学年別回答の割合

上記で有意差のあった項目①「友だちといっしょにいろいろなことをした」の回答について、「ある」群（「たいていある」「いつもある」）、「ときどき」群、「ない」群（「ぜんぜんない」「ほとんどない」）に分け、国別学年ごとの割合（％）を図1-3に示す。

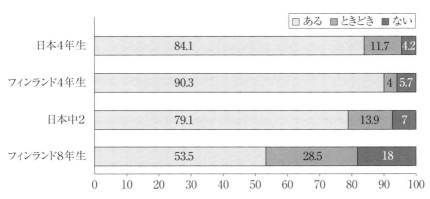

**図1-3　「友だちといっしょにいろいろなことをした」割合（％）**

日本の中学2年生とフィンランド8年生の比較では、日本の方が友だちと一緒にいろいろなことをした割合が高かった。日本の中学生は、部活なども含め学校内外において、友だちと一緒に行動する機会がフィンランドに比べ多いことが示されたといえる。この背景として、われわれの学校環境に関する現地調査（松本ら, 2013）で明らかになったように、フィンランドでは学校での部活がないこと、集団行動（学校における掃除等の当番や、集団での行事等）の機会が少ないことなどの、学校システムの違いも反映していると考えられる。

　また、別の視点からは、日本の中2に比べて、フィンランドの8年生は、「友人と一緒にいなくても過ごせる」と捉えられるのかもしれない。個として独立していれば、友人と一緒にいなくても良いという意味で、精神的な成熟度とも関連すると考えられる。そう考えると、日本の子どもは友だちと一緒にいないと安心できないという側面もあるのではないかと考えられる。「友だちと一緒にいろいろなことをする」得点の高さについては、関係が良好ならば問題はないかもしれないが、万が一うまくいかなくなった際に、学校生活そのものも辛くなる可能性を秘めていると考えられる。これらの点を検討するには、今回の分析だけでは限界があるため、友だちとの関係性について、より詳しい調査を行っていく必要があるといえる。

［2］**学校領域について**

　次に学校領域の各項目について、日本とフィンランドの子どもの得点の比較を行った。3要因（国・学年・性）の分散分析を行った結果を表1－6に示す。項目ごとの結果を以下に述べる。

　項目①「学校での勉強は簡単だった」では、国×学年に交互作用（$F=4.14, p<.05$）があったため、単純主効果の検定を行った。その結果、日本における学年の単純主効果（4年生＞8年生；$F=214.57, p<.001$）と、フィンランドにおける学年の単純主効果（4年生＞8年生；$F=29.46, p<.001$）および、4年生における国の単純主効果（日本＜フィンランド；$F=17.23, p<.001$）、8年生における国の単純主効果（日本＜フィンランド；$F=60.06, p<.001$）がそれぞれ認められた。つまり、学年差をみると、両国ともに8年生は4年生に比

表1−6　学校領域各項目の日本とフィンランドの得点比較

| | | 4年生 | | | | 中2（8年生） | | | | 検定結果<br>（主効果・交互作用） |
|---|---|---|---|---|---|---|---|---|---|---|
| | | 男子 | | 女子 | | 男子 | | 女子 | | |
| | | 平均 | SD | 平均 | SD | 平均 | SD | 平均 | SD | |
| 項目① | 日本 | 3.79 | 0.06 | 3.67 | 0.06 | 2.99 | 0.05 | 2.77 | 0.05 | 国***・学年***・国×学年* |
| | フィンランド | 4.24 | 0.12 | 4.00 | 0.11 | 3.46 | 0.10 | 3.58 | 0.11 | |
| 項目② | 日本 | 3.41 | 0.07 | 3.74 | 0.07 | 3.50 | 0.14 | 3.61 | 0.12 | 国**・学年***・性***・国×学年** |
| | フィンランド | 3.26 | 0.06 | 3.29 | 0.06 | 2.72 | 0.11 | 2.99 | 0.12 | |
| 項目③ | 日本 | 3.46 | 0.07 | 3.64 | 0.07 | 3.02 | 0.06 | 3.02 | 0.06 | 国***・学年*** |
| | フィンランド | 4.26 | 0.14 | 4.19 | 0.12 | 4.00 | 0.11 | 3.73 | 0.13 | |
| 項目④ | 日本 | 2.94 | 0.07 | 2.68 | 0.08 | 2.80 | 0.06 | 2.61 | 0.07 | 国***・学年***・性***・国×学年* |
| | フィンランド | 3.95 | 0.15 | 3.64 | 0.13 | 3.47 | 0.12 | 3.04 | 0.13 | |

***$p<.001$，**$p<.01$，*$p<.05$

べ「勉強が簡単だった」と思う得点が低いことが示されたといる。また、国の比較では、日本の子どもはフィンランドの子どもより4年生、8年生ともに得点が低いことが示されており、勉強の難しさを感じている結果となっている。

項目②「授業が楽しかった」（8年生では「学校はおもしろいと思った」）では、国×学年に交互作用（$F=8.20, p<.01$）があったため、単純主効果の検定を行った。その結果、日本における学年の単純主効果（4年生＜8年生；$F=20.61, p<.001$）と、フィンランドにおける学年の単純主効果（4年生＞8年生：$F=34.85, p<.001$）および、8年生における国の単純主効果（日本＞フィンランド：$F=22.62, p<.001$）がそれぞれ認められた。学年差をみると、日本では4年生より8年生の方が「学校がおもしろい」としているのに対し、フィンランドでは、8年生の得点が低くなっており、日本と異なる結果が示された。国の比較では、8年生において、日本の子どもの方がフィンランドの子どもより得点が高いという結果であった。性の主効果（$F=6.96, p<.01$）も認められ、両国ともに女子が男子より得点が高いことが示された。

項目③「次の週が来るのを楽しみにしていた」（8年生では「自分の将来について心配していた」逆転項目）では、国（$F=113.71, p<.001$）の主効果と学年（$F=39.01, p<.001$）の主効果が認められた。日本よりフィンランドの子どもの得点が高く、両国ともに4年生の方が8年生より得点が高い（つまり、楽し

みにしていた）ことが示された。

　項目④「テストで悪い点を取らないか心配していた（逆転項目）」（8年生では「悪い成績を取らないか心配していた」逆転項目）では、国×学年に交互作用（$F=8.19, p<.01$）があったため、単純主効果の検定を行った。その結果、フィンランドにおける学年の単純主効果（4年生＞8年生；$F=13.21, p<.001$）および、4年生における国の単純主効果（日本＜フィンランド；$F=72.43, p<.001$）と8年生における国の単純主効果（日本＞フィンランド；$F=34.34, p<.001$）がそれぞれ認められた。つまり、日本の子どもは4年生も8年生もフィンランドの子どもより悪い成績を取るかもしれないという心配をしていることが示されたといえる。フィンランドにおいては、8年生が4年生より成績の心配をしていることが示された。性の主効果（$F=15.68, p<.001$）も認められ、両国ともに女子が男子より「心配している」ことが示された。

　4年生と8年生で項目内容の言葉の言い回しが一部異なることから、測定の信頼性・妥当性に課題は残るものの、分析結果は以下のようにまとめられる。

　まず、日本の子どもが学校の勉強に難しさを感じているということが示されたといえる。その一方で、小学校4年生では2カ国間に明確な差はみられないが、中学校2年生（8年生）では、日本よりもフィンランドの子どもの方が学校に楽しみを感じにくくなりやすいことも示されている。学校領域全体でみた際には、日本よりQOL得点が高いことが示されているフィンランドにおいても、8年生となると、「学校がおもしろい」とはいえないということで、学校生活に対する難しさを抱えていると考えられる。

　2カ国間に共通して小学校4年生よりも8年生（中学校2年生）の方が否定的な未来展望を持ちやすいことが示された。ただし、フィンランドよりも日本の子どもの方が、否定的な未来展望を持ちやすいという特徴は、学年を超えて維持されることも示されている。日本の子どもの方が早くから将来の心配をしているという可能性が考えられる。

　成績の心配に関しては、2カ国間に共通して女子の方が心配しやすいという顕著な性差が存在することが示された。国の比較では、日本の子どもは小学校段階から学校の成績をより深刻に心配しやすいことが示されたといえる。

## ［３］学校と友だち領域の相関

　友だち関係と学校適応との関連を検討するために、友だち領域の４項目と学校領域の項目のうち項目②「授業が楽しかった」（小４）（８年生は「学校はおもしろいと思った」）の相関を確認した（表１－７）。その結果、日本では４年生、中学２年生ともに、すべての項目で有意な正の相関が認められた。特に、中２では②「友だちに受け入れられていた（嫌われていなかった）」（$r=.44, p<.01$）と、③「友だちとうまくやっていた」（$r=.43, p<.01$）の相関が比較的高かった。

　フィンランドの４年生では②「友だちに受け入れられていた（嫌われていなかった）」、８年生では③「友だちとうまくやっていた」、④「自分が他の人たちと比べて変わっているような気がした」との間に正の相関が見られたのみであった。

　日本の子どもにおいては、授業の楽しさや学校のおもしろさと友だちとの関係は関連が認められるが、フィンランドでは日本ほどの関連は見られないということである。

表１－７　友だち４項目と「学校はおもしろいと思った」の相関

| 友だち項目 | 日本 | | フィンランド | |
|---|---|---|---|---|
| | ４年生 | 中２ | ４年生 | ８年生 |
| ①友だちといっしょにいろいろなことをした | .11** | .44** | −.05 | .09 |
| ②友だちに受け入れられていた | .26** | .29** | .20* | .70 |
| ③友だちとうまくやっていた | .23** | .43** | .13 | .16* |
| ④自分が他の人たちと比べて変わっているような気がした | .08* | .13** | .09 | .14* |

*$p<.05$　**$p<.01$

　上記のことから、日本の子どもにとって、友だちとの良好な関係（いっしょに何かをすること、受け入れられること、うまくやることなど）と学校の楽しさ、おもしろさは関連があるといえる。それだけ日本の子どもは、学校における友だち関係を重視しているともいえるだろう。あるいは、学校の楽しさ、おもしろさは友だち関係に依存している等、さまざまな可能性が推測される。

## まとめと今後の課題

　本章では、日本とフィンランドの子どものメンタルヘルスについてQOLの観点から検討したものを紹介した。発達的にみると、小学校4年生より中学2年生（8年生）のQOLが低いという点では、日本とフィンランドで同じような傾向が示された。しかし、得点そのものをみると、日本の子どもはフィンランドの子どもより全体にQOLが低いことが明らかとなった。特に日本の子どもの自尊感情の低さが認められた。また、YSRのひきこもりや攻撃的行動と、QOLとの関連が明らかになり、メンタルヘルス支援の際に、QOLが一つの目安となる可能性も示唆されたといえる。

　今後の課題としては、子どものQOLに関連する要因を明らかにするために、学校や家庭などの環境をより詳しく検討することが挙げられる。また、日本の子どもの自尊感情の低さの背景についても検討が必要である。臨床的なケアの必要な子どもたちのQOLについても、検証していくことが課題である。

　さらに、追加分析の紹介を通して、日本の子どもとフィンランドの子どもの比較からより詳しい特徴が示された。特に学校領域において、日本の子どもは、勉強の難しさを感じていることや、悪い成績を取らないかという心配をしていることなどが浮かび上がってきている。日本の方が、学習場面でのストレスが大きく、将来の心配もしている状況にあるといえるだろう。

　その一方で、日本の子どもはフィンランドの子どもより、友だちと一緒に何かをすることが多いことも明らかになっている。学習とは別のところで、友だちとの関係が、学校環境を支えている可能性も示されたといえる。日本の場合、子どもの学校生活にとって、友だちとの関係がかなり重要であると考えられる。そのため、友だち関係が良好であれば、学校生活も楽しく、さまざまな意味で、友だちが支えになるだろうと考えられる。逆に友だち関係がうまくいかないと、学校生活全体での適応も難しくなる恐れがあるのではないだろうか。友だちとの関係性は、昨今のいじめの問題等と関連する可能

性もあり、日本の子どもたちにとっては深刻な問題となりかねないものでもある。

友だちと一緒にいなくても自分なりに過ごせるということは、独立した個としての精神的な成熟度にも関連すると考えられ、日本の子どもの友だち関係について、このような視点からの検討も重要であると考えられる。

ただし、これらの点について検討するには、今回紹介した分析だけでは限界がある。したがって、今後の課題として、さらなる調査を行い、友人との関係性の詳細な分析とともに、子どもたちの学校での適応を支えるものについて、検討していくことが必要であると考えられる。

## 付　記

本章第1節の内容は、日本児童青年精神医学会の許可を得て、以下の論文の一部を日本語に訳し、加筆修正したものである。

Tsuboi, H., Matsumoto, M., Keskinen, S., Kivimäki, R., Suzuki, N., Hatagaki, C., Nomura, A., Kaito, K., & Morita, M. (2012) "Japanese Children's QOL - A Comparison with Finnish Children." *Japanese Journal of child and adolescent Psychiatry*, 53, Supplement, 14-25.

第2節の内容は、掲載許可を得て以下の論文の一部を加筆修正したものである。

坪井裕子・松本真理子・野村あすか・鈴木伸子・森田美弥子（2015）「日本の子どもの学校と友だちに関するQOL——フィンランドの子どもとの比較から」『人間環境大学紀要「人間と環境」』第6巻, 31-39.

## 文　献

Achenbach, T. M.(1991) *Integrative Guide for the 1991 CBCL/4-18, YSR, and TRF Profiles*. Burlington, VT: University of Vermont, Department of Psychiatry.
福田誠治（2009）『フィンランドは教師の育て方がすごい』亜紀書房
古荘純一（2009）『日本の子どもの自尊感情はなぜ低いのか——児童精神科医の現場報告』光文社新書
国立教育政策研究所編（2010）『生きるための知識と技能　OECD生徒の学習到達度調査

（PISA）2009年調査報告書』明石書店
倉本英彦・上林靖子・中田洋二郎他（1999）「Youth Self Report（YSR）日本語版の標準化の試み──YSR問題因子尺度を中心に」『児童青年精神医学とその近接領域』第40巻,329-344.
松本真理子・青木紀久代・永井美鈴他（2006）「子どものメンタルヘルスに関する国際比較研究(1)──日本とフィンランドの小学生を対象として」『日本心理学会第70回大会発表論文集』
松本真理子・Keskinen Soili・青木紀久代他（2008）「子どものメンタルヘルスに関する国際比較研究 ──日本とフィンランドとの比較から」『児童青年精神医学とその近接領域』第49巻,184-195.
松本真理子、ソイリ・ケスキネン編著、森田美弥子・坪井裕子・鈴木伸子・畠垣智恵・野村あすか・垣内圭子・大矢優花（2013）『フィンランドの子どもを支える学校環境と心の健康──子どもにとって大切なことは何か』明石書店
松嵜くみ子・柴田玲子・根本芳子（2010）「メンタルヘルスに関する全般的アセスメント」松本真理子・金子一史編『子どもの臨床心理アセスメント』pp121-125, 金剛出版
松嵜くみ子・柴田玲子・根本芳子他（2007）「日本における『中学生版 QOL 尺度』の検討」『日本小児科学会雑誌』第111巻, 1404-1410.
永井美鈴・青木紀久代・松本真理子他（2006）「子どものメンタルヘルスに関する国際比較研究(2)──フィンランドと日本の中学生の比較」『日本心理学会第70回大会発表論文集』
Ravens-Sieberer, U., & Bullinger, M.(1998) "Assessing health-related quality of life in chronically ill children with the German KINDL: first psychometric and content analytical results". *Quality of Life Research*, 7, 399-407.
Ravens-Sieberer, U., & Bullinger, M. "KINDL$^R$ Homepage",
 http://kindl.org/cms/sprachen-ubersetzungen-finnish　2009
柴田玲子・根本芳子・松嵜くみ子他（2003）「日本における Kid-KINDL$^R$ Questionnaire（小学生版 QOL 尺度）の検討」『日本小児科学会雑誌』第107巻, 1514-1520.
高橋睦子（2005）「家族関係の流動化と福祉国家」庄井良信・中嶋博編『フィンランドに学ぶ教育と学力』pp277-307, 明石書店
トゥーラ・タンミネン（2009）「フィンランドの子ども・家族福祉」渡辺久子、トゥーラ・タンミネン、高橋睦子編著『子どもと家族に優しい社会──未来へのいのちを育むフィンランド』pp42-83, 明石書店
Tsuboi, H.Matsumoto, M., Keskinen, S., Kivimäki, R., Suzuki, N., Hatagaki, C., Nomura A., Kaito K., Morita, M.(2012) "Japanese Children's QOL - A Comparison with Finnish Children-", *Japanese Journal of Child and Adolescent Psychiatry*, 53, Supplement, 14-25.
坪井裕子・松本真理子・野村あすか・鈴木伸子・森田美弥子（2015）「日本の子どもの学校と友だちに関する QOL ──フィンランドの子どもとの比較から」『人間環境大学紀要「人間と環境」』第6巻, 31-39.

## KINDL$^R$ の質問項目（日本語、高学年・中学生用）

| 1．あなたの身体のことについて聞かせてください。<br>この1週間・・・・・ | ぜんぜんない | ほとんどない | ときどき | たいてい | いつも |
|---|---|---|---|---|---|
| ①…私は病気だと思った。 | | | | | |
| ②…私は痛いところがあった。 | | | | | |
| ③…私は疲れてぐったりしていた。 | | | | | |
| ④…私は元気いっぱいのように感じた。 | | | | | |

| 2．あなたはどのような気持ちで過ごしましたか。<br>この1週間・・・・・ | ぜんぜんない | ほとんどない | ときどき | たいてい | いつも |
|---|---|---|---|---|---|
| ①…私は楽しかったし，たくさん笑った。 | | | | | |
| ②…私はつまらなく感じた。 | | | | | |
| ③…私は孤独（ひとりぼっち）のような気がした。 | | | | | |
| ④…私は何もないのにこわくなったり，不安に思った。 | | | | | |

| 3．あなたは自分のことをどのように感じていましたか。<br>この1週間・・・・・ | ぜんぜんない | ほとんどない | ときどき | たいてい | いつも |
|---|---|---|---|---|---|
| ①…私は自分に自信があった。 | | | | | |
| ②…私はいろいろなことができる感じがした。 | | | | | |
| ③…私は自分に満足していた。 | | | | | |
| ④…私はいいことをたくさん思いついた。 | | | | | |

| 4．あなたと あなたの 家族について 聞かせてください。<br>この１週間‥‥‥ | ぜんぜんない | ほとんどない | ときどき | たいてい | いつも |
|---|---|---|---|---|---|
| ①…私は 親（父または母）と うまく やっていた。 | | | | | |
| ②…私は 家で 気持ちよく 過ごしていた。 | | | | | |
| ③…私は 家で けんかを していた。 | | | | | |
| ④…私は 親（父やまたは母）に やりたいことを させてもらえないと感じた。 | | | | | |

| 5．あなたと 友だちとの ようすを 聞かせて下さい。<br>この１週間‥‥‥ | ぜんぜんない | ほとんどない | ときどき | たいてい | いつも |
|---|---|---|---|---|---|
| ①…私は 友だちと いっしょに いろいろなことを した。 | | | | | |
| ②…私は 友だちに 受け入れられていた（きらわれていなかった）。 | | | | | |
| ③…私は 友だちと うまく やっていた。 | | | | | |
| ④…私は 自分が ほかの人たちと くらべて 変わっているような 気がした。 | | | | | |

| 6．学校の ようすを 聞かせてください。<br>この１週間‥‥‥ | ぜんぜんない | ほとんどない | ときどき | たいてい | いつも |
|---|---|---|---|---|---|
| ①…学校での 勉強は 簡単だった（よくわかった）。 | | | | | |
| ②…私は 学校は おもしろいと 思った。 | | | | | |
| ③…私は 自分の 将来（これから先のこと）について 心配していた。 | | | | | |
| ④…私は 悪い成績をとらないか 心配していた。 | | | | | |

第1章　質問紙を通してみたウェルビーイング

## YSRの質問項目（日本語、高学年・中学生用）

| 現在またはこの6か月以内の自分の状態を考えて、自分にいちばん当てはまるところに、○をつけてください。 | あてはまらない | ときどきあてはまる | よくあてはまる |
|---|---|---|---|
| 1. 私はよく言いあらそいをする。 | | | |
| 2. 私はよく自慢する。 | | | |
| 3. 私は他人にいじわるだ。 | | | |
| 4. 私は人の注目をたくさんひこうとする。 | | | |
| 5. 私は他人の持ち物をこわす。 | | | |
| 6. 私は自分の持ち物をこわす。 | | | |
| 7. 私は学校でいうことをきかない。 | | | |
| 8. 私は人にしっとする（うらやましがる）。 | | | |
| 9. 私はよくつかみあいのケンカをする。 | | | |
| 10. 私は他人といるよりひとりでいたい。 | | | |
| 11. 私は人に暴力をふるう。 | | | |
| 12. 私は絶対にしゃべらない。 | | | |
| 13. 私はよくわめく（大声をあげてさわいだりする）。 | | | |
| 14. 私は人に打ち明けないで秘密にする。 | | | |
| 15. 私はがんこだ。 | | | |
| 16. 私は気分や感情が突然変わる。 | | | |
| 17. 私はしゃべりすぎる。 | | | |
| 18. 私は他人をよくからかう。 | | | |
| 19. 私はかんしゃくもちだ（怒りっぽいと思う）。 | | | |
| 20. 私は人に「痛い目にあわせるぞ」などとおどす。 | | | |
| 21. 私はあまり元気が出ない。 | | | |
| 22. 私は楽しくなく、悲しく、落ち込んでいる。 | | | |
| 23. 私は他の子よりそうぞうしい（うるさい）。 | | | |
| 24. 私は人とかかわりあいにならないようにしている。 | | | |
| 25. 私は内気（はずかしがり）だ。 | | | |
| 26. 私は見せびらかしたり、おどけたりする。 | | | |

第Ⅰ部　小中学生のウェルビーイング調査

## KINDL$^R$ の質問項目（フィンランド語、高学年・中学生用）

### 1. Ensiksi haluaisimme tietää jotain terveydestäsi, ...

| Viime viikon aikana ... | ei kertaa-kaan | harvoin | joskus | usein | koko ajan |
|---|---|---|---|---|---|
| 1. ... tunsin oloni sairaaksi | ☐ | ☐ | ☐ | ☐ | ☐ |
| 2. ... minulla oli päänsärkyä tai vatsakipua | ☐ | ☐ | ☐ | ☐ | ☐ |
| 3. ... olin väsynyt ja voimaton | ☐ | ☐ | ☐ | ☐ | ☐ |
| 4. ... tunsin oloni vahvaksi ja kestäväksi | ☐ | ☐ | ☐ | ☐ | ☐ |

### 2. ... sitten jotain siitä miltä sinusta on muuten tuntunut ...

| Viime viikon aikana ... | ei kertaa-kaan | harvoin | joskus | usein | koko ajan |
|---|---|---|---|---|---|
| 1. ... minulla oli hauskaa ja nauroin paljon | ☐ | ☐ | ☐ | ☐ | ☐ |
| 2. ... minulla oli tylsää | ☐ | ☐ | ☐ | ☐ | ☐ |
| 3. ... olin yksinäinen | ☐ | ☐ | ☐ | ☐ | ☐ |
| 4. ... tunsin oloni pelokkaaksi | ☐ | ☐ | ☐ | ☐ | ☐ |

### 3. ... ja sitten mitä olet ajatellut itsestäsi.

| Viime viikon aikana ... | ei kertaa-kaan | harvoin | joskus | usein | koko ajan |
|---|---|---|---|---|---|
| 1. ... olin ylpeä itsestäni | ☐ | ☐ | ☐ | ☐ | ☐ |
| 2. ... tunsin oloni hyväksi | ☐ | ☐ | ☐ | ☐ | ☐ |
| 3. ... olin tyytyväinen itseeni | ☐ | ☐ | ☐ | ☐ | ☐ |
| 4. ... minulla oli paljon hyviä ideoita | ☐ | ☐ | ☐ | ☐ | ☐ |

第1章 質問紙を通してみたウェルビーイング

**4. Seuraavat kysymykset koskevat perhettäsi ...**

| Viime viikon aikana ... | ei kertaa-kaan | harvoin | joskus | usein | koko ajan |
|---|---|---|---|---|---|
| 1. ... tulin hyvin toimeen vanhempieni kanssa | ☐ | ☐ | ☐ | ☐ | ☐ |
| 2. ... viihdyin hyvin kotona | ☐ | ☐ | ☐ | ☐ | ☐ |
| 3. ... meillä oli pahoja riitoja kotona | ☐ | ☐ | ☐ | ☐ | ☐ |
| 4. ... vanhempani kielsivät minua tekemästä joitakin asioita | ☐ | ☐ | ☐ | ☐ | ☐ |

**5. ... ja sitten jotain ystävistäsi.**

| Viime viikon aikana ... | ei kertaa-kaan | harvoin | joskus | usein | koko ajan |
|---|---|---|---|---|---|
| 1. ... leikin ystävieni kanssa | ☐ | ☐ | ☐ | ☐ | ☐ |
| 2. ... muut lapset pitivät minusta | ☐ | ☐ | ☐ | ☐ | ☐ |
| 3. ... tulin hyvin toimeen ystävieni kanssa | ☐ | ☐ | ☐ | ☐ | ☐ |
| 4. ... tunsin olevani erilainen kuin muut | ☐ | ☐ | ☐ | ☐ | ☐ |

**6. Lopuksi haluaisimme tietää jotain koulustasi.**

| Viime kouluviikon aikana... | ei kertaa-kaan | harvoin | joskus | usein | koko ajan |
|---|---|---|---|---|---|
| 1. ... pärjäsin hyvin koulutehtävissä | ☐ | ☐ | ☐ | ☐ | ☐ |
| 2. ... pidin oppitunneista | ☐ | ☐ | ☐ | ☐ | ☐ |
| 3. ... olin huolissani tulevaisuudestani | ☐ | ☐ | ☐ | ☐ | ☐ |
| 4. ... pelkäsin saavani huonoja arvosanoja tai numeroita | ☐ | ☐ | ☐ | ☐ | ☐ |

第Ⅰ部　小中学生のウェルビーイング調査

## YSR の質問項目（フィンランド語、高学年・中学生用）

Oheinen kyselylomake sisältää lapsia kuvaavia väittämiä. Vastaa sen mukaan, miten väittämät kuvaavat sinua, kun ajattelet tätä hetkeä ja viimeksi kulunutta puolta vuotta. Ympyröi 2, jos väite sopii erittäin hyvin tai usein. Ympyröi 1 jos väite sopii jossain määrin tai toisinaan. Ympyröi 0, jos väite ei sovi ollenkaan.

1. Väitän usein vastaan　　　　　　　　　　　　　⋯ 1　2　3
2. Kerskailen, leuhkin, mahtailen　　　　　　　　 ⋯ 1　2　3
3. Olen ilkeä muille　　　　　　　　　　　　　　 ⋯ 1　2　3
4. Yritän saada paljon huomiota　　　　　　　　　⋯ 1　2　3
5. Rikon muiden tavaroita　　　　　　　　　　　　⋯ 1　2　3
6. Rikon omia tavaroitani　　　　　　　　　　　　⋯ 1　2　3
7. Olen tottelematon koulussa　　　　　　　　　　⋯ 1　2　3
8. Olen kateellinen muille　　　　　　　　　　　　⋯ 1　2　3
9. Joudun usein tappeluun　　　　　　　　　　　　⋯ 1　2　3
10. Olen mieluummin yksin kuin muiden kanssa　　⋯ 1　2　3
11. Käyn toisien kimppuun fyysisesti　　　　　　 ⋯ 1　2　3
12. Kieltäydyn puhumasta　　　　　　　　　　　　 ⋯ 1　2　3
13. Huudan paljon　　　　　　　　　　　　　　　 ⋯ 1　2　3
14. Olen vaitelias—pidän asiat itselläni　　　　 ⋯ 1　2　3
15. Olen itsepäinen　　　　　　　　　　　　　　　⋯ 1　2　3
16. Mielialani tai tunteeni vaihtelevat äkillisesti　⋯ 1　2　3
17. Puhun liian paljon　　　　　　　　　　　　　 ⋯ 1　2　3
18. Kiusaan paljon muita　　　　　　　　　　　　 ⋯ 1　2　3
19. Olen kiivasluontoinen　　　　　　　　　　　　⋯ 1　2　3
20. Uhkaan satuttaa muita ihmisiä　　　　　　　　⋯ 1　2　3
21. Minulla on vähän energiaa　　　　　　　　　　⋯ 1　2　3
22. Olen onneton, surullinen tai masentunut　　　⋯ 1　2　3
23. Olen äänekkäämpi kuin muut　　　　　　　　　 ⋯ 1　2　3
24. Välttelen läheisiä suhteita　　　　　　　　　 ⋯ 1　2　3
25. Olen ujo　　　　　　　　　　　　　　　　　　 ⋯ 1　2　3
26. Pelleilen tai yritän tehdä vaikutuksen　　　　⋯ 1　2　3

# 第2章

## イメージ連想法を通してみた自己イメージと学校イメージ

イルポイネン小学校での課外活動の一コマ

## はじめに

　本章では、イメージ連想法を通してみた自己イメージと学校イメージの2国間比較について報告したい。われわれが行った質問紙を用いたウェルビーイングの調査においては、特に日本の中学生の自尊感情が顕著に低いことが明らかになり、中でも自分に自信がないなどといった自己イメージにまつわる質問項目が著しく低いことが明らかになった（第Ⅰ部第1章を参照）。こうした日本の児童生徒における自己イメージが海外に比して低いことはすでに報告されているが（古荘, 2009）、より自由度の高い調査による質的検討はなされていない。そこで、言語連想による質的な方法を用いてより多面的に検討することとした。

　20答法（Kuhn & McPartland, 1954）は「わたしは誰でしょう？（Who am I ?）」という問いに自問自答して20通りの回答を自由に書くものであるが、そこでの刺激語は「わたしは」であり、文章を作る形式である。一方、フィンランドでは発想力を高めるために、教育にマインドマップ方式をとりいれている（北川, 2005）。マインドマップ方式は、用紙の中心にキーワードとなる単語を入れ、それに関連する言葉や絵を想像して放射状に書いていく方法であり、文章化する必要がないために児童生徒においても実施が容易であり、想像力を高めるという利点がある。そこで、児童生徒にとってより答えやすく、連想の広がりを許容するマインドマップ方式をとりいれることとし、イメージ連想法（Image Association Method：以下、IAMと略記）として用いることとした。刺激語は「わたし」と「学校」とし、日本とフィンランドの小中学生の自己イメージや学校イメージを質的に把握することを目的とした。

## 第1節　方　法

### (1) 調査協力者

日本の4年生370名と中2の343名の計713名、およびフィンランドの4年生179名と8年生221名の計400名を対象とした。

### (2) 調査方法

日本語版では、A4白紙中央の楕円に「わたし」および「学校」と記入され、周囲に①から⑳までの番号のついた直線が放射状に書かれている用紙を用いた（図2－1、図2－2）。なお、フィンランド語版では「わたし」を「minä」、「学校」を「koulu」と表記した。フィンランド語版の作成および記述の翻訳については、フィンランド人で日本在住のフィンランド語教師が翻訳し、日本人でフィンランド語を専門とする大学教員がバックトランスレーションを行った。

### (3) 手続き

調査は教示を統一した上で、各教室にて各学級担任が集団実施した。調査時期は、2010年1月～3月に日本で、2010年5月～11月にフィンランドにて行われた。なお、本研究の実施手続きについては、名古屋大学大学院教育発達科学研究科倫理委員会の承認を得ている。

### (4) 分析方法

テキスト型データ解析ソフト、ワードマイナー®（Word Miner®）を用い、テキストマイニングの手法で分析した。IAMから得られたテキスト型デー

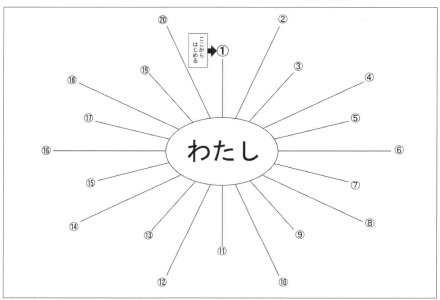

図2-1 IAM 刺激語「わたし」

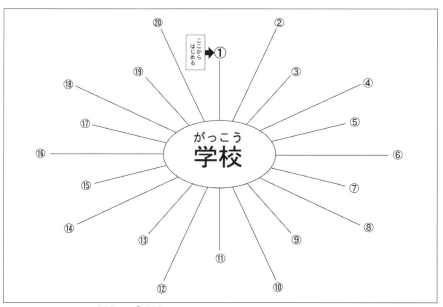

図2-2 IAM 刺激語「学校」

タを分かち書きした後に、構成要素を抽出した。

　なお分析の前に、フィンランドの回答については、フィンランド人で日本在住のフィンランド語教師が和訳し、フィンランド人で日本在住のフィンランド語教員および翻訳家が和訳チェックを行い、さらに日本人でフィンランド語を専門とする大学教員が両者の不一致部分について検討した。

## 第２節　結果と考察

### (1) イメージ連想法を通してみた自己イメージ

#### ［１］合計記入数

　刺激語「わたし」への合計記入数において、日本の４年生は13.9、日本の中２は14.2、フィンランドの４年生は7.8、フィンランドの８年生は10.1であった。国×学年の２要因分散分析を行った結果、日本の小中学生はフィンランドより、中２および８年生は４年生より、合計記入数が多いという結果であり、国および学年による相違が示された。

#### ［２］出現頻度

　自由記述から得られたテキスト型データを分かち書きした上で、必要のない句読点や助詞、記号などを削除し、誤字脱字については修正した。さらに、同種の語を一つの語に置換する手続きを行った。また、以降の分析においては、得られた構成要素のうち出現頻度が10以上の構成要素を対象に以降の分析を行った。出現頻度が10未満の構成要素のみを記述した対象者は分析から除外したため、最終的に分析対象となったのは日本の４年生が355名、日本の中２が322名、フィンランドの４年生が170名、フィンランドの８年生が203名の計1050名であった。また、いずれの検定においても有意確率５％未満を有意とみなした。

　基礎統計として、出現頻度の高い構成要素を国・学年ごとにそれぞれ上位10位まで示した（表２－１）。なお、表中の値は記述人数をあらわし、（　）

内は出現率をあらわす。出現率とは、各群の総人数に占める当該構成要素における記述人数の割合のことである。

　日本の4年生は「スポーツ（名）が好き・得意」が最も多く、次いで「読書（書名・作者）が好き」、日本の中2は「勉強が嫌い・苦手」、次いで「スポーツ（名）が好き・得意」、フィンランドの4年生は「楽しい」、次いで「動物（名）が好き」、フィンランドの8年生は「楽しい」、次いで「友達」といった記述の出現頻度が高かった。

　以上の結果からは、国と学年に関係なくスポーツに関する記述が多く認められた。特に、日本の4年生においては約29％の児童が「スポーツ（名）が好き・得意」と記述しており、日本の子どもたちにとってスポーツが自己イメージにおいて密接にかかわることが示唆されたといえよう。また、日本の4年生の約24％、中2の約18％が「ゲーム（名）が好き・得意」と記述しており、日本の子どもたちにとってはスポーツ同様、ゲームも「わたし」から連想することが多いことが示され、フィンランドに比して日本の子どもたちの自己イメージにゲームが大きな影響を及ぼしている可能性が考えられる。一方、フィンランドの4年生の約29％、8年生の約27％が自分について「楽しい」という記述をしている。他にもフィンランドの子どもたちの記述には

表2－1　「わたし」における国・学年ごとの頻出構成要素（上位10位まで）

| 日本 | | | | フィンランド | | | |
|---|---|---|---|---|---|---|---|
| 4年生(N=355) | | 中2(N=322) | | 4年生(N=170) | | 8年生(N=203) | |
| 構成要素名　記述人数(%) | | 構成要素名　記述人数(%) | | 構成要素名　記述人数(%) | | 構成要素名　記述人数(%) | |
| スポーツ（名）が好き・得意 | 103(29.0) | 勉強が嫌い・苦手 | 71(22.0) | 楽しい | 50(29.4) | 楽しい | 54(26.6) |
| 読書（書名・作者）が好き | 88(24.8) | スポーツ（名）が好き・得意 | 61(18.9) | 動物（名）が好き | 34(20.0) | 友達 | 38(18.7) |
| ゲーム（名）が好き・得意 | 85(23.9) | ゲーム（名）が好き・得意 | 57(17.7) | 親切 | 29(17.1) | スポーツ（名）が好き・得意 | 36(17.7) |
| 食べ物（名）が好き | 85(23.9) | 読書（書名・作者）が好き | 55(17.1) | スポーツ（名）が好き・得意 | 25(14.7) | スポーツ（名） | 30(14.8) |
| 将来の夢（〜になりたい） | 69(19.4) | 部活（名） | 54(16.8) | 家族構成 | 22(12.9) | 髪型 | 30(14.8) |
| 友達いっぱい | 64(18.0) | 食べ物（名）が好き | 50(15.5) | 読書（書名・作者）が好き | 22(12.9) | 家族 | 22(10.8) |
| 算数・数学が好き・得意 | 59(16.6) | 性別 | 43(13.4) | スポーツ（名）をやる | 20(11.8) | 家族構成 | 22(10.8) |
| 体育好き・得意 | 51(14.4) | バカ | 38(11.8) | 読書（書名・作者） | 19(11.2) | 感じの良い | 20(9.9) |
| 勉強が嫌い・苦手 | 50(14.1) | 芸能人（名）が好き | 37(11.5) | 年齢 | 19(11.2) | 性別 | 19(9.4) |
| 面白い | 48(13.5) | めんどくさがり | 35(10.9) | 髪型 | 17(10.0) | 正直 | 19(9.4) |

「親切」「感じの良い」など日本の子どもたちには見られない、性格についての肯定的な記述が多く認められた。この結果はわれわれの質問紙による自尊感情尺度に示された2国間の顕著な相違（Tsuboi et al., 2012）と一致するものであり、フィンランドの子どもたちの高い自尊感情の背景には、自己を親切であり、感じが良いと認識していることがあると示唆された。

## ［3］国×学年の有意性テスト

　続いて閾値が10以上の構成要素を対象に、国・学年ごとに構成要素出現頻度の有意性テストを行った。その結果、国・学年ごとで有意とみなされた構成要素を検定値が高い順にそれぞれ上位10位まで示した（表2-2）。なお、表中の値は出現数をあらわし、（　）内は出現率をあらわす。出現率とは、該当する構成要素の全体での出現数に占める当該群における出現数の割合のことである。

　日本の4年生は「食べ物（名）が好き」「友達と遊ぶ」、日本の中2は「部活（名）」「芸能人（名）が好き」、フィンランドの4年生は「楽しい」「親切」、フィンランドの8年生は「友達」「楽しい」などといった記述が有意に多かった。

　日本の4年生は、好き嫌いや将来の夢に関する記述が多いことが明らかになった。この特徴は日本の小中学生を対象とした山田（1989）や岩熊・槇田（1991）の研究では言及されておらず、現代の小中学生の特徴である可能性も考えられる。また、日本の中2では性格に関する否定的記述が目立つ一方、フィンランドでは、性格に関する肯定的記述が多く認められた。筆者らの質問紙調査においても、フィンランドの児童生徒は日本と比べて自尊感情が高いことが示された（Tsuboi et al., 2012）。これに加え、日本の4年生はそもそも性格に関する記述が少なく、中2になると否定的記述が目立つようになる一方、フィンランドは4年生でも8年生でも肯定的記述が一貫して多いことは大きな特徴といえるだろう。質問紙における日本の自尊感情の低さについては、日本人の謙譲の美徳といった文化的価値観の相違を考慮する必要性を考察したが（Tsuboi et al., 2012）、質的データにおいても同様の顕著な相違が認められたことから、日本の児童生徒の自尊感情や自己肯定感を高める支援

はメンタルヘルスの視点からも重要であると思われた。また、日本の児童生徒は学校と関連した記述が多い一方、フィンランドでは学校だけでなく、日常生活全体での記述が多いことが示された。日本に比してフィンランドは学校で過ごす時間が短く、学校以外の場所においても「わたし」を形成する機会が多くあり、幅広い日常生活や体験に「わたし」を関連させることが特徴と考えられた。一方、日本においては「わたし」をめぐる連想は学校環境から影響を受けやすいことが示唆された。

表2-2 「わたし」における国および学年の有意性テスト結果（上位10位まで）

| 日本 | | | | フィンランド | | | |
|---|---|---|---|---|---|---|---|
| 4年生(N=355) | | 中2(N=322) | | 4年生(N=170) | | 8年生(N=203) | |
| 構成要素名 | 出現数(%) | 構成要素名 | 出現数(%) | 構成要素名 | 出現数(%) | 構成要素名 | 出現数(%) |
| 食べ物（名）が好き | 133(63.6) | 部活（名） | 55(96.5) | 楽しい | 58(37.7) | 友達 | 40(54.8) |
| 友達と遊ぶ | 48(82.8) | 芸能人（名）が好き | 52(78.8) | 親切 | 30(62.5) | 楽しい | 60(39.0) |
| 算数・数学が好き・得意 | 59(72.8) | 血液型 | 23(88.5) | 朗らか | 16(64.0) | 音楽 | 18(85.7) |
| | | （小・中）学生 | 15(100.0) | 動物（名）が好き | 38(30.6) | 動物（名） | 24(66.7) |
| 体育好き・得意 | 52(75.4) | 勉強が嫌い・苦手 | 72(56.3) | 感じの良い氏名 | 15(41.7) | 家族 | 22(71.0) |
| 漢字嫌い・苦手 | 22(100.0) | | | | 12(40.0) | 信頼できる | 16(84.2) |
| 図工・美術が好き・得意 | 26(92.9) | めんどくさがり | 35(70.0) | 正直 | 13(36.1) | スポーツ（名） | 42(42.4) |
| | | 人見知り | 16(94.1) | 年齢 | 19(28.4) | 正直 | 22(61.1) |
| 習い事（名） | 55(69.6) | バカ | 12(100.0) | スポーツ（名）をやる | 24(25.0) | ユーモアのセンスある | 15(78.9) |
| ゲーム（名）が好き・得意 | 98(59.8) | | 38(63.3) | | | 社交的 | 13(86.7) |
| 理科が好き・得意 | 30(81.1) | 学年組番号 | 28(70.0) | 読書（書名・作者） | 21(25.9) | | |
| 兄弟とケンカする | 15(100.0) | | | | | | |

## ［4］クラスター分析

各児童生徒 × 構成要素の対応分析を行った。対応分析で抽出された15成分の累積寄与率は17.3％であった。なお、累積寄与率の値が小さく寄与が低いが、これはデータ表の構造的な制約から生じるものであり、テキストマイニング上、信頼できる値として採用された。次に、対応分析で得られた成分スコアをもとにクラスター分析を行い、各児童生徒の類型化を試みた。階層の結合水準（クラスター内変動の和）の変化および解釈可能性より、5クラスターを採用した。クラスター1に分けられた児童生徒数（N）は713と最も多く、クラスター5は最も少ない児童生徒数（N）の12であった。

次に、クラスター変数ごとに構成要素出現頻度の有意性テストを行った。クラスター変数ごとで有意とみなされた構成要素を検定値が高い順に上位10位まで示した（表２−３）。なお、表中の値は出現数をあらわし、（　）内は出現率をあらわす。出現率とは、全体での出現数に占める当該クラスターにおける出現数の割合のことである。

　クラスター１は「食べ物（名）が好き」などが多く、自己以外の対象に対する「好き・嫌い」という感情の記述が中心であることから、"好き嫌い感情"、クラスター２は「自己中心的」などが多く、"否定的自己"、クラスター３は「楽しい」などが多く、"肯定的自己"、クラスター４は「スポーツ（名）」などの外面的記述が多く、"外面的自己"と命名した。クラスター５は「良い・素晴らしい」といった肯定的記述と「学校嫌い」などの否定的記述が混在しており、"両価的自己"と命名した。さらに、国および学年とクラスター変数とのクロス集計を行い、有意性テストを行った。その結果を表２−４に示す。日本の４年生では、"好き嫌い感情"、中２では、"好き嫌い感情"および"否定的自己"に分類された対象者の出現率が有意に多かった。一方、フィンランドの４年生では、"肯定的自己"、８年生では、"肯定的自己"、"外面的自己"、および"両価的自己"に分類された対象者の出現率が有意に多かった。

　日本では中２において、"否定的自己"に分類される割合が増加するものの、４年生においても中２においても"好き嫌い感情"における出現率が顕著に高いことが示された。すなわち、好きか嫌いかという二分された感情で自己にまつわる外的要素を捉えるという日本の児童生徒の傾向を示唆するものと考えられた。

　一方、フィンランドの４年生では、"好き嫌い感情"および"肯定的自己"の大きく２クラスターに分けられた。一方、８年生では、"好き嫌い感情"、"肯定的自己"および"外面的自己"の３クラスターを中心として、５クラスター全体に分布が認められた。すなわち、日本の児童生徒の「わたし」は学年に関係なく主に好き嫌い感情で構成され、フィンランドの児童生徒の「わたし」は、特に８年生において、いわば個性ともいえる、さまざまな「わたし」連想が示されるといえよう。こうした２国間の相違の背景には、

筆者らの調査結果でも示されたように、日本の学校環境では集団活動や協調性が重視されるのに対し、フィンランドでは個別性が重視されることも一因として考えられるであろう（松本・ケスキネン, 2013）。すなわち、日本の児童生徒における一貫した反応パターンは、日本の学校環境では個々の多様性が認められにくいことを物語るものであるかもしれない。

表2－3　「わたし」各クラスターにおける有意性テストの結果（上位10位まで）

| 好き嫌い感情 (N=713) | | 否定的自己 (N=56) | | 肯定的自己 (N=162) | | 外面的自己 (N=107) | | 両価的自己 (N=12) | |
|---|---|---|---|---|---|---|---|---|---|
| 構成要素名 | 出現数(%) | 構成要素名 | 出現数(%) | 構成要素名 | 出現数(%) | 構成要素名 | 出現数(%) | 構成要素名 | 出現数(%) |
| 食べ物（名）が好き | 203(97.1) | 自己中心的 | 12(100.0) | 楽しい | 96(62.3) | スポーツ（名） | 65(65.7) | 良い・素晴らしい | 11(47.8) |
| ゲーム（名）が好き・得意 | 159(97.0) | 好き | 11(55.0) | 親切 | 41(85.4) | 友達 | 50(68.5) | 学校嫌い | 3(16.7) |
| 漫画・アニメ（名）が好き | 99(98.0) | 嫌い嫌いな人間 | 10(58.8) 18(22.5) | 感じの良い 正直 | 33(91.7) 30(83.3) | 動物（名） 家族 | 31(86.1) 27(87.1) | 感じの良い 怒りっぽい | 2(5.6) 2(4.3) |
| 勉強が嫌い・苦手 | 122(95.3) | 生きている 普通 | 9(64.3) 8(21.6) | 朗らか 信頼できる | 22(88.0) 18(94.7) | 学校 家 | 21(95.5) 16(100.0) | 人間 | 2(2.5) |
| 色名が好き | 51(100.0) | 身体的特徴 | 10(13.5) | ユーモアのセンスある | 15(78.9) | 音楽 食べ物（名） | 17(81.0) 20(66.7) | | |
| 食べ物（名）が嫌い | 60(98.4) | わがまま 頑固 | 6(20.7) 4(22.2) | 社交的 穏やか | 13(86.7) 11(84.6) | 漫画・アニメ | 14(87.5) | | |
| 体育好き・得意 | 67(97.1) | | | 賢い | 14(58.3) | テレビ | 11(91.7) | | |
| 友達と遊ぶ | 57(98.3) | | | | | | | | |
| 習い事（名） | 75(94.9) | | | | | | | | |
| 将来の夢（～になりたい） | 117(90.7) | | | | | | | | |

表2－4　「わたし」の国および学年とクラスター変数における有意性テストの結果

| | | 好き嫌い感情 (N=713) | | 否定的自己 (N=56) | | 肯定的自己 (N=162) | | 外面的自己 (N=107) | | 両価的自己 (N=12) | |
|---|---|---|---|---|---|---|---|---|---|---|---|
| | | 人数(%) | 検定値 | 人数(%) | 検定値 | 人数(%) | 検定値 | 人数(%) | 検定値 | 人数(%) | 検定値 |
| 日本 | 4年生(N=355) | 322(90.7) | 11.99** | 11(3.1) | -2.23 | 6(1.7) | -9.96 | 16(4.5) | -4.49 | 0(0.0) | -2.47 |
| | 中2 (N=322) | 266(82.6) | 6.94** | 28(8.7) | 2.98** | 7(2.2) | -8.9 | 20(6.2) | -2.82 | 1(0.3) | -1.43 |
| フィンランド | 4年生(N=170) | 74(43.5) | -7.12 | 7(4.1) | -0.56 | 71(41.8) | 9.24** | 15(8.8) | -0.49 | 3(1.8) | 0.51 |
| | 8年生(N=203) | 51(25.1) | -14.05 | 10(4.9) | -0.08 | 78(38.4) | 9.14** | 56(27.6) | 8.07** | 8(3.9) | 3.34** |

（検定値の値が+である場合）**$p<.01$

## (2) イメージ連想法を通してみた学校イメージ

### ［I］合計記入数

刺激語「学校」への合計記入数において、日本の4年生は9.9、日本の中2は13.5、フィンランドの4年生は6.2、フィンランドの8年生は10.5であった。国×学年の2要因分散分析を行った結果、日本の小中学生はフィンランドより、中2および8年生は4年生より、合計記入数が多いという結果で

あった。これは、刺激語「わたし」と同様の結果である。

[2] 出現頻度

　刺激語「わたし」同様、分かち書き等の分析を行い、基礎統計として、出現頻度の高い構成要素を国・学年ごとにそれぞれ上位10位まで示した（表2－5）。なお、表中の値は記述人数をあらわし、（　）内は出現率をあらわす。出現率とは、各群の総人数に占める当該構成要素における記述人数の割合のことである。

　日本の4年生は「楽しい」が最も多く、次いで「友達」、日本の中2は「勉強」、次いで「友達」、フィンランドの4年生は「先生」、次いで「友達」、フィンランドの8年生は「先生」、次いで「退屈－つまらない」といった記述の出現頻度が高かった。

　日本の4年生および中2は過半数の子どもが「楽しい」、「友達」、「勉強」という言葉を記述しており、学校は楽しい場所であると感じている児童生徒が多く、さらに友達や勉強が大きな存在であることが示唆された。一方、フィンランドの4年生および8年生は「先生」という言葉の記述が最も多く、教師の存在感の強さがうかがわれた。詳しくは筆者らの著書（松本・ケスキネン, 2013）にあるが、フィンランドにおいて教師は伝統的に村や町の中心的人物であり、現在でも子どもたちにとって人気の職業の1つであることが関係していると思われる。また、日本の中2、フィンランドの8年生ともに、

**表2－5　「学校」における国・学年ごとの頻出構成要素（上位10位まで）**

| 日本 | | | | フィンランド | | | |
|---|---|---|---|---|---|---|---|
| 4年生(N=370) | | 中2(N=343) | | 4年生(N=179) | | 8年生(N=221) | |
| 構成要素名 | 記述人数(%) | 構成要素名 | 記述人数(%) | 構成要素名 | 記述人数(%) | 構成要素名 | 記述人数(%) |
| 楽しい | 228(61.6) | 勉強 | 212(61.8) | 先生 | 69(38.5) | 先生 | 128(57.9) |
| 友達 | 199(53.8) | 友達 | 206(60.1) | 友達 | 69(38.5) | 退屈－つまらない | 96(43.4) |
| 勉強 | 177(47.8) | 楽しい | 202(58.9) | 素敵 | 66(36.9) | 友達 | 95(43.0) |
| 遊び－遊ぶ | 134(36.2) | 部活(名) | 184(53.6) | 楽しい | 47(26.3) | テスト(試験) | 69(31.2) |
| 休憩時間 | 128(34.6) | 先生 | 162(47.2) | 退屈－つまらない | 46(25.7) | 給食 | 66(29.9) |
| 好き | 123(33.2) | 給食 | 105(30.6) | 休憩時間 | 43(24.0) | 宿題 | 65(29.4) |
| 給食 | 122(33.0) | 授業 | 95(27.7) | 良い | 39(21.8) | 勉強 | 56(25.3) |
| 先生 | 120(32.4) | 面倒－めんどくさい | 91(26.5) | 数学(算数) | 32(17.9) | 良い | 45(20.4) |
| おもしろい | 73(19.7) | テスト(試験) | 75(21.9) | 給食 | 30(16.8) | 休憩時間 | 43(19.5) |
| 嫌い | 63(17.0) | 疲れる | 71(20.7) | 宿題 | 26(14.5) | 数学(算数) | 38(17.2) |

「テスト（試験）」という記述が上位にあがっていた。こういった記述は4年生においては多く見られず、中学生ならではの記述であるだろう。その他、「給食」「休憩時間」などといった記述は両国ともに頻出であり、国に関係なく、子どもたちにとって、学校から連想されやすいものであることが推測された。

## ［3］国×学年の有意性テスト

　刺激語「わたし」同様、国・学年ごとに構成要素出現頻度の有意性テストを行った。その結果、国・学年ごとで有意とみなされた構成要素を検定値が高い順にそれぞれ上位10位まで示した（表2−6）。なお、表中の値は出現数を示し、（　）内は出現率を示す。出現率とは、該当する構成要素の全体での出現数に占める当該群における出現数の割合のことである。

　日本の4年生は「好き」「遊び−遊ぶ」、日本の中2は「部活（名）」「めんどくさい」、フィンランドの4年生は「素敵」「良い」、フィンランドの8年生は「退屈−つまらない」「友人名」などといった記述が有意に多かった。

　日本の4年生は遊びに関する記述や「好き」「おもしろい」など、ポジティブな記述が有意に多く、明るい学校生活を送っていることがうかがわれた。一方で、中2になると、「めんどくさい」「眠い」「疲れる」などと、ネガティブな記述が有意に多く、中2では学校への否定的な感情が示唆された。また、日本の中2では、部活に関する記述が多かったが、「わたし」を刺激語としたIAMにおいても、日本の中2の約17％が部活に関する記述をしていた。部活は中学生のアイデンティティ形成において重要な所属集団であり（角谷・無藤，2001）、部活に所属している生徒は部活内で友人関係を形成しやすい（岡田，2009）。さらに、筆者らの質問紙調査においても、フィンランドに比して日本の中学生は友人関係が良好であることが示され（Tsuboi et al., 2012）、日本の中学校における部活は対人関係や集団活動の経験を積むとともに、帰属意識を得る場でもあり、部活を通して「わたし」を形成する機会が生まれてくるものと考えられた。

　フィンランドの4年生では「素敵」「良い」など日本の4年生と同様に肯定的な記述が有意に多かった。一方で、8年生になると日本の中2同様、

「退屈－つまらない」「悪い」などネガティブな記述が多くなった。さらに、「成績」「テスト」といった記述が有意に多く、勉強に対する意識の高さがあることが示唆された。フィンランドの学校においては、日本と比べると行事が少なく、"学校は勉強をする場所"というイメージが強いことも影響しているのかもしれない。

**表2－6　「学校」における国および学年の有意性テスト結果（上位10位まで）**

| 日本 | | | | フィンランド | | | |
|---|---|---|---|---|---|---|---|
| 4年生(N=370) | | 中2(N=343) | | 4年生(N=179) | | 8年生(N=221) | |
| 構成要素名 | 出現数(%) | 構成要素名 | 出現数(%) | 構成要素名 | 出現数(%) | 構成要素名 | 出現数(%) |
| 好き | 283(73.9) | 部活－クラブ | 196(89.9) | 素敵 | 95(78.5) | 退屈－つまらない | 122(43.7) |
| 遊び－遊ぶ | 170(86.3) | 面倒－めんどくさい | 109(80.1) | 良い | 50(25.6) | | |
| 休憩時間 | 149(57.1) | | | 科目 | 21(36.2) | 友人名 | 53(66.3) |
| マラソン | 45(80.4) | 眠い | 44(86.3) | クラス | 27(25.0) | 悪い | 39(72.2) |
| 楽しい | 338(47.9) | ルール(規則) | 48(76.2) | 学ぶ | 22(27.8) | 成績 | 35(67.3) |
| おもしろい | 95(59.0) | 行事 | 44(77.2) | 退屈－つまらない | 52(18.6) | テスト(試験) | 74(39.8) |
| 嫌い | 102(53.1) | 疲れる | 76(62.8) | 数学(算数) | 34(20.2) | 宿題 | 70(39.8) |
| 運動場(グランド) | 42(61.8) | 話す | 55(68.8) | 休憩時間 | 44(16.9) | 科目 | 34(58.6) |
| | | 多い | 71(60.2) | | | 先生 | 160(27.8) |
| 掃除 | 65(54.6) | 嫌 | 62(59.6) | 机 | 18(22.2) | 良い | 61(31.3) |
| 行く－来る | 45(56.3) | 黒板 | 52(60.5) | 先生 | 78(13.5) | 時間 | 26(44.8) |

　さらに詳細な検討をするために、国・学年・性別ごとに、構成要素出現頻度の有意性テストを行った。その結果、国・学年・性別ごとで有意とみなされた構成要素を検定値が高い順にそれぞれ上位10位まで示した（表2－7、2－8）。なお、表中の値は出現数をあらわし、（）内は出現率をあらわす。出現率とは、該当する構成要素の全体での出現数に占める当該群における出現数の割合のことである。

　日本の4年生男子は「遊び－遊ぶ」「休憩時間」、4年生女子は「好き」「遊び－遊ぶ」、日本の中2男子は「部活（名）」「めんどくさい」、中2女子は「部活（名）」「行事」、フィンランドの4年生男子は「素敵」「退屈－つまらない」、4年生女子は「素敵」「良い」、フィンランドの8年生男子は「退屈－つまらない」「悪い」、8年生女子は「友人名」「成績」といった記述が有意に多かった。また、日本の4年生男子は「理科」や「国語」、フィンランドの4年生男子は「英語」「国語」といった記述が多く、特に5教科科目についての記述が多いことが共通していた。女子においては、両国とも4年生では芸術科目についての記述が多く、両学年とも友達や対人関係について

の記述が多いことも共通していた。国や学年による学校イメージの相違が示されると同時に、性差による差異については両国に共通する点も明らかになった。

**表2−7　「学校」における国・学年・性別の有意性テストの結果（上位10位まで）　日本**

| | 4年生 | | | 中2 | | | |
|---|---|---|---|---|---|---|---|
| 男子(N=87) | | 女子(N=183) | | 男子(N=165) | | 女子(N=178) | |
| 構成要素名 | 出現数(%) | 構成要素名 | 出現数(%) | 構成要素名 | 出現数(%) | 構成要素名 | 出現数(%) |
| 遊び−遊ぶ | 77(39.1) | 好き | 181(47.3) | 部活−クラブ | 80(36.7) | 部活−クラブ | 116(53.2) |
| 休憩時間 | 80(30.7) | 遊び−遊ぶ | 93(47.2) | 面倒− | 44(32.4) | 行事 | 37(64.9) |
| 好き | 102(26.6) | マラソン | 31(55.4) | めんどくさい | | 面倒− | 65(47.8) |
| おもしろい | 50(31.1) | 楽しい | 181(25.6) | 黒板 | 28(32.6) | めんどくさい | |
| 楽しい | 157(22.2) | 友達 | 171(25.3) | 長い | 27(32.5) | ルール(規則) | 38(60.3) |
| 嫌い | 51(26.7) | 掃除 | 36(30.3) | 疲れる | 35(28.9) | 嫌 | 44(42.3) |
| 行く−来る | 24(30.0) | 休憩時間 | 69(26.4) | 眠い | 18(35.3) | 多い | 48(40.7) |
| 理科 | 25(27.5) | おもしろい | 45(28.0) | 話す | 23(28.8) | 眠い | 26(51.0) |
| (生物・物理) | | 運動場 | 22(32.4) | 退屈− | 58(20.8) | 会える | 29(48.3) |
| 運動場 | 20(29.4) | (グランド) | | つまらない | | 学年−組 | 42(37.5) |
| (グランド) | | 美術−図工 | 24(30.8) | 勉強 | 98(18.8) | 話す | 32(40.0) |
| 掃除 | 29(24.4) | | | 広い | 18(28.6) | | |

**表2−8　「学校」における国・学年・性別の有意性テストの結果（上位10位まで）　フィンランド**

| | 4年生 | | | 8年生 | | | |
|---|---|---|---|---|---|---|---|
| 男子(N=78) | | 女子(N=100) | | 男子(N=123) | | 女子(N=97) | |
| 構成要素名 | 出現数(%) | 構成要素名 | 出現数(%) | 構成要素名 | 出現数(%) | 構成要素名 | 出現数(%) |
| 素敵 | 25(21.0) | 素敵 | 68(57.1) | 退屈− | 75(26.9) | 友人名 | 45(56.3) |
| 退屈− | 33(11.8) | 良い | 30(15.5) | つまらない | | 成績 | 23(45.1) |
| つまらない | | 科目 | 14(24.1) | 悪い | 21(38.9) | テスト(試験) | 48(25.9) |
| 良い | 19(9.8) | クラス | 20(18.5) | 宿題 | 35(19.9) | 科目 | 22(37.9) |
| 学ぶ | 11(13.9) | 先生 | 55(9.6) | 良い | 31(16.0) | 先生 | 97(16.9) |
| 数学(算数) | 15(8.9) | 机 | 13(16.3) | 科目 | 12(20.7) | 悪い | 18(33.3) |
| 科目 | 7(12.1) | 休憩時間 | 28(10.7) | 成績 | 11(21.6) | 宿題 | 35(19.9) |
| 英語 | 6(9.5) | 本 | 13(13.1) | 先生 | 62(10.8) | 時間 | 16(27.6) |
| 国語(母国語) | 8(8.1) | 数学(算数) | 19(11.3) | テスト(試験) | 25(13.5) | 退屈− | 47(16.8) |
| 休憩時間 | 16(6.1) | 学ぶ | 11(13.9) | 給食 | 38(11.3) | つまらない | |
| | | | | 時間 | 10(17.2) | 本 | 20(20.2) |

# まとめと今後の課題

　以上、IAMの2国間比較から、自己イメージに関して、日本では性格に関する否定的な記述、フィンランドでは性格に関する肯定的な記述が多く、

両国における自尊感情の高さの相違が示唆された。また、日本では、自己イメージが主に好き嫌い感情で構成され、学年による相違に乏しい一方、フィンランドでは、自己イメージが特に8年生において多様になり、個人により多様な自己イメージを持ちうることが示された。学校イメージに関しては、両国ともに4年生では肯定的な記述、中2（8年生）では否定的な記述が多く、共通点も示された。一方、日本の中2では部活に関する記述、フィンランドの8年生では勉強に関する記述が多く、両国の学校環境の差異が学校イメージに影響していることも示唆された。

なお、本研究では性差による検討を十分行っていないが、今後はデータを増やし、性差を含めた分析を重ねることで、日本の児童生徒の心理的問題や具体的な支援について、より詳細に検討していくことが必要と思われる。

## 付　記

本章の内容は、日本心理臨床学会の許可を得て、以下の論文の一部を加筆修正したものである。

大矢優花・松本真理子・野村あすか・垣内圭子・坪井裕子・鈴木伸子・畠垣智恵・森田美弥子（2016）「日本とフィンランドの小中学生における『わたし』をめぐる連想」『心理臨床学研究』34, 95-101.

---

## 文　献

古荘純一（2009）『日本の子どもの自尊感情はなぜ低いのか――児童精神科医の現場報告』光文社

岩熊史朗・横田仁（1991）「セルフ・イメージの発達的変化――WAI技法に対する反応パターンの分析」『社会心理学研究』第6号

角谷詩織・無藤隆（2001）「部活動継続者にとっての中学部活動の意義――充実感・学校生活への満足度とのかかわりにおいて」『心理学研究』第72号

北川達夫（2005）『図解フィンランド・メソッド入門』経済界

Kuhn, M. H., & McPartland, T. S. (1954) "An Empirical Investigation of Self-Attitudes." *American Sociological Review* 19 : 68-76.

松本真理子、ソイリ・ケスキネン（2013）『フィンランドの子どもを支える学校環境と心の健康――子どもにとって大切なことは何か』明石書店

岡田有司（2009）「部活動への参加が中学生の学校への心理社会的適応に与える影響——部活動のタイプ・積極性に注目して」『教育心理学研究』第57号

Tsuboi, H., Matsumoto, M., Keskinen, S., Kivimäki, R., Suzuki, N., Hatagaki, C., Nomura, A., Kaito, K., & Morita, M. (2012) "Japanese children's Quality of Life (QOL): A comparison with Finnish children" *Japanese Journal of child and adolescent psychiatry* 53 : 14-25.

山田ゆかり（1989）「青年期における自己概念の形成過程に関する研究——20答法での自己記述を手がかりとして」『心理学研究』第60号

湖に面した森の中のコテージ、冬

## IAM（日本語）

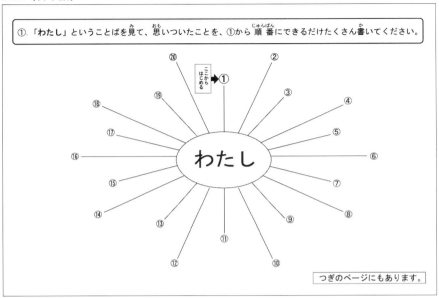

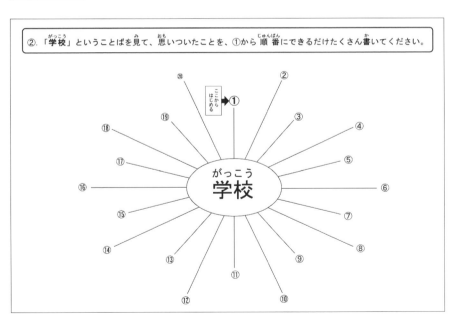

# 第Ⅰ部 小中学生のウェルビーイング調査

## IAM（フィンランド語）

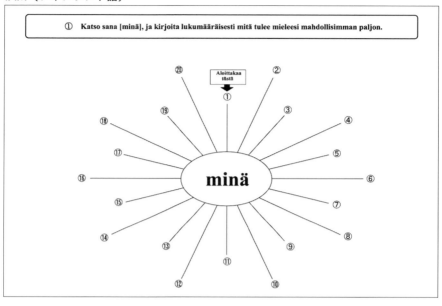

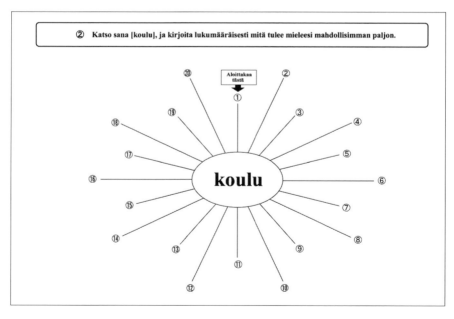

# 第3章

## 対人葛藤解決方略調査を通してみた葛藤解決のあり方

コンピュータゲームを用いた学習場面

## 第1節　子どもの対人葛藤解決方略と学校生活

　本章では、対人葛藤場面における解決方略の比較結果について報告したい。対人葛藤は、個人の欲求、目標、期待などが他者によって妨害されていると個人が認知することによって発生する（藤森, 1989）。そして、このような対人葛藤を解決しようとする行動は対人葛藤解決方略と呼ばれる。社会生活において対人葛藤は不可避であり、小中学生もまた、1日の大半の時間を過ごす学校生活を中心に、深刻な問題に発展しないまでも相互の欲求の衝突や意見の対立など、対人葛藤を日常的に経験している。教室では、自分と葛藤相手の欲求を調整して解決を図る子ども、一方的に自分の欲求を主張する子ども、一方的に相手の欲求に合わせようとする子ども、また葛藤を表面化しない振る舞いをみせる子どもなどが存在し、対人葛藤場面における子どもたちの解決のあり方は多様であることが窺える。こうした解決方略の個人差と仲間からの評価や社会的適応には関連のあることが示されている。すなわち、総じて対人葛藤解決を円滑に行える子どもには、仲間からの肯定的な評価を含め、全体的に良好な社会的適応との関連性が認められる一方で、円滑に行えない子どもには、仲間からの否定的な評価や社会的不適応との関連性が認められている（Richard & Dodge, 1982；Yeates et al., 1991等）。同様の結果は、日本の子どもを対象とした研究（渡部, 1995；山岸, 1998）においても認められ、さらに2000年以降、対人葛藤解決のあり方と信頼感や攻撃性（山井・成田, 2003）、自尊感情（奥野ら, 2008）、QOL（鈴木ら, 2014）との関連など、心の健康の側面からも検討が行われている。このように、子どもの対人葛藤解決方略と学校生活は密接に関連し、そのあり方によっては、学校適応や心の健康を脅かす要因にもなり得ることが示唆される。

　しかしながら、対人葛藤の経験は否定的な側面だけでなく（大渕, 2003）、解決を通して相互に理解し関係性を深めるといった側面や、人間関係調整能力を高めるといった発達促進的な側面も持つとされている（杉本, 2004）。少子化や核家族化、携帯型ゲーム機を使った遊びの増加など、多様な人間関係

の経験が乏しくなっているとされる現代の子どもたちが、学校生活を通して効果的な対人葛藤解決方略を相互に学び、使用できるようになることは重要であると考える。

## 第2節　対人葛藤解決方略における文化差

　一方、このような対人葛藤解決方略には文化差があることも指摘されている。たとえば、日米間の比較では、大学生を対象に、日常生活で経験した対人葛藤場面を想起させ、その解決方略を比較した大渕ら（Ohbuchi et al., 1991）は、両国の大学生が用いる解決方略は大きく異なることを示した。すなわち、日本の大学生は、葛藤回避的な方略の使用が特徴的であるのに対して、アメリカの大学生は、葛藤回避的な方略の使用は相対的に少なく、積極的に葛藤解決をしようとする方略の使用が多かった。また、自転車に乗る順番を巡って他人との間に問題が生じたというたとえ話を示して日米の小学5年生の解決方略を比較した二宮（1995）は、両国の子どもの自己主張と自己抑制の方略使用には一貫した違いは認められなかったが、日本の子どもの方が協調的な方略をより多く使用することを示した。さらに、東洋間の比較については、徐（2004）や羅ら（2007）、氏家ら（2008）が散見され、諸研究では東洋間にも文化差があることが示されている。このように対人葛藤解決方略の文化差に関する検討は重ねられてきている。しかしながら、小中学生の発達的変化に関するこれまでの報告は、日中の小学生、中学生、大学生を対象とした羅ら（2007）に限られる。小中学生は学校生活を中心として、仲間関係、対教師関係、子どもの社会化を巡る教育や周囲からの期待の影響を受けやすい時期であり、対人葛藤解決方略についても、異なる文化・社会における子どもたちの児童期から青年期前期にかけての発達的変化の比較検討が期待される。

　以上より、本調査では学校生活を巡る対人葛藤場面に焦点をあて、日本とフィンランドの小学生と中学生の解決方略について、発達的変化および性差の観点から検討することを目的とした。なお、本稿では、調査を行った2場

面(章末資料：日本の小学生女子用の2場面の質問票およびフィンランドの小学生女子の1場面の回答例)のうち〈場面1〉の結果について報告する。

# 第3節　方　法

## (1) 調査協力者

　本調査では、今回の全調査協力校のうち、日本では4校の小学校と3校の中学校において、フィンランドでは3校の小学校と3校の中学校において、それぞれ4年生と8年生(日本の中2)の協力を得た。なお、本研究では、一般児童の傾向を把握することを目的とするため、上記の対象者のうち、調査実施後に両国の学級担任から報告のあった、明らかな学習の遅れ、発達障害、不登校、非行に関する問題を持つ児童生徒、および日本における外国人児童生徒の回答を分析対象から除外した。最終的な調査協力者数は、日本は4年生349名(男子190名、女子159名、平均年齢9.87歳、$SD=.34$)、中2が404名(男子206名、女子198名、平均年齢13.89歳、$SD=.23$)の計753名、フィンランドは4年生120名(男子51名、女子69名、平均年齢10.36歳、$SD=.56$)、8年生91名(男子45名、女子46名、平均年齢14.41歳、$SD=.50$)の計211名であった。

## (2) 調査内容

　対人葛藤場面と9種類の解決方略からなる質問票を用いた(なお、作成した質問票では、①場面の問題をどう定義するか、②9種類の方略をどの程度使用すると思うか、③最良の方略選択と理由について尋ねているが、本稿では②について報告する)。この質問票の作成にあたっては、対人交渉方略(interpersonal negotiation strategies : INS)モデル(Yeates & Selman, 1989)とINSの発達を測定する質問紙を作成した山岸(1998)を参考にした。INSモデルでは、社会的視点取得能力の発達に応じたINSの発達段階と個人の対人志向スタイルに関する次元が設定されている(渡部, 2000)。対人葛藤解決に関して、前者

からは自分と相手の欲求をいかに考慮できるかを、後者からは自分の欲求を通すのか、譲るのか、あるいは協調するのかといった対人志向性を把握することができる。

葛藤場面は「学校の図書室で本を読んでいた主人公が、少し離席した間に、自分が読んでいた本を他の子が読んでいた」というもので、葛藤相手は同性の子どもであった。場面は場面を説明する文章（表3-1）と4コマ漫画により構成し、登場人物の性別に男子用と女子用の2種類を作成した。また、質問項目として、場面における9種類の解決方略を設定した（表3-2）。各解決方略について、自分が場面の主人公Aの立場であった場合、どの程度使用すると思うかを「しないと思う（1点）」～「すると思う（4点）」の4

### 表3-1　場面（日本版女子用）

学校の図書室にAさんが楽しみにしていた新しい本がきました。
　Aさんは、その本を読むために長い間待って、ようやく自分の番になりました。
　Aさんは、本を読みはじめましたが、トイレに行きたくなったので、少しの間、席から離れました。
　ところが、Aさんが席に戻ってくると、本はなくなっていて、Bさんが別の席で読んでいました。
　AさんがBさんに近づいていくと、Bさんが、「何か用なの？本を読んでいるから、じゃまをしないで」といいました。

（注）登場人物は、男子用では「Aさん」を「Aくん」、「Bさん」を「Bくん」とした。

### 表3-2　場面における9種類の解決方略（日本版女子用）および質問項目

| 方略 | 質問項目 |
|---|---|
| 非言語的攻撃 | 何も言わず、Bさんから本を取り上げる |
| 命令 | 「わたしが読みたいんだから返して」という |
| 説得 | 長い間待ってやっと読めたこと、トイレに行っていたことを説明して、本を返してもらう |
| 非言語的撤退 | 何も言わず、その場所からはなれる |
| あきらめ | Bさんが読みたそうなので、あきらめる |
| 譲歩 | 「少ししたら、読ませて」という |
| 教師介入 | 先生を呼びに行く |
| ジャンケン | 「ジャンケンをして、どちらが読むか決めよう」という |
| 協調提案 | 「ふたりとも読みたいんだから、ふたりで一緒に読もう」という |

（注1）登場人物は、男子用では「Bさん」を「Bくん」とした。
（注2）命令の質問項目は、男子用では「わたし」を「ぼく」とした。

件法で回答を求めた。得点が高いほど、子どもがその方略をよく使用すると思っていることを意味する。

　なお、今回これらの作成については、共同研究者で発達心理学を専門とするフィンランドの大学教員と検討を行い、両国の小中学生が学校生活において経験しやすく理解しやすい内容になるように留意した。また、フィンランド版の質問票における教示および場面を説明する文章は、フィンランド人で日本在住のフィンランド語教師が翻訳し、日本人でフィンランド語を専門とする大学教員によるバックトランスレーションを行った。また、4コマ漫画は登場人物や背景がフィンランドの小中学生にとって違和感がないように描いた。

### (3) 手続き

　調査は、調査期間（序章参照）に学級単位で集団実施した。調査実施にあたっては、事前に各学校長に対して調査実施の主旨や調査内容および調査方法について十分に説明し、調査協力に関する同意を得た。また調査時には、学級担任の協力を得て、実施マニュアルに基づき、調査目的、学校の成績には関係しないこと、調査結果は統計的に処理され個人が特定されることはないこと、および回答を拒否する権利があることを説明した。なお、本研究の実施手続きについては、名古屋大学大学院教育発達科学研究科倫理委員会の承認を得ている。

### (4) 分析方法

　各方略を使用する程度が国、発達段階、性別によって異なるかを検討するために、各方略得点について国（2）×学年（2）×性別（2）の3要因の分散分析を行った。なお、欠損値がある場合には当該方略の得点分析から除外したため、方略ごとに人数が異なっている。また、分析にはSPSS統計パッケージ（Ver.19.0）を使用し、有意確立5％未満を有意とみなした。

第3章　対人葛藤解決方略調査を通してみた葛藤解決のあり方

## 第4節　国、発達段階、性別による各方略使用の違い

以下、主にINSモデルにおける対人志向スタイルの分類に沿って記載する。

### (1) 他者変化志向の方略 —— 対人葛藤場面において、他者を変化させる方略

「非言語的攻撃」（表3−3、図3−1）については、国×学年の交互作用（$F(1,950)=20.04, p<.001$）が認められたため、単純主効果の検定を行った。その結果、フィンランドにおける学年の単純主効果（$F(1,950)=29.48, p<.001$）が認められ、8年生の得点が4年生より有意に高かった。また、8年生（中2）における国の単純主効果（$F(1,950)=25.70, p<.001$）が認められ、フィンランドの得点が日本より有意に高かった。さらに、性別の主効果（$F(1,950)=17.41, p<.001$）が認められ、男子の得点は女子より有意に高かった。すなわち、フィンランドの8年生の「非言語的攻撃」は、フィンランドの4年生および日本の両学年より多かった。また、全体的に男子の「非言語的攻撃」は女子より多かった。

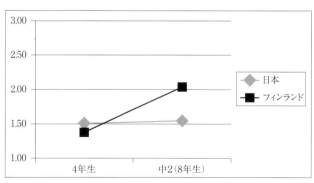

図3−1　国×学年の交互作用（非言語的攻撃）

「命令」（表3−3、図3−2）については、国×学年の交互作用（$F(1,954)=15.58, p<.001$）が認められたため、単純主効果の検定を行った。その結果、

日本における学年の単純主効果（$F(1,954)=25.81, p<.001$）が認められ、4年生の得点が中2より有意に高かった。また、4年生における国の単純主効果（$F(1,954)=39.95, p<.001$）が認められ、日本の得点がフィンランドより有意に高かった。さらに、性別の主効果（$F(1,954)=7.01, p<.01$）が認められ、男子の得点は女子より有意に高かった。すなわち、日本の4年生の「命令」は、日本の中2およびフィンランドの両学年より多かった。また、全体的に男子の「命令」は女子より多かった。

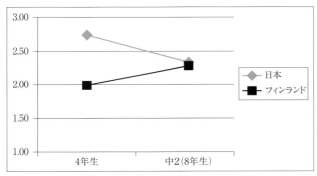

図3-2　国×学年の交互作用（命令）

「説得」（表3-3）については、学年×性別の交互作用（$F(1,949)=4.05, p<.05$）が認められたため、単純主効果の検定を行った。その結果、4年生における性別（$F(1,949)=4.32, p<.05$）と中2（8年生）における性別（$F(1,949)=21.55, p<.001$）の単純主効果が認められ、いずれも女子の得点が男子より有意に高かった。また、男子における学年の単純主効果（$F(1,949)=13.22, p<.001$）が認められ、4年生の得点が中2（8年生）より有意に高かった。さらに、国の主効果（$F(1,949)=21.55, p<.001$）が認められ、フィンランドの得点は日本より有意に高かった。すなわち、「説得」は女子が男子より多く、4年生の男子は中2（8年生）の男子より多かった。また、全体的にフィンランドの「説得」は日本より多かった。

以上のように、他者変化志向の方略の中でも、一方向的な主張方略（Yeates & Selman, 1989）である「非言語的攻撃」と「命令」について、今回、

第3章　対人葛藤解決方略調査を通してみた葛藤解決のあり方

## 表3-3　国別学年別性別の各方略得点

| | | 4年生 | | | | 中2(8年生) | | | | 主効果 | | | 交互作用 | | |
| | | 男子 | | 女子 | | 男子 | | 女子 | | 国 | 学年 | 性別 | 国×学年 | 国×性 | 学年×性別 | 国×学年×性 |
| | | M (SD) | | M (SD) | | M (SD) | | M (SD) | | | | | | | | |
|---|---|---|---|---|---|---|---|---|---|---|---|---|---|---|---|---|
| 非言語的攻撃 | 日本 | 1.57 | (.85) | 1.43 | (.72) | 1.71 | (.96) | 1.38 | (.71) | ** | *** | *** | *** | n.s. | n.s. | n.s. |
| | フィンランド | 1.50 | (.90) | 1.29 | (.60) | 2.24 | (1.07) | 1.83 | (.97) | | | | | | | |
| 命令 | 日本 | 2.82 | (1.09) | 2.66 | (1.02) | 2.42 | (1.17) | 2.25 | (1.08) | *** | n.s. | ** | *** | n.s. | n.s. | n.s. |
| | フィンランド | 2.08 | (.91) | 1.93 | (.93) | 2.49 | (1.12) | 2.07 | (1.10) | | | | | | | |
| 説得 | 日本 | 3.23 | (.97) | 3.52 | (.75) | 2.93 | (1.14) | 3.37 | (.87) | | ** | *** | n.s. | n.s. | * | n.s. |
| | フィンランド | 3.66 | (.66) | 3.78 | (.57) | 3.20 | (1.08) | 3.75 | (.44) | | | | | | | |
| 非言語的撤退 | 日本 | 1.74 | (.86) | 1.86 | (.93) | 2.11 | (1.10) | 2.29 | (1.02) | ** | ** | n.s. | * | n.s. | n.s. | n.s. |
| | フィンランド | 1.72 | (1.01) | 1.73 | (.88) | 1.64 | (.74) | 1.93 | (.93) | | | | | | | |
| あきらめ | 日本 | 1.94 | (1.00) | 1.94 | (.95) | 2.27 | (1.11) | 2.28 | (1.04) | *** | * | ** | * | * | n.s. | n.s. |
| | フィンランド | 1.50 | (.88) | 1.91 | (.94) | 1.51 | (.76) | 1.93 | (.93) | | | | | | | |
| 譲歩 | 日本 | 2.56 | (1.09) | 2.72 | (1.07) | 2.44 | (1.13) | 2.66 | (1.09) | *** | ** | ** | ** | n.s. | n.s. | n.s. |
| | フィンランド | 3.15 | (.92) | 3.12 | (.95) | 2.24 | (1.07) | 2.80 | (.90) | | | | | | | |
| 教師介入 | 日本 | 1.60 | (.86) | 1.69 | (.94) | 1.14 | (.40) | 1.17 | (.50) | *** | *** | n.s. | n.s. | n.s. | n.s. | n.s. |
| | フィンランド | 1.92 | (1.10) | 1.94 | (1.04) | 1.43 | (.70) | 1.57 | (.86) | | | | | | | |
| ジャンケン | 日本 | 1.79 | (.95) | 1.62 | (.81) | 1.76 | (1.04) | 1.38 | (.73) | *** | *** | ** | ** | n.s. | n.s. | * |
| | フィンランド | 2.24 | (1.16) | 1.90 | (1.02) | 1.60 | (.98) | 1.69 | (.79) | | | | | | | |
| 協調提案 | 日本 | 2.49 | (1.11) | 2.38 | (1.05) | 1.68 | (.96) | 1.66 | (.90) | n.s. | *** | ** | n.s. | *** | n.s. | n.s. |
| | フィンランド | 2.33 | (1.09) | 2.79 | (1.09) | 1.51 | (.89) | 2.04 | (1.00) | | | | | | | |

\* $p < .05$　\*\* $p < .01$　\*\*\* $p < .001$

85

「非言語的攻撃」はフィンランドの8年生が、「命令」は日本の4年生が、それぞれ他群と比して顕著に多いことが示された。すなわち、フィンランドでは「非言語的攻撃」が4年生から8年生にかけて増加し、日本では「命令」が4年生から中2にかけて減少している。社会性の発達の観点からは、こうした一方向的な解決方略の使用は年齢とともに減少することが期待される。しかし、フィンランドの子どもの発達的変化はこれに逆行するものであり、非常に興味深い。この点に関連して、日本の児童期後期から青年期後期までの相互独立性・相互協調性の発達的変化を検討した高田（2011）は、児童期後期と比して青年期前期に相互協調性は低下するが、相互独立性は低下せずに相対的に高い水準を保つことを示し、その理由に青年期前期の反抗期的特徴の影響を挙げている。確かに、今回も日本の子どもの男子の「非言語的攻撃」は、4年生から中2にかけて増加傾向（有意傾向差）を示している。高田（2011）の日本の子どもの知見をフィンランドの子どもにそのまま当てはめることはできないが、今回取り上げた葛藤場面のように、自分の権利が侵害され、さらに、相手に挑発的な態度を取られたと受け取りがちな場面において、フィンランドの中学生が衝動的に「非言語的攻撃」の方略を選択したと考えることも可能であろう。しかしながら、「命令」の結果も考慮すると、両国の一方向的主張の方略使用には、対照的な発達的変化の特徴が示されたと言えよう。

　また、「説得」は全体的にフィンランドが日本より多かった。今回の葛藤場面における「説得」は、言葉で説明するという向社会的な手続きを取りながらも、相手に問題があることを主張し批判することによって相手に譲歩を求め、自分の目標を達成しようとする行為を意味する。こうした積極的な解決方略の使用には両国に明確な相違が示されたと言えよう。

　これらの結果からは、フィンランドの中学生の他者変化志向の方略使用には手段の適切さという点で問題は残るものの、フィンランドの子どもの明確な自己主張の表れが示されたとみることも可能なのではないだろうか。なお、相手の欲求を考慮しない一方向的な主張方略（「非言語的攻撃」や「命令」）は男子が女子より多く用い、自他双方の欲求を考慮した上での主張方略（「説得」）は、女子が男子より多く用いるという結果は両国に共通していた。

## (2) 自己変化志向の方略――対人葛藤場面において、自己を変化させる方略

「非言語的撤退」（表3−3、図3−3）については、国×学年の交互作用（$F(1,949)=4.82, p<.05$）が認められたため、単純主効果の検定を行った。その結果、日本における学年の単純主効果（$F(1,949)=31.76, p<.001$）が認められ、中2の得点が4年生より有意に高かった。また、中2（8年生）における国の単純主効果（$F(1,949)=13.33, p<.001$）が認められ、日本の得点がフィンランドより有意に高かった。すなわち、日本の中2の「非言語的撤退」は、日本の4年生およびフィンランドの8年生より多かった。

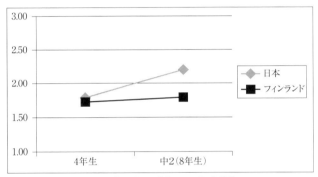

**図3−3　国×学年の交互作用（非言語的攻撃）**

「あきらめ」（表3−3、図3−4、図3−5）については国×学年の交互作用（$F(1,947)=4.03, p<.05$）が認められたため、単純主効果の検定を行った。その結果、日本における学年の単純主効果（$F(1,947)=21.21, p<.001$）が認められ、中2の得点が4年生より有意に高かった。また4年生における国（$F(1,947)=4.51, p<.05$）と中2（8年生）における国（$F(1,947)=22.58, p<.001$）の単純主効果が認められ、いずれも日本の得点がフィンランドより有意に高かった。すなわち、「あきらめ」は日本の中2が日本の4年生およびフィンランドの8年生より多く、日本の4年生がフィンランドの4年生より多かった。

さらに、国×性別の交互作用（$F(1,947)=6.72, p<.01$）が認められたため、単純主効果の検定を行った。その結果、フィンランドにおける性別の単純主効果（$F(1,947)=8.66, p<.01$）が認められ、女子の得点が男子より有意に高

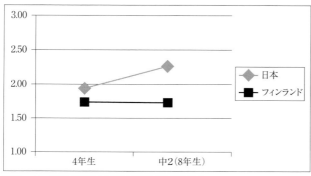

**図3-4　国×学年の交互作用（あきらめ）**

かった。また、男子における国の単純主効果（$F(1,947)=26.87, p<.001$）が認められ、日本の得点がフィンランドより有意に高かった。すなわち、フィンランドでは女子の「あきらめ」は男子より多かったが、日本では性差は認められなかった。また、日本の男子の「あきらめ」はフィンランドの男子より多かったが、女子では両国に違いが認められなかった。

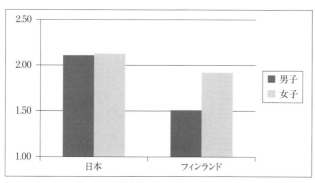

**図3-5　国×性別の交互作用（あきらめ）**

「譲歩」（表3-3、図3-6）については国×学年の交互作用（$F(1,945)=9.43, p<.01$）が認められたため、単純主効果の検定を行った。その結果、フィンランドにおける学年の単純主効果（$F(1,945)=16.25, p<.001$）が認められ、4年生の得点が8年生より有意に高かった。また、4年生における国の単純主効果（$F(1,945)=18.04, p<.001$）が認められ、フィンランドの得点が日

本より有意に高かった。さらに、性別の主効果が認められ（$F(1,945)=6.86$, $p<.01$）、女子の得点は男子より高かった。すなわち、フィンランドの4年生の「譲歩」は、フィンランドの8年生および日本の両学年より多かった。また、両国の男子には差は認められず、全体的に女子が男子より多かった。

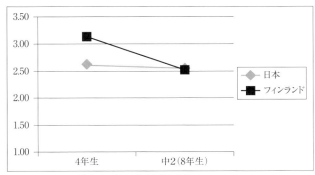

図3-6　国×学年の交互作用（譲歩）

　以上より、「非言語的撤退」や「あきらめ」に共通してみられる特徴として、日本の中2の使用の多さが挙げられる。日本の中学生が、対人葛藤場面で自分の欲求を一方向的に抑制し、さまざまな仕方で相手に合わせる傾向が示されたと言えよう。さらに、「あきらめ」では、両国の男子間で、8年生（中2）における日本の男子の自己変化志向が顕著に表れた。ところで、坪井ら（2015）が行った日本の小学4年生〜6年生児童を対象に同場面を用いたインタビュー調査では、「何も言わずその場から離れる」や「しぶしぶあきらめる」方略を用いる理由として、「後で読めばよいから」などを挙げる児童が少なからずいた。このことから「非言語的撤退」や「あきらめ」といった一方向的な自己抑制行動の背景に、自分の欲求充足を先延ばしすることによって葛藤回避を図ろうとする日本の子どもの志向性が窺える。

　自己変化志向の方略の中でも、「譲歩」、すなわち、相手の意向を察し自分の希望を2番目に位置づける方略では、中2（8年生）の男子における両国間に差異はみられず、フィンランドの4年生の積極的な使用が認められた。また、全体的に女子の使用が男子より多かった。

### (3) 教師介入志向の方略

「教師介入」（表3-3）については、国（$F(1,950)=27.70, p<.001$）と学年（$F(1,950)=58.47, p<.001$）の主効果が認められた。すなわち、全体的な「教師介入」は、フィンランドが日本より多く、4年生が中2（8年生）より多かった。

「教師介入」は、日本では幼児期や児童期によく用いられる解決方略である。全体的に4年生が中2より多く使用するという今回の結果は、年齢とともに使用が減少するという日本の子どもの傾向（山岸,1998）と一致していた。一方、2国間ではフィンランドの子どもが日本の子どもより積極的に用いることが示された。この結果の背景には、両国の子どもと教師との関係性に違いがあるものと思われる。フィンランドでは、教師は「国の蠟燭（ろうそく）」にたとえられる伝統があり（庄井・中嶋,2005）、非常に尊敬される存在である。また、1クラスあたりの児童数が少ないことから教師が子どもにかかわる機会が多い（松本・ケスキネン,2013）。筆者らが行った両国の子どもの動的学校画の比較検討（第5章参照）においても、フィンランドの子どもは、教師と自分の距離を日本の子どもより短く描いていた。

これらのことから、自分の権利が侵害されたと感じる場面において、フィンランドの子どもは相対的に、教師に（喧嘩両成敗的ではない）明確な判断を下してくれる大人としての役割を強く期待したり、教師を身近に感じたりしていることが推測される。


### (4) ジャンケン志向の方略

「ジャンケン」（表3-3、図3-7）については、国×学年×性別の交互作用（$F(1,949)=4.80, p<.05$）が認められたため、単純交互作用の分析を行った。その結果、8年生（中2）における国×性別の単純交互作用（$F(1,949)=15.40, p<.001$）が有意であり、単純・単純主効果の検定を行ったところ、日本の中2では男子の得点が女子より有意に高く、中2（8年生）の女子ではフィンランドの得点が日本より有意に高かった。すなわち、中2（8年生）

の「ジャンケン」は国と性別によって異なることが示された。

ジャンケン志向は、日本の子どもに多い解決方略であることから渡部（1993）が命名した志向性である。その中で、渡部はジャンケンを用いる理由として小学生は公平性やケンカにならないことなどを挙げたと報告している。しかし、先に紹介した筆者らのインタビュー調査（坪井ら, 2015）では、小学生はこれらに加え、「あきらめきれないから（ジャンケンに望みをつなぐ）」「仕方ないから（妥協策）」などの理由を挙げた。このことから、「ジャンケン」は主張の表現型の一つであることが示唆された。中学生の使用意図は不詳であるが、フィンランドの女子と日本の女子の差について、他の方略使用の傾向を考え合わせると、フィンランドの女子が主張目的で使用したことが推測される。しかし、いずれにせよ「ジャンケン」の意図は多様であることから、今後、使用意図を加味した検討を要するであろう。

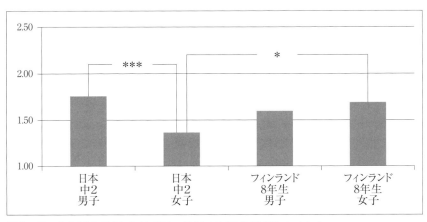

図3-7　中2（8年生）における国×性別の交互作用（ジャンケン）

### (5) 協調志向の方略——対人葛藤場面において、両者の欲求を協調的に変化させる方略

「協調提案」（表3-3、図3-8）については、国×性別の交互作用（$F(1,951)=12.43, p<.001$）が認められたため、単純主効果の検定を行った。その結果、フィンランドにおける性別の単純主効果（$F(1,951)=12.31, p<.001$）が認められ、女子の得点が男子より有意に高かった。また、女子における国の

単純主効果（$F(1,951)=12.95, p<.001$）が認められ、フィンランドの得点が日本より有意に高かった。さらに、学年の主効果（$F(1,951)=92.57, p<.001$）が認められ、4年生の得点は中2（8年生）より高かった。すなわち、「協調提案」はフィンランドでは女子が男子より多かったが、日本では性差が認められなかった。また、フィンランドの女子は日本の女子より多く用いた。全体的に4年生の「協調提案」が中2（8年生）より多いことから、特に、フィンランドの4年生女子の使用の多さが窺える。

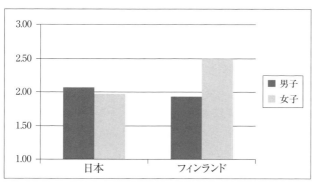

**図3-8　国×性別の交互作用（協調の提案）**

「協調提案」は、両者の欲求をどちらかに偏ることなく考慮し目標の統合を図る点で、INSモデル（Yeates & Selman, 1989）の中ではもっとも発達水準の高い方略として位置づけられている。また、先述した「説得」や「譲歩」と「協調提案」は、いずれも自他の欲求を考慮しコミュニケーション手段を用いている点で共通している。そして今回、これら向社会的で積極的な解決方略の使用は、両国に共通して中学生になると減少することが示された。一方、フィンランドの女子の「協調提案」は他群に比して顕著に多く、フィンランドの男子、日本の男子、日本の女子では、小学生から中学生にかけて協調の方略使用に対する志向性が急降下する中、フィンランドの女子では、その志向性が中学生になってもある程度保たれることが示唆された。また、中学生の他の3群の結果には顕著な違いは認められなかった。しかし、上述の「非言語的攻撃」から「ジャンケン」までの8方略の結果を考慮すると、フィンランドの中学生男子には、権利の主張、日本の中学生には、欲求充足

の先延ばしなどによる自己抑制といった志向性の相違が窺われよう。

## まとめと今後の課題

　以上、両国の比較を通してもっとも顕著であったのは、日本の中学生の自己変化志向とフィンランドの中学生の他者変化志向であった。すなわち、今回取り上げた葛藤場面のように自分の権利が侵害され、さらに、相手に挑発的な態度を取られたと受け取りがちな場面において、日本の中学生には非言語的な撤退も含めた自己抑制行動を取ろうとする傾向がみられ、一方、フィンランドの中学生には非言語的な攻撃も含めた主張行動を取ろうとする傾向がみられた。こうした対人志向性に関する相違は、4年生では中学生ほど明確ではないことから、青年期前期を境に顕著になることが示唆された。これらの結果の背景には、学校における子ども同士の関係や子どもと教師の関係の相違だけではなく、学校生活において、相互協調性を重視する日本の教育と相互独立性を重視するフィンランドの教育との相違も影響しているものと考えられる。

　しかしながら、渡部（1995）は日本の子どもの自己変化志向方略の中に愛他的なスタイルを見出し、西洋に比して周囲との調和を尊ぶ東洋の文化圏では、愛他的な行動が協調的な行動よりも発達段階の高い行動である可能性を指摘している。日本の子どもの自己変化志向方略の意味について、今後、この点に着目した詳細な検討を行う必要があるであろう。さらに、他者を準拠点として自分の行動を決めることが多い日本の子どもには、学校生活や友人関係を巡る悩みは少なくない。こうした課題を踏まえるならば、比較文化的視点からの研究においても、今後、それぞれの国の子どもの対人葛藤解決のあり方と心の健康という包括的な側面からの検討が望まれるであろう。

## 文　献

藤森立男（1989）「日常生活にみるストレスとしての対人葛藤の解決過程に関する研究」『社会心理学研究』第4巻, 108-116.

徐甫潤（2004）「小学生の社会的問題解決方略における日韓比較」『神戸大学人間科学研究』第11巻, 49-64.

羅連萍・名島潤慈・堂野佐俊（2007）「社会的問題解決方略に関する中国と日本の比較」『山口大学研究論叢』第57巻, 15-30.

松本真理子, ソイリ・ケスキネン（2013）『フィンランドの子どもを支える学校環境と心の健康――子どもにとって大切なことは何か』明石書店

二宮克美（1995）「小学生の"たくましい社会性"の日米比較」『愛知学院大学教養部紀要』第43巻1号, 25-53.

Ohbuchi, K., Fukushima, O., & Tedeschi, J. T.（1991）"Cultural values in conflict management: Goal orientation, goal attainment, and tactical decision." *Journal of Cross-Cultural Psychology* 30：51-71.

大渕憲一（2003）「対人葛藤の解決スキル」『教育と医学』第51巻10号, 慶應義塾大学出版会, 923-931.

奥野誠一・藤野二沙子・糸井尚子（2008）「小学生の社会的問題解決と適応感との関連――対人交渉方略の視点から」『立正大学心理学研究所紀要』第6巻, 17-26.

Richard, B. A., & Dodge, K. A.（1982）"Social maladjustment and problem solving in school-aged children." *Journal of Consulting and Clinical Psychology* 50：226-233.

庄井良信・中嶋博編著（2005）『フィンランドに学ぶ教育と学力』明石書店

杉本明子（2004）「問題解決とコミュニケーション」『児童心理学の進歩』第43巻, 金子書房, 109-134.

鈴木伸子・松本真理子・坪井裕子・野村あすか・垣内圭子・大矢優花・畠垣智恵・森田美弥子（2014）「小学生の対人葛藤解決方略とQOL――授業中の意見相違場面に焦点をあてて」『学校メンタルヘルス』第17巻, 152-161.

高田利武（2011）「相互独立性・相互協調性の発達的変化：青年期を中心とした縦断的検討」『発達心理学研究』第22巻, 149-156.

坪井裕子・鈴木伸子・五十嵐哲也・松本真理子・森田美弥子（2015）「児童福祉施設における小学生の対人葛藤解決方略の特徴――インタビューによる検討」『日本学校心理学会第17回大会発表抄録集』23.

氏家達夫・高井次郎・高濱裕子・柴山真琴・福元真由美・坂上裕子・二宮克美・近江玲・島義弘・中山留美子（2008）「葛藤処理方略の文化差の発生過程(1)――研究の構想」『日本心理学会第72回大会発表論文集』1237.

渡部玲二郎（1993）「児童における対人交渉方略の発達――社会的情報処理と対人交渉方略の関連性」『教育心理学研究』第41巻, 425-461.

渡部玲二郎（1995）「仮想的対人葛藤場面における児童の対人交渉方略に関する研究――年齢, 性, 他者との相互作用, 及び人気の効果」『教育心理学研究』第43巻, 248-255.

渡部玲二郎（2000）「社会的問題解決能力の発達」堀野緑・濱口佳和・宮下一博編著『子どものパーソナリティと社会性の発達――測定尺度つき』北大路書房，188-201．

山井絵里奈・成田健一（2003）「葛藤の表現からみた子どもの信頼感――児童期の対人葛藤場面における葛藤解決方略と信頼感・攻撃性の関連」『東京学芸大学紀要1部門』第54巻，137-147．

山岸明子（1998）「小・中学生における対人交渉方略の発達及び適応感との関連――性差を中心に」『教育心理学研究』第46巻，163-172．

Yeates, K. O., Schultz, L. H., & Selman, R. L.（1991）"The development of interpersonal negotiation strategies in thought and action: A social-cognitive link to behavioral adjustment and social status." *Merrill-Palmer Quarterly* 37：369-406.

Yeates, K. O., & Selman, R. L.（1989）"Social competence in the school: Toward an integrative developmental model for intervention." *Developmental Review* 9：64-100.

第Ⅰ部 小中学生のウェルビーイング調査

## 対人葛藤解決方略質問票（日本語）

 **書き方を説明します**

◇ つぎのページに進むと、＜場面1＞が書いてあります。＜場面1＞では困ったことが起きています。
　しつもん1には、何が困ったことなのか、それがどうして困ったことなのか、くわしく書いてください。

◇ しつもん2は、

> こんなとき、もしあなたがAさんならどうすると思いますか。つぎの9つの方法をよんで、その方法をあなたがどのくらいすると思うか、「すると思う」、「そうすることもあると思う」、「あまりしないと思う」、「しないと思う」のなかから1つ選んで、マスのなかに○をつけてください。

というしつもんです。それぞれの 方法 について、あてはまるところに○をつけてください。

＜例＞

方法1 「わからないことは本で調べる」

| すると思う | そうすることもあると思う | あまりしないと思う | しないと思う |
|---|---|---|---|
|  | ○ |  |  |

方法2 「わからないことはインターネットで調べる」

| すると思う | そうすることもあると思う | あまりしないと思う | しないと思う |
|---|---|---|---|
|  |  |  | ○ |

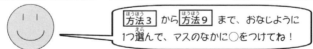
方法3 から 方法9 まで、おなじように1つ選んで、マスのなかに○をつけてね！

◇ しつもん3は、

> 9つの方法のなかで、あなたが一番よいと思う方法はどれですか。番号で答えてください。

というしつもんです。しつもん2の9つの 方法 の中で、一番よいと思う番号と理由を書いてください。

＜場面2＞も＜場面1＞とおなじように書いてください。

第３章　対人葛藤解決方略調査を通してみた葛藤解決のあり方

<場面１>
　学校の図書室に、Ａさんが楽しみにしていた新しい本がきました。
　Ａさんは、その本を読むために長い間待って、ようやく自分の番になりました。
　Ａさんは、本を読みはじめましたが、トイレに行きたくなったので、少しの間、席から離れました。
　ところが、Ａさんが席に戻ってくると、本はなくなっていて、Ｂさんが別の席で読んでいました。
　ＡさんがＢさんに近づいていくと、Ｂさんが、「何か用なの？　本を読んでいるから、じゃまをしないで」といいました。

■しつもん１
この場面のなかで何か困ったことが起きています。それはどんなことですか。

[　　　　　　　　　　　　　　　　　　　　　　　　　　　　　　　　　　　　　　]

なぜ困ったことなのですか。できるだけくわしく書いてください。

[　　　　　　　　　　　　　　　　　　　　　　　　　　　　　　　　　　　　　　]

■しつもん２
こんなとき、もしあなたがＡさんならどうすると思いますか。つぎの９つの方法をよんで、その方法をあなたがどのくらいすると思うか、「すると思う」、「そうすることもあると思う」、「あまりしないと思う」、「しないと思う」のなかから１つ選んで、マスのなかに○をつけてください。

方法１　何も言わず、Ｂさんから本を取りあげる

| すると思う | そうすることもあると思う | あまりしないと思う | しないと思う |
|---|---|---|---|
|  |  |  |  |

方法２　「わたしが読みたいんだから返して」という

| すると思う | そうすることもあると思う | あまりしないと思う | しないと思う |
|---|---|---|---|
|  |  |  |  |

2

### 方法3 長い間待ってやっと読めたこと、トイレに行っていたことを説明して、本を返してもらう

| すると思う | そうすることもあると思う | あまりしないと思う | しないと思う |
|---|---|---|---|
| | | | |

### 方法4 何も言わず、その場所からはなれる

| すると思う | そうすることもあると思う | あまりしないと思う | しないと思う |
|---|---|---|---|
| | | | |

### 方法5 Bさんが読みたそうなので、あきらめる

| すると思う | そうすることもあると思う | あまりしないと思う | しないと思う |
|---|---|---|---|
| | | | |

### 方法6 「少ししたら、読ませて」という

| すると思う | そうすることもあると思う | あまりしないと思う | しないと思う |
|---|---|---|---|
| | | | |

### 方法7 先生を呼びに行く

| すると思う | そうすることもあると思う | あまりしないと思う | しないと思う |
|---|---|---|---|
| | | | |

### 方法8 「ジャンケンをして、どちらが読むか決めよう」という

| すると思う | そうすることもあると思う | あまりしないと思う | しないと思う |
|---|---|---|---|
| | | | |

### 方法9 「ふたりとも読みたいんだから、ふたりで一緒に読もう」という

| すると思う | そうすることもあると思う | あまりしないと思う | しないと思う |
|---|---|---|---|
| | | | |

## ■しつもん3

9つの方法のなかで、あなたが一番よいと思う方法はどれですか。番号で答えてください。

一番よいと思う方法は、　　　　　番です。

どうして、その方法が一番よいと思いましたか。理由を書いてください。

その理由は、　　　　　　　　　　　　　　　　　　　　　　　　　　　　です。

第3章　対人葛藤解決方略調査を通してみた葛藤解決のあり方

<場面2>
　Aさんのクラスでは、社会の時間に、ふたりで日本の地方の暮らしについて調べて発表することになりました。

　Aさんは、Bさんと一緒に調べて発表します。

　Aさんは、おばあちゃんが北海道にいるので、北海道について調べたいと思っていますが、Bさんは、去年、家族で旅行した九州地方について調べたいといっています。

■しつもん1
この場面のなかで何か困ったことが起きています。それはどんなことですか。

[　　　　　　　　　　　　　　　　　　　　　　　　　　　　]

なぜ困ったことなのですか。できるだけくわしく書いてください。

[　　　　　　　　　　　　　　　　　　　　　　　　　　　　]

■しつもん2
こんなとき、もしあなたがAさんならどうすると思いますか。つぎの9つの方法をよんで、その方法をあなたがどのくらいすると思うか、「すると思う」、「そうすることもあると思う」、「あまりしないと思う」、「しないと思う」のなかから1つ選んで、マスのなかに○をつけてください。

方法1　ひとりで北海道に決めてしまう

| すると思う | そうすることもあると思う | あまりしないと思う | しないと思う |
|---|---|---|---|
|  |  |  |  |

方法2　「わたしが北海道を調べたいんだから北海道にしよう」という

| すると思う | そうすることもあると思う | あまりしないと思う | しないと思う |
|---|---|---|---|
|  |  |  |  |

4

| 方法3 | なぜ北海道を調べたいのか、自分の考えを説明してBさんを説得する |
|---|---|

| すると思う | そうすることもあると思う | あまりしないと思う | しないと思う |
|---|---|---|---|
| | | | |

| 方法4 | 何も言わず、Bさんの言う通りにする |
|---|---|

| すると思う | そうすることもあると思う | あまりしないと思う | しないと思う |
|---|---|---|---|
| | | | |

| 方法5 | Bさんが、九州地方を調べたそうなので、北海道をあきらめる |
|---|---|

| すると思う | そうすることもあると思う | あまりしないと思う | しないと思う |
|---|---|---|---|
| | | | |

| 方法6 | Bさんが、なぜ九州地方を調べたいのか、理由を聞いて、よさそうだったら九州地方にする |
|---|---|

| すると思う | そうすることもあると思う | あまりしないと思う | しないと思う |
|---|---|---|---|
| | | | |

| 方法7 | 先生に決めてもらう |
|---|---|

| すると思う | そうすることもあると思う | あまりしないと思う | しないと思う |
|---|---|---|---|
| | | | |

| 方法8 | 「ジャンケンをして、どちらにするか決めよう」という |
|---|---|

| すると思う | そうすることもあると思う | あまりしないと思う | しないと思う |
|---|---|---|---|
| | | | |

| 方法9 | 「ふたりの意見がちがっているから、どちらにした方がよい発表ができそうか、話し合って決めよう」という |
|---|---|

| すると思う | そうすることもあると思う | あまりしないと思う | しないと思う |
|---|---|---|---|
| | | | |

■しつもん3

9つの方法のなかで、あなたが一番よいと思う方法はどれですか。番号で答えてください。

一番よいと思う方法は、　　　　番です。

どうして、その方法が一番よいと思いましたか。理由を書いてください。

その理由は、　　　　　　　　　　　　　　　　　　　　　　　　　　　　　　　　　　　　　　　です。

## 対人葛藤解決方略質問票(フィンランド語 場面1)

**Tilanne 1**

Koulun kirjastoon on saapunut kirja, jota Anna on odottanut kovasti. Anna on odottanut kauan hänen lukuvuoroaan ja on vihdoinkin saanut kirjan. Anna on aloittanut lukemaan kirjaa, mutta hänen täytyy käydä vessassa ja hän poistuu paikalta vähäksi aikaa.

Annan saapuessa takaisin paikalleen kirja on poissa ja Anna huomaa Tiinan lukevan sitä.

Anna lähestyy Tiinaa, jolloin Tiina sanoo: - Onko sinulla jotain asiaa? Minä luen kirjaa, älä häiritse.

**Kysymys1**

Mikä ongelma tässä tilanteessa on? Miksi se on ongelma? Kirjoita mahdollisimman yksityiskohtaisesti asiasta.

tiina lukee annan kirjaa.
ティーナがアンナの本を読んでいる。

第Ⅰ部　小中学生のウェルビーイング調査

## Kysymys 2

Jos sinä olisit Anna, mitä tekisit? Laita rasti mielestäsi oikean vaihtoehdon alle. Vastaa kaikkiin yhdeksään väittämään.

| | Väittämä | Toimisin näin | Toimisin ehkä näin | En ehkä toimisi näin | En toimisi näin |
|---|---|---|---|---|---|
| 1 | Ottaisin kirjan Tiinalta sanomatta mitään. | | | X | |
| 2 | Sanoisin: - Minä haluan lukea kirjaa, anna se minulle. | X | | | |
| 3 | Selittäisin että olin odottanut kirjaa jo pitkään. Lukeminen keskeytyi, koska jouduin menemään vessaan. Saisinko kirjan nyt takaisin? | X | | | |
| 4 | Lähtisin paikalta sanomatta mitään. | | | | X |
| 5 | Luopuisin asiasta koska Tiina lukee kirjaa. | | | | X |
| 6 | Pyytäisin, että saisin lukea kirjaa vähän ajan kuluttua. | X | | | |
| 7 | Kutsuisin opettajan paikalle. | | X | | |
| 8 | Ehdottaisin, että arvomme kumpi saa lukea kirjaa. | X | | | |
| 9 | Ehdottaisin, että lukisimme kirjaa yhdessä. | | | | X |

## Kysymys 3

Vastaa mikä väittämistä on mielestäsi paras. Vastaa numerolla.

Paras väittämä on numero: 3

Miksi se on sinun mielestäsi paras tapa toimia. Kirjoita perusteet:

koska sitten ei tulisi riitaa.
そしたりケンカが起きない。

# 第4章

## 文章完成法を通してみた自己像と対人関係

ランチはビュッフェスタイル

## 第1節　問題と目的

　フィンランドは北欧型福祉国家の一つであり、乳幼児期からの心身発達に対する無償のサービスのみならず、国家で子どもの発達を支える包括的なシステムが充実している。また、経済協力開発機構（OECD）の国際間学習到達度調査（PISA）において2000年より一貫して上位を占めており（国立教育政策研究所,2010）、その背景として、学校における平等と個性を両立させた教育が実践されていることなどが指摘されている（福田,2007）。一方で、フィンランドでは近年、未婚のカップル、婚外子や離婚率が増加し、子どもの生活基盤である家族のあり方が多様化しているという指摘がある（高橋,2005）。また、学校は学習の場であり、行事や部活動といった集団活動が少ないため生徒の居場所が保証されにくいことや（丸山ら,2011）、PISAにおいてフィンランドの中学生は「助けが必要なときは、先生が助けてくれる」といった教師との関係がOECD平均より良い一方で、「授業中は騒がしくて荒れている」という項目などから算出される学級雰囲気指標はOECD平均よりも低いことなど（国立教育政策研究所,2010）、学校環境が抱える課題も示されている。こうした特徴を有するフィンランドとの2国間比較研究は、わが国の子どもたちのウェルビーイングや子どもたちを取り巻く学校環境に関する何らかの視座をもたらすものと考えられる。

　子どもたちのウェルビーイングを把握する方法の一つに、文章完成法（Sentence Completion Test：以下、SCT）が挙げられる。SCTは、最初の刺激語を与え、その後にその語、あるいは文章から連想することを書くように求める投影法の性格検査である。教示を理解し文章で記述するという能力は求められるものの、本人の感じている世界、自己像や対人関係などを簡便かつ具体的に把握することができる。また、質問紙法よりも自由な反応が可能である一方で、ある程度構造的な枠組みがあるために、対象者の不安や脅威をあまり喚起させることなく実施できるという利点がある。

　わが国の臨床現場においては、例えば、肥満児（吉田ら,1997）、心身症児

（伊東, 2010）、非行生徒（中山, 2007）や児童養護施設入所児童（出石, 2001）などのSCTが収集され、反応内容のカテゴリー化によって性格傾向を明らかにすることが試みられている。学校現場においては、SCTは心の健康管理の一環として集団に施行され、不適応行動の早期発見や予防のために利用されたり、生活指導や進路指導における児童生徒の内面把握や自己理解の促進のために利用されたりする（伊藤・三枝, 2011）。また、支援者が子どもの状況や子どもとの人間関係に応じて刺激語を選択したり、口頭で行うこともできたりする（石隈, 1999）。

一方、フィンランドにおいてもアセスメントツールとしてのSCTが存在する。そして、スクールサイコロジストが子どもの行動をアセスメントする際にSCTを多く用いていることが報告されており（Laaksonen, Laitinen, & Salmi, 2007）、われわれの現地調査におけるスクールサイコロジストへのインタビュー（松本, 2013）からも同様のことが確かめられている。

このように、SCTは両国において使用頻度や有効性が高いが、この検査を用いて一般児童生徒の特徴を明らかにしようとした研究は少ない。そこで本研究では、日本とフィンランドの児童生徒の大規模サンプルを対象として、SCTからみた自己像および対人関係の特徴を実証的に検討する。質的な側面から児童生徒の一般的傾向を明らかにすることは、潜在的な問題を抱えた児童生徒の早期発見と支援におけるSCTの有効性を高めることにもつながるであろう。なお、SCTの刺激文に関しては、両国の児童生徒の学校環境およびウェルビーイングについて検討するという研究全体の趣旨を踏まえて、学校における自己像、友人関係、対教師関係、そして家族関係の領域から選定する。

## 第2節　方　法

### (1) 調査協力者

対象学年は両国で協議し、SCTの適用年齢の下限であり、自己内省の始

まる時期である小学校4年生と、中学生の中間学年であり、自己内省や自立への欲求の高まる時期である中学校2年生（8年生）とした。日本の対象者は、4年生368名（男子185名、女子183名、平均年齢9.82歳、$SD=.38$）と中2の338名（男子163名、女子175名、平均年齢13.87歳、$SD=.34$）の計706名、フィンランドの対象者は4年生178名（男子77名、女子101名、平均年齢10.24歳、$SD=.54$）と8年生220名（男子122名、女子97名、不明1名、平均年齢14.12歳、$SD=.54$）の計398名であった。

## (2) 調査方法

日本語版の刺激文は、精研式文章完成法テスト（小・中学生用）（佐野・槙田・山本, 1961）を参考にして、「学校における自己」を尋ねる刺激文を2項目、「友人関係」と「対教師関係」を尋ねる刺激文を5項目ずつ、「家族関係」を尋ねる刺激文を3項目の計15項目で構成した（章末参照）。児童生徒の自己意識を介しての自己イメージを惹起させやすくするために（黒田, 2006）、すべての刺激文には「わたしの」や「わたしは」といった一人称を加えた。

フィンランド語版の刺激文は、翻訳困難な刺激文を除き、「学校における自己」を尋ねる刺激文を1項目、「友人関係」と「対教師関係」を尋ねる刺激文を4項目ずつ、「家族関係」を尋ねる刺激文を2項目の計11項目で構成した（表4－1、章末参照）。教示と刺激文は、フィンランド人で日本在住のフィンランド語教師が翻訳し、日本人でフィンランド語を専門とする大学教員によるバックトランスレーションを行った。

なお、表4－1に示した刺激文のうち、「わたしは友だちから」と「わた

**表4－1　2国間比較調査に用いたSCTの刺激文**

| 学校における自己 | 友人関係 | 対教師関係 | 家族関係 |
|---|---|---|---|
| 1. 学校でのわたしはいつも* | 2. わたしの友だちは*<br>3. わたしは友だちと*<br>4. わたしは友だちから<br>5. もしも友だちが | 6. わたしの先生は*<br>7. わたしは先生と*<br>8. わたしは先生から<br>9. もしも先生が | 10. わたしの家族は*<br>11. わたしは家族と* |

*:分析に用いた刺激文

しは先生から」の2項目はフィンランド語版の刺激文が複数の意味に解釈された可能性が認められ、「もしも友だちが」と「もしも先生が」の2項目は無記入率が高かったため除外し、以降では7項目による分析を行った。

### (3) 手続き

調査実施にあたっては、両国ともに各学校長に調査内容や手続きについての十分な説明を行い、同意を得た。調査の際は学級担任に教示マニュアルを配布し、授業の一部時間等で一斉実施した。調査協力者には、調査目的、学校の成績とは関係しないこと、結果は統計的に処理され個人は特定されないこと、および回答を拒否する権利があることを説明し、質問紙にも同様の記載を行った。調査時期は、日本は2010年1月〜3月、フィンランドは2010年5月〜11月であった。なお、本研究の実施手続きについては、名古屋大学大学院教育発達科学研究科倫理委員会の承認を得ている。

### (4) 評定方法

フィンランド語版SCTにおける反応文は、評定に先立ち、フィンランド人で日本在住のフィンランド語教師により日本語に翻訳された。さらに、フィンランド語を専門とする日本人大学教員と、フィンランド人で日本在住の大学教員によるダブルチェックが行われた。

反応文の評定は、野村ら（2012）の日本の小・中学生の評定基準に準じ、感情的側面（【肯定】【否定】【両価】【中性】【分類不能】）と内容的側面（学校における自己は【勉強】【遊び】【性格（自分）】【対人（友人）】【分類不能】、友人・対教師関係は【事実】【関係（行動）】【関係（主観）】【分類不能】）の観点から行った。筆者および臨床心理学専門の教員3名を2名ずつに分け、調査対象者20名分の反応に関して予備評定を行ったところ、評定者間の一致率は感情的側面においてCohenの$\kappa=.98$、内容的側面において$\kappa=.99$であり、十分な一致が認められた。評定者間で一致しなかったものに関しては、2名による合議のうえで決定した。

## (5) 分析方法

各反応文における国籍（N）、学年（Y）、感情的側面（F）と内容的側面（C）の関連を検討するために4元分割表を作成し、その解釈には対数線形モデル（Log-Linear Model）を用いた。本研究では、松浦（2003）にならって階層対数線形モデルを適用し、モデル選択の際には変数減少法を使用した。適合モデルの抽出後、交互作用項に国籍×学年×感情的側面（内容的側面）の二次の交互作用項が含まれている場合は、学年別に、国籍×感情的側面（内容的側面）の交互作用項を含めたモデルと主効果のみのモデルにおいて、調整済み残差（$dij$）を比較した。分析はすべてSPSS統計パッケージ（ver. 20.0）を用い、有意確率5％未満を有意とみなした。

# 第3節 結　果

## (1) 学校における自己

「学校でのわたしはいつも」では、国籍×学年×感情的側面、国籍×学年×内容的側面、国籍×感情的側面×内容的側面と学年×感情的側面×内容的側面の二次の交互作用項を含むモデル（[NYF][NYC][NFC][YFC]）が採択された（$G^2(9)$=6.85, $p$=.65）。

国籍と感情的側面の交互作用効果について残差分析を行った結果（表4-2）、両学年とも日本の【否定】（4年生：$dij$=3.44, $p$<.01；中2：$dij$=2.19, $p$<.05）と【両価】（4年生：$dij$=2.96, $p$<.01；中2：$dij$=2.82, $p$<.01）、およびフィンランドの【中性】（4年生：$dij$=7.20, $p$<.01；8年生：$dij$=4.02, $p$<.01）のセルに有意な正の効果が認められた。

国籍と内容的側面の交互作用効果について残差分析を行った結果（表4-3）、両学年とも日本の【性格[自分]】（e.g.,「元気いっぱいだ」）（4年生：$dij$=5.01, $p$<.01；中2：$dij$=6.43, $p$<.01）、およびフィンランドの【勉強】（e.g.,「勉強に集中しようとしている」）（4年生：$dij$=4.40, $p$<.01；8年生：$dij$=6.80,

$p<.01$)と【対人［友人］】(e.g.,「友達と一緒にいる」)(4年生：$dij=3.00$, $p<.01$；8年生：$dij=2.14$, $p<.05$)のセルに有意な正の効果が認められた。

表4-2 「学校でのわたしはいつも」における国籍×学年×感情的側面のクロス集計表
（括弧内は％）

|  |  | 肯定 | 否定 | 両価 | 中性 | 合計 |
|---|---|---|---|---|---|---|
| 4年生 | 日本 | 196(66.9) | 51(17.4)+** | 21(7.2)+** | 25(8.5)−** | 293(100.0) |
|  | フィンランド | 85(54.8) | 9(5.8)−** | 1(0.6)−** | 60(38.7)+** | 155(100.0) |
| 中2 (8年生) | 日本 | 121(44.5) | 77(28.3)+* | 22(8.1)+** | 52(19.1)−** | 272(100.0) |
|  | フィンランド | 84(40.8) | 38(18.4)−* | 4(1.9)−** | 80(38.8)+** | 206(100.0) |

※＋(期待度数以上)および−(期待度数以下)は調整済み残差の分析結果を示す。**$p<.01$,*$p<.05$

表4-3 「学校でのわたしはいつも」における国籍×学年×内容的側面のクロス集計表
（括弧内は％）

|  |  | 勉強 | 遊び | 性格[自分] | 対人[友人] | 合計 |
|---|---|---|---|---|---|---|
| 4年生 | 日本 | 21(7.1)−** | 53(17.8) | 185(62.3)+** | 38(12.8)−** | 297(100.0) |
|  | フィンランド | 32(21.6)+** | 27(18.2) | 53(35.8)−** | 36(24.3)+** | 148(100.0) |
| 中2 (8年生) | 日本 | 11(4.0)−** | 11(4.0) | 212(77.1)+** | 41(14.9)−* | 275(100.0) |
|  | フィンランド | 50(25.6)+** | 7(3.6) | 94(48.2)−** | 44(22.6)+* | 195(100.0) |

※＋(期待度数以上)および−(期待度数以下)は調整済み残差の分析結果を示す。**$p<.01$,*$p<.05$

## (2) 友人関係

「わたしの友だちは」では、国籍×学年×感情的側面の二次の交互作用項と、国籍×内容的側面、学年×内容的側面と感情的側面×内容的側面の交互作用項を含むモデル([NYF][NC][YC][FC])が採択された($G^2(20)=21.16, p=.39$)。

国籍と感情的側面の交互作用効果について残差分析を行った結果(表4-4)、4年生では、日本の【肯定】(e.g.,「とても面白くて、優しい」)($dij=7.04$, $p<.01$)と【否定】(e.g.,「ちょっとこわい」)($dij=2.33$, $p<.05$)、およびフィンランドの【中性】(e.g., 友達の名前)($dij=8.09$, $p<.01$)のセルに有意な正の効果が認められた。また、フィンランドの8年生では、【中性】($dij=2.49$, $p<.05$)のセルに有意な正の効果が認められた。

「わたしは友だちと」では、国籍×学年×感情的側面、国籍×学年×内容的側面、国籍×感情的側面×内容的側面と学年×感情的側面×内容的側面の二次の交互作用項を含むモデル([NYF][NYC][NFC][YFC])が採択

表4-4 「わたしの友だちは」における国籍×学年×感情的側面のクロス集計表
(括弧内は％)

|  |  | 肯定 | 否定 | 両価 | 中性 | 合計 |
|---|---|---|---|---|---|---|
| 4年生 | 日本 | 256(71.1)+** | 11(3.1)+* | 9(2.5) | 84(23.3)-** | 360(100.0) |
|  | フィンランド | 70(40.0)-** | 0(0.0)-* | 3(1.7) | 102(58.3)+** | 175(100.0) |
| 中2<br>(8年生) | 日本 | 236(76.9) | 13(4.2) | 8(2.6) | 50(16.3)-* | 307(100.0) |
|  | フィンランド | 147(70.3) | 6(2.9) | 4(1.9) | 52(24.9)+* | 209(100.0) |

※+(期待度数以上)および-(期待度数以下)は調整済み残差の分析結果を示す。**p<.01,*p<.05

された（$G^2(3)$=4.72, $p$=.19）。

　国籍と感情的側面の交互作用効果について残差分析を行った結果（表4-5）、4年生では、日本の【肯定】（$dij$=2.65, $p$<.01）と【両価】（$dij$=2.08, $p$<.05）、およびフィンランドの【中性】（$dij$=6.03, $p$<.01）のセルに、8年生（中2）では、日本の【肯定】（$dij$=3.47, $p$<.01）と、フィンランドの【中性】（$dij$=4.02, $p$<.01）のセルに有意な正の効果が認められた。

　国籍と内容的側面の交互作用効果について残差分析を行った結果（表4-6）、4年生では、日本の【関係［主観］】（e.g.,「とても仲がいい」）（$dij$=4.57, $p$<.01）と、フィンランドの【関係［行動］】（e.g.,「一緒にいる」）（$dij$=4.57, $p$<.01）のセルに有意な正の効果が認められた。8年生（中2）では、有意な

表4-5 「わたしは友だちと」における国籍×学年×感情的側面のクロス集計表
(括弧内は％)

|  |  | 肯定 | 否定 | 両価 | 中性 | 合計 |
|---|---|---|---|---|---|---|
| 4年生 | 日本 | 335(93.3)+** | 11(3.1) | 9(2.5)+* | 4(1.1)-** | 359(100.0) |
|  | フィンランド | 148(86.5)-** | 2(1.2) | 0(0.0)-* | 21(12.3)+** | 171(100.0) |
| 中2<br>(8年生) | 日本 | 283(86.8)+** | 11(3.4) | 9(2.8) | 23(7.1)-** | 326(100.0) |
|  | フィンランド | 160(75.1)-** | 11(5.2) | 3(1.4) | 39(18.3)+** | 213(100.0) |

※+(期待度数以上)および-(期待度数以下)は調整済み残差の分析結果を示す。**p<.01,*p<.05

表4-6 「わたしは友だちと」における国籍×学年×内容的側面のクロス集計表
(括弧内は％)

|  |  | 関係［行動］ | 関係［主観］ | 合計 |
|---|---|---|---|---|
| 4年生 | 日本 | 222(62.0)-** | 136(38.0)+** | 358(100.0) |
|  | フィンランド | 132(77.2)+** | 39(22.8)-** | 171(100.0) |
| 中2<br>(8年生) | 日本 | 201(62.4) | 121(37.6) | 322(100.0) |
|  | フィンランド | 137(63.7) | 78(36.3) | 215(100.0) |

※+(期待度数以上)および-(期待度数以下)は調整済み残差の分析結果を示す。**p<.01

効果のあるセルは認められなかった。

### (3) 対教師関係

「わたしの先生は」では、国籍×学年×感情的側面と国籍×感情的側面×内容的側面の二次の交互作用項を含むモデル（[NYF][NFC]）が採択された（$G^2(16)=14.04, p=.60$）。

国籍と感情的側面の交互作用効果について残差分析を行った結果（表4-7）、4年生では、日本の【否定】（e.g.,「こわいです」）（$dij=5.14, p<.01$）と【両価】（e.g.「きびしいけどやさしい所もある」）（$dij=3.54, p<.01$）、およびフィンランドの【肯定】（e.g.,「とても素敵」）（$dij=6.67, p<.01$）のセルに、8年生（中2）では、日本の【中性】（e.g., 担任の名前）（$dij=6.37, p<.01$）、およびフィンランドの【肯定】（$dij=2.34, p<.05$）と【否定】（e.g.,「イライラさせる」）（$dij=3.26, p<.01$）のセルに有意な正の効果が認められた。

表4-7 「わたしの先生は」における国籍×学年×感情的側面のクロス集計表

（括弧内は%）

| | | 肯定 | 否定 | 両価 | 中性 | 合計 |
|---|---|---|---|---|---|---|
| 4年生 | 日本 | 138(41.8)-** | 54(16.4)+** | 39(11.8)+** | 99(30.0) | 330(100.0) |
| | フィンランド | 126(73.3)+** | 2(1.2)-** | 4(2.3)-** | 40(23.3) | 172(100.0) |
| 中2 (8年生) | 日本 | 124(41.3)-* | 49(16.3)-** | 16(5.3) | 111(37.0)+** | 300(100.0) |
| | フィンランド | 100(52.1)+* | 55(28.6)+** | 16(8.3) | 21(10.9)-** | 192(100.0) |

※+（期待度数以上）および-（期待度数以下）は調整済み残差の分析結果を示す。**$p<.01$, *$p<.05$

「わたしは先生と」では、国籍×学年×感情的側面と国籍×感情的側面×内容的側面の二次の交互作用項と、学年×内容の交互作用項を含むモデル（[NYF][NFC][YC]）が採択された（$G^2(14)=7.80, p=.90$）。

国籍と感情的側面の交互作用効果について残差分析を行った結果（表4-8）、4年生では、日本の【肯定】（e.g.,「すごく仲がいいです」）（$dij=2.27, p<.05$）と【否定】（e.g.,「あまりしゃべりません」）（$dij=2.78, p<.01$）、およびフィンランドの【中性】（e.g.,「勉強している」）（$dij=4.59, p<.01$）のセルに、8年生（中2）では、日本の【否定】（$dij=1.97, p<.05$）、およびフィンランドの【肯定】（e.g.,「なんとか上手くいっています」）（$dij=2.11, p<.05$）のセルに有

意な正の効果が認められた。

**表4−8　「わたしは先生と」における国籍×学年×感情的側面のクロス集計表**

（括弧内は%）

|  |  | 肯定 | 否定 | 両価 | 中性 | 合計 |
|---|---|---|---|---|---|---|
| 4年生 | 日本 | 119(50.4)+* | 43(18.2)+** | 5(2.1) | 69(29.2)−** | 236(100.0) |
|  | フィンランド | 39(37.1)−* | 7(6.7)−** | 1(1.0) | 58(55.2)+** | 105(100.0) |
| 中2<br>(8年生) | 日本 | 96(36.2)−* | 63(23.8)+* | 1(0.4) | 105(39.6) | 265(100.0) |
|  | フィンランド | 81(46.0)+* | 28(15.9)−* | 1(0.6) | 66(37.5) | 176(100.0) |

※+(期待度数以上)および−(期待度数以下)は調整済み残差の分析結果を示す。**$p$<.01,*$p$<.05

## (4) 家族関係

「わたしの家族は」では、国籍×学年×感情的側面の二次の交互作用項と、国籍×内容的側面と感情的側面×内容的側面の交互作用項を含むモデル（[NYF][NC][FC]）が採択された（$G^2(22)$=24.55, $p$=.32）。

国籍と感情的側面の交互作用効果について残差分析を行った結果（表4−9）、4年生では、日本の【否定】（e.g.,「おこりっぽい」）（$dij$=3.93, $p$<.01）、【両価】（e.g.,「やさしい。でもたまにおこる」）（$dij$=2.16, $p$<.05）と【中性】（e.g., 家族の人数や家族構成）（$dij$=3.41, $p$<.01）、およびフィンランドの【肯定】（$dij$=5.89, $p$<.01）（e.g.,「とても良い」や「世界一すてき」）のセルに、8年生（中2）では、日本の【中性】（e.g., 家族の人数や家族構成）（$dij$=7.20, $p$<.01）、およびフィンランドの【肯定】（e.g.,「気持ちの良い家族です」）（$dij$=6.65, $p$<.01）のセルに有意な正の効果が認められた。

**表4−9　「わたしの家族は」における国籍×学年×感情的側面のクロス集計表**

（括弧内は%）

|  |  | 肯定 | 否定 | 両価 | 中性 | 合計 |
|---|---|---|---|---|---|---|
| 4年生 | 日本 | 195(57.9)−** | 29(8.6)+** | 17(5.0)+* | 96(28.5)+** | 337(100.0) |
|  | フィンランド | 142(84.0)+** | 0(0.0)−** | 2(1.2)−* | 25(14.8)−** | 169(100.0) |
| 中2<br>(8年生) | 日本 | 160(54.1)−** | 26(8.8) | 8(2.7) | 102(34.5)+** | 296(100.0) |
|  | フィンランド | 160(83.3)+** | 16(8.3) | 4(2.1) | 12(6.3)−** | 192(100.0) |

※+(期待度数以上)および−(期待度数以下)は調整済み残差の分析結果を示す。**$p$<.01,*$p$<.05

「わたしは家族と」では、国籍×学年×感情的側面、国籍×学年×内容的側面の二次の交互作用項と、感情的側面×内容的側面の交互作用項を含

むモデル（[NYF][NYC][FC]）が採択された（$G^2(18)=14.31, p=.71$）。

国籍と感情的側面の交互作用効果について残差分析を行った結果（表4－10）、4年生では、日本の【肯定】（$dij=2.39, p<.05$）と【否定】（$dij=3.31, p<.01$）、およびフィンランドの【中性】（$dij=5.10, p<.01$）のセルに有意な正の効果が認められた。

国籍と内容的側面の交互作用効果について残差分析を行った結果（表4－11）、4年生では、日本の【関係[主観]】（e.g.,「とても仲がいい」や「けんかします」）（$dij=6.56, p<.01$）と、フィンランドの【関係[行動]】（e.g.,「一緒にいる」や「たくさんのすてきなことをする」）（$dij=6.42, p<.01$）のセルに有意な正の効果が認められた。8年生（中2）では、有意な効果のあるセルは認められなかった。

表4－10 「わたしは家族と」における国籍×学年×感情的側面のクロス集計表
（括弧内は%）

| | | 肯定 | 否定 | 両価 | 中性 | 合計 |
|---|---|---|---|---|---|---|
| 4年生 | 日本 | 241(73.3)+* | 31(9.4)+** | 6(1.8) | 51(15.5)−** | 329(100.0) |
| | フィンランド | 97(62.6)−* | 2(1.3)−** | 0(0.0) | 56(36.1)+** | 155(100.0) |
| 中2<br>(8年生) | 日本 | 180(59.4) | 36(11.9) | 4(1.3) | 83(27.4) | 303(100.0) |
| | フィンランド | 103(53.1) | 23(11.9) | 0(0.0) | 68(35.1) | 194(100.0) |

※+（期待度数以上）および−（期待度数以下）は調整済み残差の分析結果を示す。**$p<.01$, *$p<.05$

表4－11 「わたしは家族と」における国籍×学年×内容的側面のクロス集計表
（括弧内は%）

| | | 事実 | 関係[行動] | 関係[主観] | 合計 |
|---|---|---|---|---|---|
| 4年生 | 日本 | 13(3.9) | 173(52.3)−** | 145(43.8)+** | 331(100.0) |
| | フィンランド | 6(3.9) | 128(82.6)+** | 21(13.5)−** | 155(100.0) |
| 中2<br>(8年生) | 日本 | 24(7.9) | 159(52.1) | 122(40.0) | 305(100.0) |
| | フィンランド | 16(8.2) | 115(59.3) | 63(32.5) | 194(100.0) |

※+（期待度数以上）および−（期待度数以下）は調整済み残差の分析結果を示す。**$p<.01$

## 第4節　考　察

### (1) 学校における自己の2国間比較

　学校における自己像では、4年生と中2（8年生）ともに、日本は否定的または両価的な記述が、フィンランドは中性的な記述が有意に多かった。また、日本は自己の性格に関する内面的な記述が多く、フィンランドは勉強や友人に関する具体的・表面的な記述が多いという特徴が認められた。日本の児童生徒が否定的な自己像を記述しやすいことは、QOL質問紙において日本の児童生徒の自尊感情がフィンランドに比して顕著に低かったという結果（Tsuboi et al., 2012）を支持するものであると考えられた。

### (2) 友人関係の2国間比較

　友人関係では、「わたしの友だちは」の刺激文において、日本の4年生は肯定的または否定的に友人の性格を記述し、フィンランドの4年生は中性的に友人の個人名を記述する特徴が認められた。一方で中2（8年生）は、フィンランドに中性的な記述が多いことを除き、両国の感情的側面の割合はほぼ類似していた。同様に、「わたしは友だちと」の刺激文においても、両学年とも日本は肯定的な記述の割合が高く、フィンランドは中性的な記述の割合が高かった。また、日本は関係性を主観的に記述し、フィンランドは行動的に記述する傾向が強かった。これらの結果は、QOL質問紙において日本の子どもの友人関係の方がより良好であったという結果（Tsuboi et al., 2012）を支持するものであった。日本の子どものSCTにおいて感情の付加された内面的記述が多いことは、学校の中で自己や友人を巡る感情体験が多いことを示唆するものとも考えられる。これは日本の学校環境における意味ある特徴であると考えられるため、今後、他の調査結果も合わせて詳細に検討する必要があるであろう。

## (3) 対教師関係の2国間比較

　対教師関係では、「わたしの先生は」の刺激文において、日本の4年生は否定的または両価的な記述が、フィンランドの4年生は肯定的な記述が多かった。8年生（中2）では、日本は中性的な記述が、フィンランドは肯定的または否定的な記述が多かった。一般に、思春期から青年期は同年齢集団との結びつきが強くなることに伴い、大人に対する反抗的態度が芽生え始める時期である。これを踏まえると、日本は教師に対する否定的記述が4年生時点で認められるが、フィンランドは8年生時点で顕在化するというように、両国の差異が明らかになったといえる。ただしフィンランド児童生徒の反応文からは、学年を問わず教師に対する尊敬や信頼の高さが窺われた。個性と平等を重視する教育環境（福田, 2007）が、子どもたちに肯定的な教師像を育ませていると考えられた。

　「わたしは先生と」の刺激文においては、日本は4年生にて肯定的な記述が多かったものの、両学年とも否定的記述が多いという特徴が認められた。否定的な記述の中には、会話をはじめとする共行動の少なさを示唆する内容が多く、日本の子どものうち一定数は教師とのかかわりの希薄さを感じている可能性があることが推測された。これについては、フィンランドにおける一学級あたりの平均児童数が19.4人、平均生徒数が20.3人である一方で、日本は平均児童数27.7人、平均生徒数32.7人というように（経済協力開発機構, 2014）、両国の学級規模の違いが影響しているとも考えられる。しかし、質的な側面も踏まえた教師と児童・生徒との関係性については、日本の学校環境における今後の課題とも捉えられるだろう。

## (4) 家族関係の2国間比較

　家族関係では、「わたしの家族は」の刺激文において、日本は4年生と中2ともに家族の人数や家族構成に注目した中性的な記述が多く、フィンランドは家族を肯定的に捉えた記述が多かった。また、日本の4年生はフィンランドの4年生に比して否定的・両価的記述が多かった。ただし、日本の4年

生と中2および日本の中2とフィンランドの8年生の否定的・両価的記述の割合はほぼ同様であることを踏まえると、教師像と同様に家族像についても、否定感情が顕在化する時期が両国において異なると結論付ける方が妥当であると考えられる。しかしいずれにせよ、最も大きな生活基盤である家庭に対して何らかの葛藤を抱える一群が存在することは、子どものウェルビーイングを支えていくにあたって考慮すべき点となるであろう。フィンランドの児童生徒については、これまでの2国間比較調査においても、家族を最も大切な存在とみなしていることを示唆する結果が得られており（松本ら, 2008）、本研究においてもそれを支持する知見が得られたといえる。フィンランドには、子どもも大人と同様に尊重されるべきであるという考えがあり（高橋, 2009）、そのような価値観が家庭内にも浸透しているのかもしれない。

「わたしは家族と」の刺激文においては、日本の4年生は肯定的または否定的な内面的記述が多く、フィンランドの4年生は中性的な表面的記述が多かった。日本は4年生の段階では家族との結びつきが強く、その中でさまざまな感情体験がなされていることが示唆された。一方で、フィンランドの4年生に特に多かった「一緒にいる」という反応が単に中性的なものであるのか、あるいは何か特別な意味合いを持つのかについては、検討の余地が残されたと言える。

## まとめと今後の課題

　本研究では、投影法の一検査であるSCTを用いて日本とフィンランドの児童生徒の学校における自己像、友人関係、対教師関係と家族関係の特徴を比較検討することを目的とした。各刺激文において対数線形モデルを用いて、国籍、学年、感情的側面と内容的側面の関連を検討したところ、両国の児童生徒の学校における自己像や対人関係の特徴が明らかになった。特に、日本の児童生徒は友人に関する刺激文において、フィンランドの児童生徒は教師や家族に関する刺激文において、感情の付加された内面的な記述が多いことが特徴的であった。また、全体を通して4年生では両国の記述の特徴が大き

く異なるが、中2（8年生）では比較的類似したものとなっており、両国の児童生徒の発達のあり方や、児童生徒を取り巻く環境に着目することの必要性が示唆された。

　今回はあくまでも日本とフィンランドの2国間比較であり、比較に用いたSCTの項目数が少なかったという限界もある。また、フィンランドの児童生徒のSCTの記述の背景にある文化的要因、とりわけ友人や家族との関係性を表す際に多く認められた「一緒にいる」という反応がいかなる感情を伴うものであるのかについては、さらに詳細に検討することが求められる。

## 付　記

　本章の内容は、日本心理臨床学会の許可を得て、以下の論文より一部転載した。

　野村あすか・松本真理子・坪井裕子・鈴木伸子・畠垣智恵・垣内圭子・大矢優花・森田美弥子（2013）「文章完成法から見た日本とフィンランドの児童生徒の自己像と対人関係」『心理臨床学研究』31, 844-849.

## 文　献

出石陽子（2001）「養護施設入所児童の心理的側面に関する研究——バウムテストとSCTを中心に」『応用社会学研究』11, 61-80.

福田誠治（2007）『格差をなくせば子どもの学力は伸びる——驚きのフィンランド教育』亜紀書房

石隈利紀（1999）『学校心理学——教師・スクールカウンセラー・保護者のチームによる心理教育的援助サービス』誠信書房

伊東真里（2010）「心身症状をもつ子どもの心理的特性に関する検討——文章完成法（SCT）による分析」『小児の神経と精神』50, 35-42.

伊藤隆一・三枝将史（2011）「文章完成法テスト（SCT）小学生用」『児童心理』65(18), 107-111.

経済協力開発機構（2014）『図表でみる教育　OECDインディケータ（2014年版）』明石書店

国立教育政策研究所（2010）『生きるための知識と技能4　OECD生徒の学習到達度調査（PISA）　2009年調査国際結果報告書』明石書店

黒田浩司（2006）「SCT（文章完成法）」氏原寛・岡堂哲雄・亀口憲治・西村洲衞男・馬場

禮子・松島恭子（編）『心理査定実践ハンドブック』創元社, pp.231-235.
Laaksonen, P., Laitinen, K., Salmi, M.（2007）School Psychology in Finland. In S. R. Jimerson, T. D. Oakland, & P. T. Farrell(Eds.). *The handbook of international school psychology*. Thousand Oaks: Sage Publications, pp.103-112.
丸山圭子・山本明日香・蒔田玲子・坪井裕子・鈴木伸子・野村あすか・大久保諒・畠垣智恵・松本真理子・森田美弥子（2011）「日本とフィンランドの子どもにおける学校環境とQOL――中学生を対象に」『日本学校心理学会第13回大会発表論文集』Ｂ８.
松本真理子（2013）「スクールサイコロジスト」松本真理子、ソイリ・ケスキネン（編）『フィンランドの子どもを支える学校環境と心の健康――子どもにとって大切なことは何か』明石書店, pp.113-120.
松本真理子・Keskinen, S.・青木紀久代・鈴木美樹江・永井美鈴・松本英夫（2008）「子どものメンタルヘルスに関する国際比較研究――日本とフィンランドの比較から」『児童青年精神医学とその近接領域』49, 184-195.
松浦常夫（2003）「自動車事故における同乗者の影響」『社会心理学研究』19, 1-10.
中山哲哉（2007）「非行傾向のある子どもの心性における今と昔――文章完成法テストを用いた比較」『吉備国際大学社会福祉学部研究紀要』12, 37-43.
野村あすか・松本真理子・坪井裕子・鈴木伸子・垣内圭子・蒔田玲子・森田美弥子（2012）「文章完成法から見た小・中学生の学校における自己像および対人関係の発達的変化」『学校メンタルヘルス』15, 67-78.
佐野勝男・槇田仁・山本裕美（1961）『精研式文章完成法テスト解説――小・中学生用』金子書房
高橋睦子（2005）「家族関係の流動化と福祉国家――家族・ジェンダー政策と社会保障・社会福祉・子どもの人権保障」庄井良信・中嶋博（編）『フィンランドに学ぶ教育と学力』明石書店, pp.277-307.
高橋睦子（2009）「子どもを育む福祉社会――フィンランドの子ども・家族政策の今」渡辺久子・トゥーラ・タンミネン・高橋睦子（編）『子どもと家族に優しい社会フィンランド――未来へのいのちを育む』明石書店, pp.104-120.
Tsuboi, H., Matsumoto, M., Keskinen, S., Kivimäki, R., Suzuki, N., Hatagaki, C., Nomura, A., Kaito, K., & Morita, M.(2012). Japanese Children's QOL - A Comparison with Finnish Children. *Japanese Journal of child and adolescent Psychiatry*, 53（Supplement）, 14-25.
吉田弘道・太田百合子・井口由子・梅田幸恵・福島正美・羽崎泰男・近藤洋子・坂本元子・小林幸子・石井荘子・鳥居央子・稲葉美佐子・山崎公恵・村田光範・山中龍宏・巷野悟郎（1997）「肥満児の行動・性格傾向に関する研究：文章完成法式アンケート調査による」『小児保健研究』56, 660-667.

# 第4章　文章完成法を通してみた自己像と対人関係

1. 次のページに、いろいろな書きかけの文がならんでいます。

   それを見て、あなたが思いついたことを、下の例のように、続けて書いてください。ただし、答えたくない文は、答えなくてもかまいません。

**例**

1　わたしのすきなくだものは　　<u>りんごです。</u>

2　おてつだいは　<u>あまり好きではありません。でも勉強しているよりはいいです。</u>

この例のように、「わたしのすきなくだものは」や

「おてつだい」ということばを見たときにうかんできたことを、

そのまま書いてください。

つぎのページへすすむ　➡

## SCT（日本語）

> ここから はじめる ⬇

1　わたしの友だちは _____

2　わたしは友だちと _____

3　わたしは友だちから _____

4　もしも友だちが _____

5　友だちがもっとわたしに _____


6　わたしの先生は _____

7　わたしは先生と _____

8　わたしは先生から _____

9　もしも先生が _____

10　先生がもっとわたしに _____


11　わたしの家族は _____

12　わたしは家族と _____

13　家族がもっとわたしに _____


14　わたしは学校で _____

15　学校でのわたしはいつも _____

## SCT（フィンランド語）

1. Seuraavalla sivulla on sarja epätäydellisiä lauseita, katso niitä ja ajattele miten lause loppuu ja jatka sen samalla tavalla kuin alla oleva esimerkki. Jos on lauseita joita et halua vastata, voit jättää ne vastaamatta.

esimerkki

1. Hedelmä josta pidän on   *omena*
2. Taloustyöt ovat   *jotain mitä en tykkää koovin paljon, mutta pidän siitä enemmän kuin opiskelu.*

Esimerkin mukaisesti kirjoita mitä tulee mieleesi kun näet seuraavat sanat.

\*\*\*\*\*\*\*\*\*\*\*\*\*\*\*\*\*\*\*\*\*\*\*\*\*\*\*\*\*\*\*\*\*\*\*\*\*\*\*\*\*\*\*\*\*\*\*\*\*\*\*\*\*\*\*\*\*\*\*\*\*\*\*\*

1　Minun ystäväni on　_____

2　Minä　_____ ystävieni kanssa.

3　Minä　_____ ystäviltäni.

4　Jos ystäväni on　_____

5　Minun opettajani on　_____

6　Minä　_____ opettajani kanssa.

7　Minä　_____ opettajaltani.

8　Jos minun opettajani　_____

9　Minun perheeni on　_____

10　Minä　_____ minun perheeni kanssa.

11　Koulussa minä aina　_____

# 第5章

## 動的学校画を通してみた学校生活

学校と裏に続く森に境界はない

## はじめに

　児童生徒の心理状態を理解する手法として、臨床場面だけでなく、学校場面においても広く用いられているのが描画法である。描画法は、抵抗や意図的歪曲が比較的少なく、多様な個別性を反映する結果を得られるため、日常的に描画の機会が多い子どもにとって特に有効であると考えられている（松本, 2010）。中でもプロウトとフィリップス（Prout & Phillips, 1974）により創始された動的学校画（Kinetic School Drawing：以下、KSD）は、学校に関する人物（自分、友人、教師）が何かをしているところを描くようにという教示に基づく、「学校」をテーマとした描画法であり、描画者の学校における自己認識および対人関係や学校生活への態度などの推測が可能であるとされている（田中, 2009）。本章では、このKSDから見られた、学校生活の2国間比較について報告したい。

## 第1節　印象、活動および自己像の2国間比較

　本節では、日本およびフィンランドの小中学生のKSDにおける全体の印象や活動内容、そして自己像の特徴について報告を行う。以下、学年別に比較検討を行った。

### (1) 方　法

#### [ I ] 調査協力者

　日本は4年生603名（男子311名、女子292名）と中学2年生637名（男子315名、女子322名）の計1240名、フィンランドは4年生179名（男子78名、女子101名）と8年生221名（男子123名、女子97名、不明1名）の計400名であった。

## ［2］調査方法

　KSDはA4白色用紙に消しゴムとHBまたはB以上の鉛筆1本を用いて行われた。教示は、「あなたが学校で何かしているところを描いてください。絵の中にあなたとあなたの先生、そして2人以上の友だちを描いてください」とした。描画時間は20分から30分程度とした。描画後に、用紙裏面に「何をしているところか・次にどうなるか」の記載を求めた。また描画には、「自分・先生がどれか」の記載を求めた。

　KSDの評定にあたり、バーンズとカウフマン（Burns & Kaufman, 1972/1998）、ノフとプロウト（Knoff & Prout, 1985/2000）、アンドリューズとジャンゼン（Andrews & Janzen, 1988）、田中（2007）、日比（1986）、橋本（2005）等における評定指標を参考に全体の評定マニュアルと評定シートを作成した。評定シートの評定項目には、以下の4つのカテゴリーが含まれる。

　A. 全体場面：「場所」「現在の場面における印象評定（以下、現在場面印象評定）」「絵と記述の不一致」「活動」「次に何が？」「pathology」

　B. 自己像：「自己像の描写」「大きさ」「身体の奇異・欠損」「欠損ありの場合の欠損部位」「表情」「顔の向き」「顔の部位」「顔の欠損部位」

　C. 友だち：「友だちの描写」「人数」「顔の向き」「自分との関係」「自分との距離」

　D. 先生：「先生の描写」「人数」「顔の向き」「自分との関係」「自分との距離」

　本節では、「A. 全体場面」の「現在場面印象評定」「活動」「B. 自己像」の「自己像の描写」「大きさ」「表情」「顔の向き」について報告を行う。

## ［3］調査時期と手続き

　日本は2010年1月～3月にかけて、フィンランドは2010年5月～11月にかけて、学級ごとに集団実施した。実施者は各学級の担任であった。教示と注意事項を記した同一用紙を事前に担任に配布し、教示を統一した。事前に学校長の同意を得た上で、保護者には一連の調査説明の文書を担任から配布し、参加を拒否する場合にはその旨を担任に連絡することを文書で伝えた。さらに調査実施時には再度担任から調査の目的や参加を拒否する権利があること等を説明し生徒に対する同意を得て実施した。なお本研究は、名古屋大学大

学院教育発達科学研究科倫理審査委員会の承認を得ている。

### ［4］評定方法と分析方法

本研究で設定した評定基準を表5－1に示す。

**表5－1　本研究で設定した評定基準**

| | |
|---|---|
| A．全体場面 | |
| 　現在場面印象評定 | 「positive」、「negative」、「neutral・不明」 |
| 　活　動 | 「授業中」、「体育・スポーツ」、「部活」、「特別活動」、「遊び」、「おしゃべり」、「掃除」、「給食」、「読書・一人勉強」、「その他」 |
| B．自己像 | |
| 　自己像の描写 | 「無し」、「有り」、「特定不能」 |
| | ※自己像の描写が「無し」もしくは「特定不能」の場合は以下の評定項目は無記入とする。 |
| 　大きさ | 自己像の最上部中央から最下部までの垂直の長さを測定する(mm)。 |
| 　表　情 | 「positive」、「negative」、「neutral・特定不能」 |
| 　顔の向き | 「正面」、「横」、「後ろ」、「特定不能」 |

予備評定として35名のKSDを対象に臨床心理士教員3名により評定を行ったところ、一致率はすべての大カテゴリーで99％であった。なお臨床心理士教員とは臨床心理士養成大学院の教員であり、臨床歴が25年以上で描画法の使用頻度の高い者である。日本のKSDの本評定は、臨床心理士教員の作成した評定マニュアルにそった説明の後、臨床心理士教員4名と臨床心理学専攻の大学院生12名が4グループに分かれ合議評定を行った。具体的には1枚の描画について個人で評定を行い、評定に迷う場合には各グループの教員に確認し、その際評定が一致しなければグループ内で検討を行った。さらなる検討が必要な場合は臨床心理士教員4名の合議によって最終評定を決定した。フィンランドのKSDの本評定は、臨床心理士教員4名と臨床心理学専攻の大学院生4名が合議評定を行った。手続きは日本の子どものものと同様であった。

「現在場面印象評定」「表情」「顔の向き」の各評価項目については、国籍によるカテゴリー分布に差があるかどうか、$\chi^2$検定を行った。なお、「全体場面」の分析の際、複数の場面を描いていた児童・生徒を、また「自己像」の分析の際、自己像を2人以上描いていた児童・生徒を、分析から除外した。分析は全てSPSS統計パッケージ（ver.15.0）を用い、有意確率5％未満を有

意とみなした。

## (2) 結　果

### [Ⅰ] 4年生の結果

「現在場面印象評定」「表情」「顔の向き」の各評価項目について、分布差の検定を行った（表5－2）。「現在場面印象評定」では、$\chi^2$検定の結果、有意差が認められ（$\chi^2(2)=54.78, p<.01$）、残差分析を行ったところ、日本の「positive」およびフィンランドの「neutral・不明」の度数が有意に多かった。

「活動」については、クロス集計表を表5－3に示す。

次に、「自己像の描写」について分類を行った。日本において「有り」は583名（97.0%）、「無し」は1名（0.2%）、「特定不能」は17名（2.8%）であった。一方、フィンランドでは、「有り」は175名（97.8%）、「無し」は0名、

**表5－2　4年生における「現在場面印象評定」、「表情」、「顔の向き」のクロス集計表**(括弧内は%)

| 「現在場面印象評定」 | positive | negative | neutral・不明 | 合計 |
|---|---|---|---|---|
| 日本 | 389（65.3） | 18（3.0） | 189（31.7） | 596（100） |
| フィンランド | 70（39.5） | 13（7.3） | 94（53.1） | 177（100） |

| 「表情」 | positive | negative | neutral・特定不能 | 合計 |
|---|---|---|---|---|
| 日本 | 388（66.3） | 14（2.4） | 183（31.3） | 585（100） |
| フィンランド | 82（48.0） | 6（3.5） | 83（48.5） | 171（100） |

| 「顔の向き」 | 正面 | 横 | 後ろ | 特定不能 | 合計 |
|---|---|---|---|---|---|
| 日本 | 329（57.1） | 160（27.8） | 62（10.8） | 25（4.3） | 576（100） |
| フィンランド | 116（68.2） | 36（21.2） | 9（5.3） | 9（5.3） | 170（100） |

**表5－3　4年生における「活動」のクロス集計表**(括弧内は%)

| | 授業中 | 体育・スポーツ | 部活 | 特別活動 | 遊び | おしゃべり | 掃除 | 給食 | 読書・一人勉強 | その他 | 合計 |
|---|---|---|---|---|---|---|---|---|---|---|---|
| 日本 | 102(16.9) | 270(44.9) | 13(2.2) | 11(1.8) | 126(20.9) | 16(2.7) | 12(2.0) | 6(1.0) | 1(0.2) | 44(7.3) | 601(100) |
| フィンランド | 54(30.3) | 47(26.4) | 0(0.0) | 2(1.1) | 45(25.3) | 6(3.4) | 0(0.0) | 0(0.0) | 1(0.6) | 23(12.9) | 178(100) |

「特定不能」は4名（2.2％）であった。

「大きさ」について、平均値を算出したところ、日本は76.8mm（$SD$=38.9）、フィンランドは53.6mm（$SD$=29.9）であり、$t$検定を行ったところ、有意差が認められた（$t(757)$=7.38, $p<.01$）。

「表情」では、$\chi^2$検定の結果、有意差が認められた（$\chi^2(2) = 19.00, p<.01$）。残差分析を行ったところ、フィンランドの「neutral・特定不能」および日本の「positive」の度数が有意に多いことが明らかとなった。

「顔の向き」においても有意差が認められ（$\chi^2(3) = 9.88, p<.05$）、残差分析の結果、フィンランドの「正面」および日本の「後ろ」の度数が有意に多かった。

図5－1　日本の4年生男子のKSD。現在場面は、「ドッヂボール大会」（以下、日本の子どもの表記は原文のまま）。

第5章 動的学校画を通してみた学校生活

図5-2 日本の4年生女子のKSD。現在場面は、「先生とわたしと友達ではなしているところ」。

図5-3 フィンランドの4年生男子のKSD。現在場面は、「算数をやっている。友だちは工作をしていて、先生はみんなの作業を見ている」。

図5−4　フィンランドの4年生女子のKSD。現在場面は、「町の場所や名前について聞いている」。

## ［2］中2（8年生）の結果

「現在場面印象評定」「表情」「顔の向き」の各評価項目について、分布差の検定を行った（表5−4）。

「現在場面印象評定」では、$\chi^2$検定の結果、有意差が認められた（$\chi^2(2)=54.78, p<.01$）。残差分析を行ったところ、フィンランドの「negative」および日本の「neutral・不明」の度数が有意に多かった。

「活動」については、クロス集計表を表5−5に示した。

次に、「自己像の描写」について分類を行った。日本において「有り」は586名（92.6％）、「無し」は5名（0.8％）、「特定不能」は42名（6.6％）であった。一方、フィンランドでは、「有り」は212名（95.9％）、「無し」は0名、「特定不能」は9名（4.1％）であった。

「大きさ」について、平均値を算出したところ、日本は76.3mm（$SD=42.9$）、フィンランドは54.0mm（$SD=28.6$）であり、t検定を行ったところ、有意差が認められた（$t(783)=7.02, p<.01$）。

「表情」では、$\chi^2$検定の結果、有意差が認められた（$\chi^2(2)=8.90, p<.05$）。

第5章　動的学校画を通してみた学校生活

残差分析を行ったところ、フィンランドの「negative」および日本の「neutral・特定不能」の度数が有意に多かった。

自己像の「顔の向き」では、$\chi^2$検定の結果、有意差が認められた（$\chi^2(3)=23.99, p<.01$）。残差分析の結果、フィンランドの「正面」と、日本の「後ろ」および「特定不能」の度数の方が多いという結果であった。

表5−4　中2（8年生）における「現在場面印象評定」「表情」「顔の向き」のクロス集計表（括弧内は％）

| 「現在場面印象評定」 | positive | negative | neutral・不明 | 合計 |
|---|---|---|---|---|
| 日本 | 178 (28.3) | 39 (6.2) | 413 (65.6) | 630 (100) |
| フィンランド | 64 (29.0) | 52 (23.5) | 105 (47.5) | 221 (100) |

| 「表情」 | positive | negative | neutral・特定不能 | 合計 |
|---|---|---|---|---|
| 日本 | 185 (31.5) | 16 (2.7) | 387 (65.8) | 588 (100) |
| フィンランド | 75 (35.7) | 14 (6.7) | 121 (57.6) | 210 (100) |

| 「顔の向き」 | 正面 | 横 | 後ろ | 特定不能 | 合計 |
|---|---|---|---|---|---|
| 日本 | 241 (41.2) | 130 (22.2) | 110 (18.8) | 104 (17.8) | 585 (100) |
| フィンランド | 124 (59.6) | 41 (19.7) | 20 (9.6) | 23 (11.1) | 208 (100) |

表5−5　中2（8年生）における「活動」のクロス集計表（括弧内は％）

| | 授業中 | 体育・スポーツ | 部活 | 特別活動 | 遊び | おしゃべり | 掃除 | 給食 | 読書・一人勉強 | その他 | 合計 |
|---|---|---|---|---|---|---|---|---|---|---|---|
| 日本 | 110 (17.5) | 78 (12.4) | 145 (23.0) | 7 (1.1) | 45 (7.1) | 124 (19.7) | 34 (5.4) | 7 (1.1) | 8 (1.3) | 72 (11.4) | 630 (100) |
| フィンランド | 90 (41.5) | 33 (15.2) | 0 (0.0) | 1 (0.5) | 15 (6.9) | 19 (8.8) | 0 (0.0) | 7 (3.2) | 1 (0.5) | 51 (23.5) | 217 (100) |

第Ⅰ部　小中学生のウェルビーイング調査

図5－5　日本の中2男子のKSD。現在場面は、「バスケット」。

図5－6　日本の中2女子のKSD。現在場面は、「話している」。

第5章　動的学校画を通してみた学校生活

図5-7　フィンランドの8年生男子のKSD。現在場面は、「先生が私たちに叫んでいる」。

図5-8　フィンランドの8年生女子のKSD。現在場面は、「私と二人の友だちが生物学の発表の準備をしている」。

## (3) 考　察

**［Ⅰ］4年生における KSD の特徴**

「現在場面印象評定」の分析の結果、日本の子どもたちに「positive」な印象の描画が多くみられ、また自己像の「表情」も「positive」なものが多かった。自己像の表情と描画の全体的な印象は一致することが多いのだろう。石川（1986）は、顔は人を代表し、描画者の気分を表すと述べているが、「positive」な描画の多さは、日本の子どもたちが楽しく学校生活を送っていることの象徴と考えられる。田中（2007）も、日本人を対象とした KSD の発達的変化に関する研究で、多くの小学校3・4年生の描く人物像が笑顔で、明るい描画内容だったことを報告している。

一方、フィンランドの子どもの KSD における「現在場面印象評定」および「表情」では、それぞれ「neutral・不明」「neutral・特定不能」が多かった。描画例（図5−3および図5−4）にみられるように、フィンランドの子どもたちの約30％は授業場面を描いており、そうした場面では表情や印象が「neutral」になりやすいのかもしれない。PISA（学習到達度調査）において毎回高水準に位置するフィンランドは、学力の底上げを重視していることで有名であり、教師の役割も多くが教科指導に絞られる。こうした学習への意識の高さが KSD にも反映された可能性がある。

また、「活動」に着目すると、両国ともによくみられたのは、「授業中」「体育・スポーツ」「遊び」の場面であった。同様の場面がみられた一方で、日本の子どもたちの KSD には「掃除」「部活」「給食」といった特徴的な場面が見られ、2国間の学校環境の差異が KSD にも表れたといえるだろう。

続いて「自己像の描写」では、両国とも自己像「無し」もしくは「特定不能」はほとんどおらず、KSD の教示に対して、大部分の子どもは自己像を描くことが明らかとなった。「自己像」の大きさには差異が見られ、日本の子どもの方がフィンランドの子どもよりも自己像を大きく描いていた。先行研究においては（例えば、Machover, 1949/1998など）、人物画の大きさが描画者自身の自尊感情を反映するとされており、投影描画の解釈における重要な指標の一つとなっている。一方で、KSD における人物像の大きさの解釈に

は、活動内容や、描画上における人物の人数などを併せて考慮する必要がある。またこの結果は、欧米と比較すると日本のKSDの人物像は大きいという結果（田中, 2007）と一致しており、文化差を考慮することの必要性が改めて示唆されたといえよう。

「顔の向き」では、フィンランドの「正面」、日本の「後ろ」の度数が多いという結果であった。日本において、「後ろ」向きの自己像を描いた子どもは約10.5％であったものの、高橋（1974）は後ろ向きの人物像について、回避傾向やひきこもり傾向との関連を示しており、今後詳細に検討することが必要であろう。日比（1986）は動的家族画（Kinetic Family Drawing；以下KFD）の一般的な臨床的解釈において、正面向きは肯定感情が付加されたものとして考えられると述べている。QOL質問紙において、日本の子どもに比べてフィンランドの子どもの自尊感情が顕著に高かったことも（Tsuboi et al., 2012）、本結果と関連しているかもしれない。

## ［２］８年生（中２）におけるKSDの特徴

「活動」を分類したところ、8年生（中２）においてもフィンランドの子どもたちは「授業中」の場面を描く子が多くみられた。フィンランドの一般的な中学校では日本のような部活動や当番活動、ホームルームの時間がなく（松本・ケスキネン, 2013）、さらに中学生になると大幅に授業時間数が増加することが（経済開発協力機構（OECD）, 2009）、この結果の背景にあると考えられる。一方日本では「部活」「おしゃべり」「掃除」といった授業でない場面を描く子どもがみられた。日本の子どもにとって、学校は学習の場以外としての意義も大きいのかもしれない。

次に「自己像の描写」であるが、両国ともに「有り」が90％を超えていたものの、「無し」もしくは「特定不能」が数名ずつ見られた。KFDにおける「自己像の省略」は自己概念の低さや自己の否定、疎外感や不適応感を表しているとの指摘もあることから（糟谷, 2002）、学校場面における自己像の描写をできない生徒がどのような生徒であるのかについても検討を行うことが必要と思われた。自己像の「大きさ」は、8年生（中２）においても日本の方が大きいという結果であり、ここでも背景には描画に対する文化差がある

と考えられた。

「現在場面印象評定」および自己像の「表情」において、「negative」な描画はフィンランドの子どもに多かった。フィンランドの子どものKSDでは、描画例（図5－7）にあるような、不穏な雰囲気のKSDが見られた。OECDの学習環境に関する調査によると、「授業中騒がしくて荒れている」「先生は生徒が静かになるまで長い間待たねばならない」の2問において、「たいていそうだ」「いつもそうだ」と答えたフィンランドの子どもの割合は、OECD平均よりも高かった。こうした学校環境の抱える課題が、KSDにも表れたのではないだろうか。

「現在場面印象評定」および「表情」において、日本の子どもは「neutral・不明」および「neutral・特定不能」が多かった。日本の子どものKSDでは、図5－6に見られるような顔のない自己像が目立った。また描いてあったとしても「後ろ」向きが多くみられた。日本における中学生段階の顔の省略や後ろ向きの描画は、KSDの先行研究（田中, 2012）でも報告されており、発達の影響を考慮する必要がある。一方、バーンズ（Burns, 1982）はKFDにおける自己像の顔の省略について、低い自己概念および自己同一性と関連することを、日比（1986）は背面向きについて、描画者の世界に対する否定的感情と関連することが多いことを示唆しており、日本の子どものKSDにおいてもそうした否定的態度を示唆するものである可能性があり、今後詳細に検討する必要があるものと思われた。

## 第2節　友人関係および対教師関係の2国間比較

本節では、KSDにおける日本とフィンランドの小中学生の友人関係および対教師関係の特徴について検討を行う。

### (1) 方　法

調査協力者、調査時期、実施の手続きおよび評定の手続きは前節と同じで

あるが、ここでは、「C. 友だち」および「D. 先生」における「友だち（もしくは先生）の描写」「人数」「自分との関係」「自分との距離」の結果を報告する。本研究で設定した評定基準を表5－6に示す。なお、「自分との関係」および「自分との距離」では、自分、友人もしくは先生のうち、関連するいずれかの描写が無いものは本分析から除外した。

**表5－6　本研究で設定した評定基準**

| | | |
|---|---|---|
| C. | 友だち | |
| | 友だちの描写 | 「無し」「有り」「特定不能」<br>※描画から判断して、友だちか先生どちらか不明の人物がいる場合は、友だちの人数に「○～○人」と記入する。友だちの描写が「無し」もしくは「特定不能」の場合は以下の評定項目を無記入とする。 |
| | 人数 | 友だちが8人以上描かれているものは人数をすべて8に修正する。人数が不確定なものは中間の数値をとる。 |
| | 自分との関係 | 「無し」「有り」<br>※描画から判断して、向き合って会話しているなど、「有り」は明らかに相互作用がある場合にのみつける。同じコートにいるだけ、並んで一人縄跳びしている等は、「無し」とする。 |
| | 自分との距離 | 自己像の頭頂から自己像に最も近い位置に描かれている友だち像の頭頂までの直線距離を測定する(mm)。 |
| D. | 先生 | |
| | 先生の描写 | 「無し」「有り」「特定不能」<br>※友だちか先生どちらか不明の人物がおり、友だちの人数が○～○人となっている場合、先生の描写は「特定不能」とし、以下の評定項目を無記入とする。 |
| | 人数 | 人数が不確定なものは中間の数値をとる。 |
| | 自分との関係 | 「無し」「有り」<br>※描画から判断して、友人の場合と同様「有り」は明らかに相互作用がある場合にのみつける。 |
| | 自分との距離 | 自己像の頭頂から自己像に最も近い位置に描かれている先生像の頭頂までの直線距離を測定する(mm)。 |

　分析に際して、「C. 友だち」と「D. 先生」における「人数」および「自分との距離」については、国籍と学年を独立変数、「人数」および「自分との距離」を従属変数として、2要因分散分析を行った。

　「友人」および「先生」における「自分との関係」（R）については、国籍（N）および学年（G）との関連を見るために3元分割表を作成した。3元分割表の解釈には、対数線形モデル（Log-Linear Model）を用いた。本研究では階層対数線形モデルを適用し、モデル選択の際には変数減少法を用いた。モデルの選択後、交互作用項に評価項目が含まれている場合は、交互作用項を含めたモデルと主効果のみのモデルにおいて、調整済み残差（$d_{ij}$）の比

較を行った。分析は全てSPSS統計パッケージ（ver.15.0）を用い、有意確率5％未満を有意とみなした。

## (2) 結　果

### [ I ] 友人関係

「友だちの描写」のクロス集計表を表5－7に示す。

**表5－7　「友だちの描写」のクロス集計表**（括弧内は％）

| | | 有り | 無し | 特定不能 | 合計 |
|---|---|---|---|---|---|
| 4年生 | 日本 | 593 (98.3) | 3 (0.5) | 7 (1.2) | 603 (100) |
| | フィンランド | 177 (98.9) | 1 (0.6) | 1 (0.6) | 179 (100) |
| 中2 | 日本 | 598 (93.9) | 17 (2.7) | 22 (3.5) | 637 (100) |
| (8年生) | フィンランド | 211 (95.5) | 2 (0.9) | 8 (3.6) | 221 (100) |

次に、友人の「人数」および「自分との距離」について、国籍および学年別に平均値を算出したものを表5－8に示す。まず友人の「人数」を従属変数とする、国籍（日本・フィンランド）×学年（4年生・中2（8年生））の2要因分散分析を行ったところ、国籍と学年の交互作用が有意であった（$F_{(1,1627)}=5.27, p<.05$）。つづけて単純主効果検定を行ったところ、日本は中2よりも4年生の方が友人を多く描いていたが、フィンランドは4年生と8年生に有意差はみられなかった。また、日本の子どもの方がフィンランドの子どもよりも友人を多く描いていた。続けて友人と「自分との距離」を従属変数とする、国籍（日本・フィンランド）×学年（4年生、中2（8年生））の2要因分散分析を行った結果、国と学年それぞれの主効果が有意であった（$F_{(1,1536)}=30.53, p<.01$；$F_{(1,1536)}=27.53, p<.01$）。多重比較を行ったところ、フィンランドの子どもは日本の子どもよりも、そして中2（8年生）は4年生よりも、自己像と友人像の距離が短かった。

**表5－8　友だちの「人数」および「自分との距離」の平均値比較**

| | 4年生 | | 中2(8年生) | |
|---|---|---|---|---|
| | 日本 M (SD) | フィンランド M (SD) | 日本 M (SD) | フィンランド M (SD) |
| 人数 | 3.7 (2.1) | 2.4 (1.1) | 3.2 (2.1) | 2.5 (1.4) |
| 自分との距離 | 66.3 (32.8) | 58.8 (36.5) | 59.4 (35) | 45.3 (24.5) |

友人と「自分との関係」のクロス集計表を5-9に示す。「自分との関係」については、「国籍」×「自分との関係」の交互作用項を含むモデル［NR］が採択された（$G^2(4)=7.49, p=.11$）。国籍と友だちと自分との関係の交互作用効果について残差分析を行った結果、日本の関係「有り」およびフィンランドの「無し」のセルに有意な正の効果が認められた（それぞれ、$dij=3.20, p<.01$；$dij=3.20, p<.01$）。

表5-9 友だちと「自分との関係」のクロス集計表(括弧内は%)

| | | 有り | 無し | 合計 |
|---|---|---|---|---|
| 4年生 | 日本 | 143 (24.5) | 439 (75.4) | 582 (100) |
| | フィンランド | 32 (18.1) | 145 (81.9) | 177 (100) |
| 中2 | 日本 | 172 (30.0) | 402 (70.0) | 574 (100) |
| (8年生) | フィンランド | 42 (19.9) | 169 (80.1) | 211 (100) |

### ［2］ 対教師関係

「先生の描写」のクロス集計表を表5-10に示す。

表5-10 「先生の描写」のクロス集計表(括弧内は%)

| | | 有り | 無し | 特定不能 | 合計 |
|---|---|---|---|---|---|
| 4年生 | 日本 | 421 (69.8) | 69 (11.4) | 113 (18.7) | 603 (100) |
| | フィンランド | 127 (70.9) | 11 (6.1) | 41 (22.9) | 179 (100) |
| 中2 | 日本 | 445 (69.9) | 67 (10.5) | 125 (19.6) | 637 (100) |
| (8年生) | フィンランド | 189 (85.5) | 5 (2.3) | 27 (12.2) | 221 (100) |

次に「人数」および「自分との距離」について、国籍および学年別に平均値を算出したものを表5-11に示す。「人数」を従属変数とする、国籍（日本・フィンランド）×学年（4年生・中2（8年生））の2要因分散分析を行った結果、国籍の主効果が有意であり（$F(1,1568)=70.85, p<.01$）、フィンランドの子どもたちは日本の子どもたちよりも先生を多く描くことが明らかとなった。次に先生と「自分との距離」を従属変数とする、国籍（日本・フィンランド）×学年（4年生、中2（8年生））の2要因分散分析を行った結果、国籍の主効果が有意であり（$F(1,1140)=18.55, p<.01$）、日本の方が、フィンランドよりも先生と自分の距離が大きかった。

先生と「自分との関係」のクロス集計表を表5-12に示す。「自分との関係」では、［R］［NG］という連関の構造を示すモデルが採択された（$G^2(3)$

=1.90, $p$=.59)。「自分との関係」と国籍もしくは学年の関連が見られるモデルは得られなかった。

表5-11　先生の「人数」および「自分との距離」の平均値比較

|  | 4年生 | | 中2(8年生) | |
|---|---|---|---|---|
|  | 日本<br>M（SD） | フィンランド<br>M（SD） | 日本<br>M（SD） | フィンランド<br>M（SD） |
| 人数 | 0.7（0.5） | 0.9（0.3） | 0.7（0.6） | 1.0（0.3） |
| 自分との距離 | 120.5（52.1） | 107.6（54.8） | 118.6（53.1） | 101.2（47.2） |

表5-12　先生と「自分との関係」のクロス集計表（括弧内は%）

|  |  | 有り | 無し | 合計 |
|---|---|---|---|---|
| 4年生 | 日本 | 47（11.4） | 367（88.6） | 414（100） |
|  | フィンランド | 16（12.6） | 111（87.4） | 127（100） |
| 中2<br>(8年生) | 日本 | 47（11.0） | 380（89.0） | 427（100） |
|  | フィンランド | 28（14.8） | 161（85.2） | 189（100） |

## (3) 考　察

### [Ⅰ] 友人関係

「友だちの描写」において描写「無し」もしくは「特定不能」だったのは、両国・両学年ともに5％以下であり、ほとんどの子どもが友人を描いていた。一方で、友人の「人数」では差異が見られ、日本の子どもの方がフィンランドの子どもよりも友人を多く描いていた。この結果の背景には、日本の学校における集団活動の多さおよび集団行動を大切にする文化的基盤があるものと思われた。また、坪井ら（Tsuboi et al., 2012）の、QOL質問紙において日本の子どもの友人関係の方がより良好であったという結果との一致があった可能性が考えられた。

「人数」では、両国における発達的変化の差異もみられた。日本では4年生の方が中2よりも友人を多く描いていた。田中（2007）で小学校中学年がKSDにおいて友人の人数を最も多く描くことが報告されているように、小4は友だちへの意識が広がり仲間集団が大きくなる年代とされている。一方、思春期に入ると、限られた親密な他者と過ごすことが多くなるとされており、こうした現実場面がKSDにおける友人の人数の差異にも反映されたと考え

られた。

　一方、フィンランドでは、友人の人数において学年差は認められなかった。前節にみられたように、4年生、8年生ともに「授業中」の場面を描く子が多く、場面の差がなかったことも本結果の一因として考えられるかもしれない。

　友人と「自分との関係」では、フィンランドに比べて日本の方が、友人との関係「有り」の割合が高かった。野村ら（2013）でも、SCTにおける友人関係を問う項目において日本の子どもの方が感情の付加された内面的記述を多くしていたという結果が得られており、日本の子どもは友人との結びつきの強さを感じている可能性があると考えられた。この背景には、部活動など、仲間で過ごす時間が多い日本の学校環境があるのかもしれない。

　「友だちとの距離」では、フィンランドの子どもたちは日本の子どもたちよりも自己像と友人像を近くに描いていた。田中（2012）は、人物像間の距離について、近い場合には親密性が存在している可能性があると述べている。ただし、前節において、両学年ともにフィンランドの子どもの自己像は日本の子どもの自己像よりも小さいことが明らかとなっており、用紙の使用範囲や人物像の相対的な大きさが本結果に影響していたとも考えられる。KSDにおける人物像の距離が心理的距離を反映しているかについては、今後の検討課題であると思われる。

## ［2］対教師関係

　「友だちの描写」は「有り」が両国・両学年ともに9割を超えていたのに対し、「先生の描写」は「有り」が9割をきっていた。人物の描写が無い場合とは、最初から描かれなかった省略や描いたものを消した抹消が考えられる。バーンズとカウフマン（Burns & Kaufman, 1972）は、人物像が省略されている場合は、描かれなかった人物への敵意を直接的に表現できないことを、人物像が抹消されている場合、消された人物像に対する両価的感情もしくは葛藤を持っていることを表している、と述べている。このように、先生像の省略や抹消は何らかの関係性の問題を示唆するものと考えることもできるが、一方、本研究では先生の描画「無し」の生徒が比較的多く、解釈には慎重を

要す必要もあるものと思われた。また、「先生の描写」では、教示にもかかわらず、記述がないため先生と判別できない例もあり、KSDにおける先生像の意味を探る上で、今後の課題であるといえよう。

「先生の人数」では、フィンランドの子どもたちは日本の子どもたちよりも先生を多く描くことが明らかとなった。また、フィンランドの子どもたちは、先生と自分の距離を近くに描いていた。描画における人物像の大きさとの関連が否定できないものの、人数に差がみられたことを考慮すると、本結果はフィンランドにおける教師の存在の大きさを示唆するものと思われた。

先生と「自分との関係」では、「自分との関係」と国籍もしくは学年の関連が見られるモデルは得られなかった。今回は関係を「有り」か「無し」かに分類したが、今後は関係の質を含めて検討していきたい。

## まとめと今後の課題

本研究では、KSDを用いて、日本とフィンランドの2国間比較を行った。結果から、両国の学校生活や自己イメージ、対人関係の特徴が示され、結果の背後には学校環境の差異や文化差があると考えられた。
一方で、多くの児童・生徒は、現実生活に則した形でKSDを描いているため、他の投影描画法と異なり、解釈には注意が必要である。

今後は、本研究で検討対象としていない項目についても、性差や発達的な視点を含め検討することによって、両国の子どもの特徴を明らかにしていきたい。

森の中のコテージ、夏

**引用文献**

Andrews, J., & Janzen, H.(1988) A global approach for the interpretation of the Kinetic School Drawing(KSD): A quick scoring sheet, reference guide, and rating scale. *Psychology in the Schools*, 25, 217-238.

Burns, R.C., & Kaufman, S.F.(1972) *Actions, styles, and symbols in Kinetic Family Drawings(K-F-D): An interpretive manual.* New York: Brunner/Mazel.（加藤孝正・伊倉日出一・久保義和訳（1998）『子どもの家族画診断』黎明書房）

Burns, R.C.,(1982) *Self-growth in families : Kinetic Family Drawings(K-F-D) research and applications.* New York : Brunner Mazel.

橋本秀美（2005）「描画における人物像の顔の方向と共感性との関連」『心理臨床学研究』23, 412-421.

日比裕泰（1986）『動的家族描画法――家族画による人格診断』ナカニシヤ出版

石川元（1986）「家族画（FDT, DAF）と合同動的家族画（CKFD）」『臨床描画研究』I, 105-129.

糟谷光昭（2002）「非行少年と健常者を対象とした家族描画テストの解釈基準作成の試み」空井健三（編）『家族描画法ハンドブック』財団法人矯正協会

Knoff, H.M., & Prout, H.T.(1985) *Kinetic drawing system for family and school: A handbook.* Los Angeles, CA: Western Psychological Services.（加藤孝正・神戸誠訳（2000）『学校画・家族画ハンドブック』金剛出版）

Machover, K.(1949) *Personality projection in the drawing of the human figure.* Illinois : Charles C. Thomas.（深田尚彦（訳）（1998）『人物画への性格投影』黎明書房）

松本真理子（2010）「子どもの投影法」日本児童研究所（編）『児童心理学の進歩　49』金子書房, 177-196.

松本真理子・Keskinen,S.（編著）（2013）『フィンランドの子どもを支える学校環境と心の健康――子どもにとって大切なことは何か』明石書店

野村あすか・松本真理子・坪井裕子・鈴木伸子・畠垣智恵・垣内圭子・大矢優花・森田美弥子（2013）「文章完成法から見た日本とフィンランドの児童生徒の自己像と対人関係」『心理臨床学研究』31(5), 844-849.

経済開発協力機構（OECD）（2009）『図表でみる教育　OECDインディケータ（2009年度版）』明石書店

Prout, H.T., & Phillips, P.D.(1974) A clinical note: The Kinetic School Drawing. *Psychology in the Schools*, 11, 303-306.

高橋雅春（1974）『描画テスト入門――HTPテスト』文教書院

田中志帆（2007）「小・中学生が描く動的学校画の発達的変化」『心理臨床学研究』25, 152-163.

田中志帆（2009）「どのような動的学校画の特徴が学校適応状態のアセスメントに有効なのか？――小・中学生の描画からの検討」『教育心理学研究』57, 143-157.

田中志帆（2012）『教育臨床アセスメントとしての動的学校画――教育相談・学校臨床への

活用をめざして』風間書房

Tsuboi, H., Matsumoto, M., Keskinen, S., Kivimaki, R., Suzuki, N., Hatagaki, C., Maruyama, K., Morita, M. (2012) Japanese Children's QOL: A Comparison with Finnish Children. *Japanese Journal of Child and Adolescent Psychiatry*, 53 (Supplement), 14-25.

# 第Ⅱ部 社会の支援を必要とする子どものウェルビーイング

中学校、職員室で朝の職員会議の様子

# 第6章

## 日本とフィンランドにおける
## ひきこもり傾向児

低学年児童の机の中。学校に続く森で拾った
ドングリもしまってある

## はじめに

　児童期は、発達の過程で同年代の仲間の影響力が徐々に増大してくる時期である。特に学校においては、クラスメイトとの関係が「子ども社会」とも言える社会関係を形成し、児童の日常に強い影響力を持つようになる（南, 2000）。そのような中で、仲間との相互作用がうまくいかずに孤立していく子どもの一群は「social withdrawal」として捉えられてきた。わが国においてsocial withdrawalは、主に発達心理学の分野では「引っ込み思案」（藤岡, 2013など）、そして臨床心理学や精神医学の分野では「ひきこもり」（近藤, 2001；Rubin & Coplan, 2010など）と翻訳されている。本章では、子どものsocial withdrawalは青年・成人期の「ひきこもり」のリスク・ファクターにもなりうる内在化問題である（近藤, 2001）という指摘を踏まえて、以降ではsocial withdrawalを「ひきこもり傾向（児）」と表記する。

　これまでの研究では、ひきこもり傾向児は特に児童期中期頃からさまざまな困難を抱えやすくなることが明らかにされてきた。例えば、ひきこもり傾向児は自尊感情の低さ、孤独感、社会不安や抑うつなどの心理社会的困難を呈しやすい（Rubin et al., 1993；Rubin et al., 1995；Boivin et al., 1995；Boivin & Hymel, 1997；Gazelle & Ladd, 2003；Gazelle & Rudolph, 2004；Morgan et al., 2013など）。また、ひきこもり傾向児は仲間からのいじめや拒否を受けやすく、そうした関係性により孤独感や抑うつが高まり（Boivin et al, 1995；Boivin & Hymel, 1997；Gazelle & Ladd, 2003；Gazelle & Rudolph, 2004）、ひきこもり傾向が悪化する（Gazelle & Ladd, 2003；Gazelle & Rudolph, 2004；Oh et al., 2008）。さらに、学校場面においては、教師との相互作用の少なさゆえに葛藤的な関係にも親密な関係にもなりにくいことが示されている（Rudasill & Rimm-Kaufman, 2009）。

　一方で、近年ではひきこもり傾向児をとりまく環境、すなわち他者との関係性がひきこもり傾向児の適応の防御因子となることに着目した研究も認められる。例えば、ひきこもり傾向児が仲間から拒否されることが少ない場合

には、向社会的行動の増加や抑うつの低下が認められ（Gazelle & Rudolph, 2004）、ひきこもり傾向が軽減する（Oh et al., 2008）。また、児童期中期のひきこもり傾向児の約65％には相互に親友と思える友人がおり、ひきこもり傾向の少ない児（以下、対照児）と同様に安定した関係を保っていたことが示されている（Rubin et al., 2006）。友人関係の質的側面については、対照児に比して言語的コミュニケーションが少なく（Schneider, 1999）、受動的で競争心が少ない（Scheneider, 2009）といった特徴が指摘されているが、少数の友人を持ち関係を維持しているひきこもり傾向児が存在することは確かであろう。さらに、Chang（2003）では、教師からひきこもり傾向児への共感的態度や温かいかかわりがひきこもり傾向児の社会的コンピテンスを高めるとともに、ひきこもり傾向と仲間からの拒否との関連を弱めることが明らかにされている。

　以上を踏まえて本章では、学校において子どもの個別性を尊重するという文化の根づくフィンランドと、随所で集団活動を重視するというわが国におけるひきこもり傾向児の特徴を比較検討することを通して、ひきこもり傾向児の適応に影響を及ぼす環境や文化・社会的背景について考察することを目的とする。具体的には、自己記入式質問紙、投影法と学校場面における行動観察といった多面的アプローチを通した事例研究を行い、ひきこもり傾向児の自己像、友人関係、対教師関係、および生活基盤としての家族関係の特徴を包括的に明らかにする。

　なお、本研究における対象児は小学校高学年女子とした。この時期には自己内省が可能になり、行動特徴としてのひきこもり傾向が心理社会的困難とより密接に関連しはじめると考えられたためである。また、女子を対象としたのは、自己記入式質問紙によってひきこもり傾向を測定した場合に男子よりも女子の得点が有意に高かったという結果が得られており（Tsuboi et al., 2012）、女子の方が自身の困難感をより強く自覚していると推測された。

## 第1節　日本のひきこもり傾向児

### (1) 目　的

　本節では、わが国のひきこもり傾向児を対象とした事例研究の結果を報告する。自己記入式質問紙、投影法や学校場面における行動観察といった多面的なアプローチを用いて、ひきこもり傾向の背景には自己像および対人関係のどのような側面が関連しているのかについて検討する。なお、わが国のひきこもり傾向児に対しては、縦断研究の中で複数回に渡る調査を実施しているが（野村, 2014）、次節で報告するフィンランドのひきこもり傾向児との統一をはかるため、本節では一時点における調査の結果を取り上げる。

### (2) 方　法

#### [1] 調査対象者

　X県内の小学校1校を対象とした。小学校5年生の1学級33名（男子18名、女子15名）より、Youth Self Report（以下、YSR）の「ひきこもり」得点が臨床域（Tスコア71以上）に位置した女子2名を抽出した。

#### [2] 調査内容

　対象学級に対して、以下の調査を実施した。

　【ひきこもりと攻撃的行動】アッケンバック（Achenbach, 1991）により開発されたChild Behavior Checklist（以下、CBCL）の自己評価版である、YSRの日本版（倉本ら, 1999）を用いた。詳細は第1章を参照されたい。本研究では、下位尺度「ひきこもり」7項目の他に、「攻撃的行動」19項目を使用した。

　【QOL】ラーベンスとブリンガー（Ravens & Bullinger, 1998）により開発された、Quality of Life（以下、QOL）に関する自己報告質問紙であるKid-

KINDL$^R$（Questionnaire for Measuring Health-Related Quality of Life in Children, Revised Version for 8 to 12-years-olds、以下、QOL尺度）の中学生版[注1]（松嵜ら, 2007）を用いた。詳細は第1章を参照されたい。

【動的学校画】プラウトとフィリップス（Prout & Phillips, 1974）により提唱された動的学校画（Kinetic School Drawing；KSD）を用いた。教示と実施方法は第5章と同様であった。

【文章完成法】精研式文章完成法テスト（小・中学生用）（佐野ら, 1961）を参考に作成した、「学校における自己」を尋ねる刺激文を2項目、「友人関係」と「対教師関係」を尋ねる刺激文を各々5項目ずつ、および「家族関係」を尋ねる刺激文を3項目の計15項目を用いた。詳細は第4章を参照されたい。

【イメージ連想法】クーニーとマックパーランド（Kuhn & McPartland, 1954）によって創案された20答法（Twenty Sentence Test；TST）をマインドマップ形式に改め、イメージ連想法（Image Association Method；IAM）として実施した。刺激語は「わたし」と「学校」とした。教示と実施方法は第2章と同様であった。

【行動観察】対象児童2名（以下、事例A、事例Bとする）を決定し、小学校における週1回、終日の行動観察を実施した。

［3］**手続き**

本研究は縦断的事例研究として計画されたため、質問紙および投影法は、第1回：Y年1月（小学校4年生時点）、第2回：Y年5月、第3回：Y年11月、第4回：Y+1年3月の4時点で実施した。また、行動観察は、Y年4月からY+1年3月までの全35回に渡って実施した。本節では、第2回調査における質問紙および投影法の結果と、その前後の時期における行動観察の結果とを取り上げて報告する。

調査に際しては、事前に各学校長および対象学年の学年主任に対し、調査

---

注1 　本研究の調査対象は小学校5年生であったが、Tsuboi et al.（2012）において小学校高学年以降には中学生版の質問紙が適用されていることを踏まえて、本研究においても中学生版を用いることとした。

内容や手続きに関する十分な説明をして同意を得た。行動観察では、対象学級の教室後方にビデオカメラを1台設置し、午前の授業場面、休憩場面と給食場面を中心に撮影し、合わせてフィールドノーツへの記録も行った。撮影された記録およびフィールドノーツの記録をもとに、対象児童の行動観察記録を作成した。対象学級の児童には行動観察について、「小学生の学校生活や友だちとの関係について勉強していく上での資料とすることを目的にしている」と初回の観察時に伝えた。また、観察されているという意識から対象児童が心理的圧迫を受ける可能性があることを考慮し、本研究において対象児童を定めて観察を行っているという事実は対象学級の児童には伝えず、またその事実が明らかになることのないよう十分に配慮した。なお、本研究の実施手続きについては、名古屋大学大学院教育発達科学研究科倫理委員会の承認を得ている。

## (3) 結果と考察

### [I] 事例A（5年生・女児）

Aは4年次から担任や学年主任より、「自分から話しかけていくことが少ない」と指摘されていた児童である。第1回調査（Y年1月）では、YSRの「ひきこもり」尺度の得点が境界域に位置しており、本人の主観と周囲の評価の双方からひきこもり傾向の強さが窺われたことから、5年次より学校場面における行動観察を開始した。表6－1には、第2回調査（Y年5月）における結果の概要を示した。なお、以降の事例においてはプライバシー保護の観点から、KSDに関しては文章での説明のみにとどめた。

AのYSRにおける「ひきこもり」の得点は9点（$T=75$）であり、臨床域に位置していた。回答内容からは、他者を回避する傾向や気分の落ち込みがあることが窺われた。行動観察においても、後述する友人グループから離れている時には他児との相互作用がほとんど見られないことがあった。一方で「攻撃的行動」については、同年齢女子の平均（Tsuboi et al., 2012）を下回る4点（$T=43$）であり、行動観察中も攻撃的な言動は目立たなかった。

自己像については、QOL尺度における「情緒的ウェルビーイング」や

「自尊感情」の得点が同年齢女子の平均よりも顕著に低かった。すなわち、空虚感や孤独感をやや強く感じていることや、自分自身に対する満足感が欠如していることが窺われた。行動観察においても、Aは授業中に周りの様子を伺いながら挙手するなど消極的な様子が随所で認められており、自信のなさを抱えていることが推測された。一方で、SCTやIAMでは空欄を残さずすべてに回答しており、文字も大きく丁寧であったことから、課題に取り組むエネルギーの高さや几帳面さが窺われた。IAMに関しては、「わたし」と「学校」ともに「好き（得意）－嫌い（苦手）」に関する記述がやや多く認められたが、その大半は好き（得意）なものに関する肯定的記述であった。特に「わたし」における初発反応の「スピーチが好き」については、ひきこもり傾向の高いAとは対極にあるような記述であった。また、全体的にAの指向性は、文化系から運動系に至るまで多岐に渡っていた。特に、IAMの「学校」で「運動会が好き」と記述し、KSDにおいても運動会の練習場面を描き「本番で1位になる」という未来を想像していることから、運動領域においてはAの自己評価がある程度保たれていると考えられた。

友人関係については、KSDに描かれた友人像や行動観察における友人とのかかわりの様子から、Aが常に行動を共にするような友人がいることは明らかであった。また、SCTにおける「（わたしの友だちは）おもしろくてやさしいです」や「（わたしは友だちから）おもしろいね。と言われます」などの記述からは、友人の性格を肯定的に捉え、自身も友人から肯定的に評価されていることが窺われた。一方で、QOL尺度における「友だち」の得点は平均よりも顕著に低かった。また、SCTでは「（友だちがもっとわたしに）すなおにやってほしいです」という記述が認められ、関係に対する何らかの不満を抱いている可能性も考えられた。さらに、IAMの「学校」における「休み時間はあまり好きじゃない」という記述や、「休み時間はよく本を読む」の直後に「つまらないときがある」という記述が認められたことから、休憩時間は何となく友人と一緒に読書をする時間となっていることが考えられた。ひきこもり傾向児の多くは相互に親友と思える友人を持つが、友人関係の質はあまりよくないという知見（Rubin et al., 2006）も考慮すると、A自身も友人とのかかわりが表面的なものにとどまっている可能性があることが推測さ

表6-1　事例Aの特徴

| 調査内容 | 結果の概要 |
|---|---|
| YSR | 「ひきこもり」9点（$T$=75）、「攻撃的行動」4点（$T$=43） |
| QOL | QOL総得点とすべての下位領域における得点が平均よりも低かった。特に、「情緒的ウェルビーイング」、「自尊感情」や「友だち」領域の低さが顕著であった。 |
| KSD | 今：「運動会のリレーの練習をしている所」<br>この後：「運動会本番で1位になる」<br>　画用紙の中央よりやや左側に描かれている、汗をかきながら運動場を走り次の走者にバトンを渡そうとしている人物が自己像であると思われたが、明確な記述はなかった。リレーの様子を見守るように友人3名が描かれていた。 |
| SCT | 【学校における自己：記述数2／2】「（わたしは学校で）本を読みます」など<br>【友人：記述数5／5】「（わたしの友だちは）おもしろくてやさしいです」「（わたしは友だちと）いっしょに勉強するのが好きです」「（わたしは友だちから）おもしろいね。と言われます」「（友だちがもっとわたしに）すなおにやってほしいです」など<br>【教師：記述数5／5】「（わたしの先生は）おもしろいです」「（わたしは先生と）お話をしたいです」「（先生がもっとわたしに）勉強を教えてほしいです」など<br>【家族：記述数3／3】「（わたしの家族は）たいへんです」「（家族がもっとわたしに）楽しそうなところを見してほしいです」など |
| IAM | 【わたし：記述数20】1「スピーチが好き」、2「本が好き」、4「勉強が好き」、5「歌がとくい」、6「ピアノがとくい」、8「体育が好き」、13「家が好き」、16「黒板に何か書くのがきらい」、17「リレーが好き」、18「きれいに直かくになってないと気がすまない」、19「ピアノで友達とおしゃべりするのが好き」など<br>【学校：記述数20】1「じゅぎょうが好き」、3「休み時間があまり好きじゃない」、5「音楽が好き」、6「体育が好き」、7「おもしろいけどつかれる」、8「運動会が楽しい」、11「休み時間はよく本を読む」、12「つまらないときがある」、13「宿題でねるのがおそくなる」、14「外で遊ぶのが好き」など |
| 行動観察 | ・授業中は担任の話にきちんと耳を傾け、面白い話題にはよく笑い、板書を真剣に写していた。自発的な挙手はほとんどなかった。選択式の発問では、周りの様子を伺いながら遅れて小さく挙手していた。<br>・休み時間は、仲の良い3名の女子と運動場または図書室で過ごすことが多かった。学級レクリエーションでは、友人から離れてしまうことが不安そうであり、終始つき従っていた。<br>・観察者が給食にてAの班に入った際、Aは終始無言で他児とのかかわりを持たず、観察者に話しかけてくることもなかった。<br>・運動会のリレーの練習には活き活きと参加していた。 |

れた。

　対教師関係については、SCT において「（わたしの先生は）おもしろいです」や「（もしも先生が）子どもだったら楽しいのかなと思います」というように、担任に対する肯定的な記述が認められた。また、IAM の「学校」における初発反応が「授業が好き」であったことや、授業中は担任の話に反応してよく笑う姿が認められたことから、授業の担い手としての担任に対しては肯定的なイメージを抱いていることが考えられた。一方で、SCT には「（わたしは先生と）お話をしたいです」という願望表現が認められた。また、KSD には教師と判断されうる描画が認められなかった。Aの抱く担任像は総じて肯定的ではあるが、実際の関わりは希薄であることが窺われた。

　家族関係については、QOL 尺度の「家族」の得点が平均と同程度となっており、回答内容を見ると、関係が常に良好であるとは言えないが葛藤はあまり感じていないことが推測された。また、IAM の「わたし」においては「家が好き」とも記述されていた。一方で、SCT において「（わたしの家族は）たいへんです」や「（家族がもっとわたしに）楽しそうなところを見してほしいです」という記述が認められた。質問紙や投影法では捉え切れないところでAが家族の雰囲気の変化を意識していることが窺われたが、これらがAのひきこもり傾向にどの程度の影響を及ぼしているのかについて、調査結果から把握することは困難であった。

　以上のことから、Aは自身のひきこもり傾向を強く自覚しており、その背景には、他者の目をやや過剰に気にして自信を持てなくなっている一面があることが推測された。Aの持つこの傾向は、進級に伴い、新たな学級集団の中で仲間の特性を知り、新たな友人グループを形成していくという営みの中でいっそう強まっていたとも考えられる。一方で、Aは課題に臨むエネルギーが高く、好きまたは得意な領域に関しては自信をもって取り組む意欲も持ち合わせていた。また、Aは学校生活の大部分において行動を共にするような友人グループに所属し、「おもしろい」という評価を得ているようであった。このような側面が、ひきこもり傾向の強いAの適応の防御因子として働いていたとも考えられた。なお、担任に対しては、肯定的な像を育みつつあるものの、実質的なかかわりは未だ希薄であることが窺われた。

## ［２］事例Ｂ（５年生・女児）

　Ｂは第１回調査（Ｙ年１月）では、YSRの「ひきこもり」得点は平均よりも低く、ひきこもり傾向の自覚は強くはないように見受けられた。しかし、進級後の第２回調査（Ｙ年５月）において「ひきこもり」得点が急激に上昇したため、Ａの行動観察と並行して継続的な観察を実施することとした。表６−２には、第２回調査（Ｙ年５月）における結果の概要を示した。

　ＢのYSRにおける「ひきこもり」得点は10点（$T=80$）であり、臨床域に位置していた。回答内容からは、他者を回避したいという自覚や気分の落ち込みが強いことが窺われた。また、「攻撃的行動」得点は17点（$T=64$）と、境界域には達しないまでもやや高かった。回答内容からは、攻撃性を他者に対して表出する傾向と、自身の持ち物を壊すという形で表出する傾向とがあることや、頑固さや感情の変化しやすさを自覚していることが窺われた。この時点での行動観察において攻撃的な言動はあまり認められなかったが、集団の中で時に積極的な一面を見せていたことが、Ａとは異なる点であった。

　自己像については、QOL尺度の「自尊感情」の得点が０点となっていた。「身体的健康」や「情緒的ウェルビーイング」の得点も低く、心身ともに不調をきたしていることも窺われた。また、IAMの「わたし」においても、「わがまま」「あたまがすごくわるい」「勇気がない」「くらいイメージがある」や「自分がにくい」といった否定的記述が顕著に多かった。

　友人関係については、QOL尺度の「友だち」得点が顕著に低かった。SCTにおいては、友人から攻撃されるゆえに回避したいという傾向があることが窺われた。IAMの「わたし」においても「友だちとすぐにけんかする」という記述が認められており、全般的にこの時期のＢは友人と葛藤的な関係にあることが推測された。行動観察においても、休憩時間に一人で描画や読書にふけるＢの姿がしばしば認められた。ただし、SCTにおいて「（わたしは学校で）休み時間にいつも教室で絵を書いている」の次に「（学校でのわたしはいつも）楽しくない」と書かれていることや、IAMの「学校」において「休み時間なんていらない」という記述が認められることからは、Ｂは好んで孤立しているわけではなく、孤立せざるを得ない状況に追い込まれ、その状況に対して苦痛を感じていることが窺われた。また、SCTにおいて

は「(もしも友だちが)自分のことだけじゃなくて人のこともかんがえてほしい」や「(友だちがもっとわたしに)やさしくしてほしい　いやといったことはやめてほしい」とも記述されており、友人への怒りとともに自身の苦痛を分かってもらいたいという気持ちも持ち合わせていることが考えられた。

　家族関係については、QOL尺度の「家族」得点が顕著に低かった。また、SCTやIAMからは、何らかの同胞間葛藤があり、さらには家族の誰からも受け容れられていないと感じていることが示唆された。一方でBは、「(わたしは家族と)ただもっとなかよくなりたいだけ」や「(家族がもっとわたしに)がんばったことをほめてほしい」とも記述しており、親密な関係性を切に望んでいるようでもあった。

　このように、Bは自己像、友人関係や家族関係における否定的感情を質問紙や投影法において強く表出したが、対教師関係にはそのような傾向は認められなかった。BはSCTにおいて、「(わたしの先生は)おもしろいです」や「(わたしは先生と)一年間楽しくすごしたいです」と記述しており、担任はBを取り巻く他者のうち唯一肯定的な存在となっていることが推測された。また、授業中は担任の雑談にこそ反応が薄いものの、発問を求められると自発的に挙手する場面も認められ、Bの積極性が垣間見えると同時に、担任に認められたい気持ちがあることも窺われた。一方で、SCTの記述が願望表現にとどまっており、行動観察においては担任との相互作用がほとんど認められなかったことから、実質的なかかわりは希薄であったと考えられた。

　Bの特徴としてもう一つ触れておきたいのは、KSDにおける描画内容である。KSDには野原のような背景が描かれ、登場人物も当時の学級内の人物とは異なるなど、非現実的な場面が展開されていた。また、画用紙の中央には教師と手を繋いだ笑顔の自己像が描かれ、Bが「花のかざり」を教師にも友人にも作ってあげるという積極的な奉仕の場面が設定されているなど、人物間の関係性も現実とは異なる様相を呈していた。KSDと学校適応状態の関連を検討した田中(2009)は、描画における非統合性(描画の非現実性・衝動性・攻撃的内容など)が高い子どもは教室において安心感やリラックスした気分を抱きにくく、学校適応感も低いことを明らかにしている。このことから、Bにおける非現実的場面の描画も、適応感の低さを裏付けるもの

第Ⅱ部　社会の支援を必要とする子どものウェルビーイング

表6-2　事例Bの特徴

| 調査内容 | 結果の概要 |
|---|---|
| YSR | 「ひきこもり」10点（T=80）、「攻撃的行動」17点（T=64） |
| QOL | QOL総得点および下位領域すべての得点が平均を大きく下回っている。「自尊感情」については0点であった。<br><br>（グラフ：4年女子平均と事例Bの比較。項目：QOL総得点、健康、身体的ウェルビーイング、情緒的、自尊感情、家族、友だち、学校） |
| KSD | 今：「花のかざりを先生にあげてるところ」<br>この後：「みんなの分も作ってあげる」<br>　画用紙の中央付近に笑顔の自己像が描かれ、教師と手を繋いでいるが、描かれているのは当時の担任ではなかった。また、Bと教師とは少し離れたところで友人2名が手を繋いでいるが、この2名もクラスメイトではなかった（教師、友人ともに実在はしている）。背景には花や動物が描かれており、学校とは異なる場であるように見受けられた。 |
| SCT | 【学校における自己：記述数2／2】「（わたしは学校で）休み時間にいつも教室で絵を書いている」「（学校でのわたしはいつも）楽しくない」<br>【友人：記述数5／5】「（わたしの友だちは）とつげきしてくる・ほっぺをつまむ・すぐにたたく」「（わたしは友だちと）あんまりいっしょにいたくない」「（友だちがもっとわたしに）やさしくしてほしい　いやといったことはやめてほしい」など<br>【教師：記述数5／5】「（わたしの先生は）おもしろいです」「（わたしは先生と）一年間楽しくすごしたいです」（残り3項目は「特にありません」と記述）<br>【家族：記述数3／3】「（わたしの家族は）弟のことばっかりひいきする。だれもわたしをやさしくうけとめてくれる人は、いない」「（わたしは家族と）ただもっと仲良くなりたいだけ」「（家族がもっとわたしに）がんばったことをほめてほしい」<br>※　自由記述欄：もう書きたくないです。かなしいから。こんなこと書いてどうするんですか？　かいけつしてくれるんですか？（中略）でも、ほんのちょっぴりすっきりしました。 |
| IAM | 【わたし：記述数14（消去2）】1「わがまま」、2「あたまがすごくわるい」、4「ただの人」、5「友達とすぐにけんかする」、6「どんどん自分がくずれる」、7「勇気がない」、8「弟によけいなことをいわれる」、11「くらいイメージがある」、12「中学校に行きたくない」、15「自分がにくい」、16「どうして生まれてきたのだろう」など<br>【学校：記述数5】1「たのしくない」、2「行きたくない」、3「つまらない」、4「もうなんのために行ってるのか分からない」、5「休み時間なんていらない」 |
| 行動観察 | ・授業中、国語や社会では自発的な挙手があった。担任の雑談中に真剣にノートに何か書いており、他児が笑う中、表情が変わらないこともあった。<br>・観察当初はAと同じグループで過ごしていたが、5月の連休明け頃から一人で過ごすことが目立ち始めた。休憩時間は教室にて、一人で絵を描いたり読書をしたりして過ごしていた。他児に近づくこともあるが傍観的行動に留まった。<br>・宿泊学習の班決めでは一人になってしまい泣き出し、他児になぐさめられていた。一方で、スタンツの振付リーダーに立候補するなどの積極性も見せていた。 |

であったのではないかと考えられた。
　以上のことから、Bは進級後に自身のひきこもり傾向を強く自覚し始め、顕著に否定的な自己像を有していることが窺われた。質問紙、SCT や IAM の記述および行動観察の様子から、この時期のBには、生活基盤である家庭環境に対する不信感や同胞間葛藤、および友人関係における歪みなど、複数のネガティブイベントが同時に生じていることが明らかであった。QOL 尺度得点の全般的な低さや、SCT や IAM において否定的記述が大半を占めていることからは、ひきこもり傾向のみならず抑うつ傾向にも留意する必要があると言えるだろう。そのようなBにとって、描画や読書は苦痛から逃れるための手段でもあったのかもしれない。また、SCT と IAM の自由記述欄には、「こんなことかいてどうするんですか？かいけつしてくれるんですか？」と調査者に対する怒りをぶつけながらも、最後には「ほんのちょっぴりすっきりしました」という感想も認められ、表現することがBにとってのカタルシスとなっているようでもあった。ただし、Bの発するメッセージを受け止めて寄り添う支援者の存在もまた必要不可欠であったと言える。Bは担任に対して新たな期待を抱いているようにも見受けられたが、Aの場合と同様に、進級当初はかかわりが希薄であることが窺われた。

## 第 2 節　フィンランドのひきこもり傾向児

### (1) 目　的

　本節では、フィンランドのひきこもり傾向児を対象とした事例研究を行う。前節における日本のひきこもり傾向児と同様に、質問紙法、投影法と学校場面における行動観察を組み合わせた多面的なアプローチによって、フィンランドのひきこもり傾向児の特徴を明らかにすることを目的とする。

## (2) 方　法

**[1] 調査対象者**

　Z市郊外の小学校1校より、4年生（観察時は5年生）女子3名を抽出した。抽出にあたっては、調査方法に記載しているYSRの「ひきこもり」得点のTスコアを基準とした。日本版YSRでは、「ひきこもり」を始めとした問題行動尺度は、Tスコア71以上が臨床域にあたるとされる。調査時において、フィンランドにおけるYSRのスクリーニング基準は検討されていなかったため、日本の基準を参考にした。なお、本節では「ひきこもり」得点が日本の基準における臨床域に近かった2名（以下、事例C、事例Dとする）について報告する。

**[2] 調査内容**

　前節における日本のひきこもり傾向児研究と同様の項目のフィンランド語版を用いた。質問紙の作成にあたっては、フィンランド人で日本在住のフィンランド語教師が翻訳を行い、さらに、日本人でフィンランド語を専門とする大学教員がバックトランスレーションを行った。

　【ひきこもりと攻撃的行動】アッケンバック（Achenbach, 1991）により開発されたCBCLの自己評価版であるYSRより、「ひきこもり」7項目と「攻撃的行動」19項目を使用した。

　【QOL】ラーベンスとブリンザー（Ravens & Bullinger, 2009）によって翻訳されたフィンランド語版のKid-KINDL$^R$を用いた。

　【動的学校画】プラウトとフィリップス（Prout & Phillips, 1974）の提唱したKSDを実施した。

　【文章完成法】精研式文章完成法テスト小・中学生用（佐野ら, 1961）を参考に作成した、「学校における自己」（1項目）、「友人関係」（4項目）、「対教師関係」（4項目）と「家族関係」（2項目）を尋ねる刺激文計11項目を用いた。

　【イメージ連想法】「わたし（minä）」と「学校（koulu）」を刺激語としたイメージ連想法（Image Association Method；以下、IAM）を用いた。

【行動観察】対象児童の在籍する小学校を訪問し、授業や休み時間などの様子を終日観察してフィールドノーツに記録した。合わせて、空き時間に担任等より情報収集を行った。

[3] 手続き

　質問紙と投影法は、Y年5月に学級にて一斉実施した。調査時には、調査目的、学校の成績とは関係しないこと、調査結果は統計的に処理され個人が特定されることはないこと、および回答を拒否する権利があることについて説明すると同時に、質問紙にも同様の記載を行った。行動観察は、Y＋1年8月に現地の小学校を訪問し、対象児の登校時から下校時まで終日実施した。なお、本研究の実施手続きについては、名古屋大学大学院教育発達科学研究科倫理委員会の承認を得ている。

## (3) 結果と考察

### [I] 事例C（4年生・女児）

　表6−3に、Cの質問紙、投影法および行動観察の結果の概要を示した。

　CのYSRにおける「ひきこもり」の得点は8点（$T=70$）であり、日本の臨床域の基準に近かった。回答内容からは、他者とのかかわりを回避する傾向があること、内向性の自覚が高いことや、やや抑うつ気分があることが窺われた。一方で、「攻撃的行動」の得点は6点（$T=51$）であり、同年齢の女子の平均（Tsuboi et al., 2012）と同程度であった。回答内容からは、多弁であり、他者と言い争うこともあるという一面を自覚していることが示唆された。

　Cの自己像について、QOL尺度の「自尊感情」の得点は平均よりもやや低かった。この点は、行動観察の際、特に授業場面において不安や自信のなさが表れていたことからも裏付けることができた。一方で、KSDに描かれた自己像の表情は笑顔であった。また、IAMの「わたし」の記述は、初発反応の「親切です」を筆頭に、自己の性格的側面や指向に関する肯定的記述が大部分を占めており、Cが肯定的な自己像を有していることが窺われた。

表6-3 事例Cの特徴

| 調査内容 | 結果の概要 |
| --- | --- |
| YSR | 「ひきこもり」8点（$T$=70）、「攻撃的行動」6点（$T$=51） |
| QOL | QOL総得点は平均的であった。「友だち」と「学校」が平均よりも高く、「身体的健康」、「自尊感情」と「家族」が平均よりも低かった。（グラフ：4年女子平均／事例C　QOL総得点・身体的健康・ウェルビーイング・情緒的・自尊感情・家族・友だち・学校） |
| KSD | 今：「私、先生、2人の友達がサッカーをしている」<br>この後：「私がゴールする」<br>　校庭でサッカーをしている場面。人物は棒人間である。自己像は笑顔であり、2人の友人像や教師像と向き合っている。太陽と雲が描かれ、地面には線が引かれている。 |
| SCT | 【学校における自己：記述数1／1】「（学校でのわたしはいつも）友達としゃべる」<br>【友人：記述数2／4】「（わたしの友だちは）素敵で親切」「（わたしは友だちと）時間を過ごす」など<br>【教師：記述数3／4】「（わたしの先生は）先生の氏名」「（わたしは先生と）クラスの皆と遠足に行く」「（わたしは先生に）助けを求める」など<br>【家族：記述数2／2】「（わたしの家族は）素敵」「（わたしは家族と）誰かの家に遊びにいく」 |
| IAM | 【わたし：記述数13】1「親切です」、2「友達とうまくいっています」、3「テレビを見る」、4「健康的に食べる」、6「音楽を聴く」、7「ときどき読書をする」、8「夏好き」、9「クリスマスや雪が好き」、10「他人を手伝う」、11「料理をするのが好き」、12「南へ旅行したい」など<br>【学校：記述数5】1「いろんなことについて学ぶ」、2「自転車で行く」、3「時々たいくつ」、4「時々楽しい」など |
| 行動観察 | ・授業中は丁寧にノートを取っている。やや強迫的に消しゴムを使い、作業スピードが遅れがちになる。担任に励まされる場面も認められた。<br>・新聞作りのテーマ決めでは後半に挙手し、既出の意見を述べた。<br>・休み時間中は友人との関わりが多かった。<br>・（担任より）成績は良好であり、現在特に問題は認められない。 |

　友人関係については、QOL尺度における「友だち」の得点、およびSCTにおける友人関係の記述やIAMの「友だちとうまくいってます」の記述などから、友人を肯定的に捉え、良好な関係を築いていることが推測された。行動観察においても、休憩時間に友人とかかわる場面が多く認められた。ただし、友人関係の質的側面についてはより精緻な行動観察を通して詳細に検

討する必要があると考えられた。

　対教師関係については、KSDの描画において、教師がサッカーのゴールキーパーとなって遊びに参加している場面が描かれていた。丸山ら（Maruyama et al., 2012）は、KSDにおいて教師との直接的な関係性を描出する子どもは、フィンランドと日本ともに20％に満たないことを明らかにしている。これを踏まえると、Cにとっては教師が身近な存在であることが窺われた。また、SCTにおいても「（わたしは先生に）助けを求める」という反応が認められ、教師を信頼していることが推測された。

　家族については、QOL尺度の「家族」の得点はほぼ平均に位置していた。SCTでは、「（わたしの家族は）素敵」や「（わたしは家族と）誰かの家に遊びにいく」と反応しており、家族関係にとりたてて大きな問題はないようであった。

　以上のことから、Cは自身の内向性を自覚しており、行動には不安や自信のなさが表れているものの、おおむね肯定的な自己像を有し、周囲の友人や教師との関係に支えられながら適応していると考えられた。

## ［2］事例D（4年生・女児）

　表6－4に、Dの質問紙、投影法および行動観察の結果の概要を示した。

　DのYSRにおける「ひきこもり」の得点は8点（$T=70$）であり、日本の臨床域の基準に近かった。YSRの回答内容からは、人とのかかわりを回避する傾向が高いことや、抑うつ気分があることが窺われた。一方で、攻撃的行動の自覚は低かった。

　自己像については、QOL尺度の「情緒的ウェルビーイング」と「自尊感情」の得点が低く、強い孤独感や自信のなさが認められた。また、KSDにおいては大縄跳びの場面が描かれているが、自己を始めとした描画は直立しており、表情や動きが認められなかった。さらに、SCTの「学校でのわたしはいつも」の刺激文は無記入であった。学校場面においてDは集団の中で過ごしてはいるものの、身動きが取れず本来の自分を見せられずにいることが推測された。一方で、IAMの「わたし」におけるただ一つの反応は「信頼できる」であり、上記の結果とは一見矛盾するような肯定的な反応であっ

表6-4 事例Dの特徴

| 調査内容 | 結果の概要 |
|---|---|
| YSR | 「ひきこもり」8点（$T=70$）、「攻撃的行動」1点（$T=42$） |
| QOL | QOL総得点は平均を下回っていた。「家族」と「学校」が平均よりも高く、「情緒的ウェルビーイング」、「自尊感情」と「友だち」が平均よりも低かった。 |
| KSD | 今：「なわとびをしている」<br>この後：「先生がなわとびに入る」<br>大縄跳びをしている場面が描かれた。自己像は一方の縄を回している。友人像のうち1名はもう片方の縄を回し、もう1名が真ん中で跳んでいる。縄を回している自己像の右隣に教師像が描かれている。どの人物も写実的で丁寧に描かれているが、全員が直立しており、躍動感に乏しく静かな印象がある。 |
| SCT | 【学校における自己：記述数0／1】「（学校でのわたしはいつも）無記入」<br>【友人：記述数2／4】「（わたしの友だちは）無記入」「（わたしは友だちと）しゃべる」「（もしも友だちが）悲しかったらなぐさめる」など<br>【教師：記述数2／4】「（わたしの先生と）素敵」「（わたしは先生と）無記入」「（わたしは先生に）インストラクションをもらえる」など<br>【家族：：記述数2／2】「（わたしの家族は）素敵」「（わたしは家族と）うまくいっている」 |
| IAM | 【わたし：記述数1】1「信頼できる」<br>【学校：記述数1】1「友達」 |
| 行動観察 | ・グループ作業では、同じグループのメンバーにつき従いながら、黙々と取り組んでいた。自発的な会話はないが、話をしている児には注目していた。<br>・（担任より）母子家庭であるが、Dにはあまり影響はない。特に目立つ問題も突出した能力もなく、平均的な子どもである。 |

た。

　友人関係については、QOL尺度の「友だち」の得点が平均を大きく下回っていた。回答内容からは、友人とのかかわりが多くはないことや、友人の中での自己の異質性を感じていることが窺われた。また、KSDには友人が描かれている一方で、SCTにおける「わたしの友だちは」の刺激文は無記入であった。第4章におけるSCTの2国間比較研究からは、フィンランドの4年生の95％以上がこの刺激文に反応し、そのうち約半数は友人の個人名を挙げることが明らかになっている。よって、この刺激文が無記入である

ことは、Dの友人に対するイメージの乏しさや何らかの葛藤の存在を示唆するものと考えられた。一方で、DのIAMの学校像におけるただ一つの記述は「友達」であった。また、行動観察においても、自ら言葉は発さないものの他児を意識している様子が認められた。これらを踏まえると、Dは他児と関わりたい気持ちがありながらも、不安が強いためにうまく関わることができない状態に陥っていることが推測された。

対教師関係については、KSDを見ると、自己像と教師像の間に明確なかかわりは認められなかった。しかし、この二者の距離は友人と比べて近かった。加えて、この場面のあとに起こることは「先生がなわとびに入る」であり、教師が遊びに入ることが想定されていた。SCTでは、「(わたしの先生は) 素敵」と肯定的な教師像を有しており、「(わたしは先生に) インストラクションをもらえる」の反応からは、教師の指示や助言を支えとしていることが窺われた。一方で、SCTにおける「わたしは先生と」の刺激文は無記入であった。また、行動観察においてDが教師と関わる場面は認められなかった。これらのことから、Dの肯定的な教師像の背景には、Dが自発的に教師にかかわりにいくことは少なくてもDに対して何らかの関心を向け続けている教師の存在があることが推測された。

家族については、QOL尺度の「家族」の得点が満点に近かった。SCTにおいても、「(わたしの家族は) 素敵」や「(わたしは家族と) うまくいっている」というように肯定的な反応が認められた。担任によると、Dの家庭は母子家庭であるが、Dへの影響は特に認められないとのことである。フィンランドでは近年、未婚のカップル、婚外子や離婚率が増加しているが、家族関係のあり方が多様化する中では、家族形態よりもむしろ家族関係の安定性を含めた家庭生活の質の方が大きな意味合いを持つ(高橋, 2005)という指摘もある。Dの場合も、母親が情緒的な支えとして機能していることが示唆された。

以上のことから、Dは孤独感や自尊感情の低さをかかえたひきこもり傾向児であり、友人に関わりたい気持ちがありながらもうまく関わることができないという葛藤を抱えていることが推測された。一方で、自分自身を「信頼できる」と思えるという側面も持ち合せており、教師や家族はDのサポート

源となっていることも窺われた。

## 第3節　総合考察

　本研究では、日本とフィンランドにおいて自覚的なひきこもり傾向の高かった小学校高学年女子2名ずつを対象として、ひきこもり傾向児の自己像や対人関係に関する検討を行った。調査時期や調査方法に若干の差異があるという限界は有しているものの、本研究を通して両国のひきこもり傾向児の特徴がいくつか明らかになった。

　まず、自己像については、両国のひきこもり傾向児にはともに自尊感情の低さが認められた。先行研究（Rubin et al., 1993など）の知見も踏まえると、ひきこもり傾向児における自尊感情の低さは文化や社会を越えてある程度普遍的な傾向であることが示唆された。ただし、日本のひきこもり傾向児2名の自尊感情はフィンランドのひきこもり傾向児と比較しても顕著に低かった。加えて、特に事例Bにおいては、IAMに「わがまま」や「あたまがすごくわるい」など、否定的な記述が顕著に多く認められた。Bの場合は抑うつ的な気分状態により思考全般が否定的になっていたという側面もあるであろう。しかし、集団の協調性や親和性が重視される日本の学校文化の中で、Bが他児との異質性をより一層強く感じるに至ったという可能性があることも否めない。一方で、フィンランドのひきこもり傾向児には、IAMの「わたし」において、自己の性格に関する肯定的記述や関係性に対する自己効力感を示唆する記述が認められた。すなわち、事例Cにおける「親切です」や「友達とうまくいっています」、事例Dの「信頼できる」などである。庄井（2005）は、フィンランドの教育においては、競争ではなく共同を重視する発達援助の思想のもとに穏やかで地道な学びのシステムが保障され、結果として子どもたちの自己肯定感を育む学びが実現しているのではないかと述べている。このような環境においては、ひきこもり傾向児の中にも自分自身を信頼してよいのだという安心感が根付き、今回の調査においてもそれらが表現されたものと考えられた。

友人関係については、日本の事例Aおよびフィンランドの事例Cには、仲の良い友人の存在や友人とのかかわりの多さが認められた。一方で、日本の事例Bには友人関係の歪みが生じ休憩時間に孤立している様子がしばしば認められ、フィンランドの事例Dには、友人に関わりたい気持ちがありながらもうまく関わることができないという葛藤があることが示唆された。すなわち、二国間の差異というよりも、ひきこもり傾向児の状態像により関係性のあり方が異なるということがより鮮明になったと言える。近年の研究では、向社会的行動やユーモアの多さといった肯定的特徴を有するひきこもり傾向児は、集団の中で適応しやすいことが明らかにされている（Markovic & Bowker, 2015）。例えば事例Aの「おもしろい」という特徴のように、ひきこもり傾向児自身の持つ資源に着目していくこともまた、ひきこもり傾向児の友人関係形成のメカニズムを探るうえで有用であるだろう。一方で、友人関係の不安定さや困難さが窺われるひきこもり傾向児については、家庭の状況等も踏まえて全般的なアセスメントを行うことや、不安に寄り添いながら友人作りをサポートすることなど、事例に応じた支援を展開する必要がある。

対教師関係については、特にフィンランドのひきこもり傾向児2名において、教師への心理的距離の近さや信頼感の高さが窺われた。フィンランドの教師は「国民のろうそく」と例えられ、暗闇の中に明かりを照らして人々を導く存在とされている（田中, 2005）。また、学校における教師の役割は「一人の独立した子どもを、対話を通して理解・支援する」ことにある（庄井, 2005）。一人ひとりに向けられる教師の温かいまなざしは、ひきこもり傾向児にとっても大きな支えとなっていることが推測された。注目すべきは、日本のひきこもり傾向児2名もフィンランドのひきこもり傾向児と同様に、SCTでは教師への肯定的感情を表現していたという点である。一方で、日本のひきこもり傾向児は同じくSCTにおいて、「（わたしは先生と）お話をしたいです」（事例A）や「（わたしは先生と）一年間楽しく過ごしたいです」（事例B）などの願望表現が多く認められた。言い換えると、ひきこもり傾向児の期待が現実場面における対教師関係に反映されているわけではない、ということにもなるであろう。これには、一学級あたりの児童数の多さという日本の学校環境事情も影響していると考えられるが、声にならない声に対

して教師が関心を向けることで、ひきこもり傾向児の適応が保たれるという可能性はわが国においても十分にあると言えるだろう。

　家族関係については、フィンランドのひきこもり傾向児2名には取りたてて大きな問題は認められなかった。一方、日本のひきこもり傾向児においては、特に事例Bの家族関係に歪みが生じていることが明らかであり、事例Aについても検討の余地が残された。両国のひきこもり傾向児の家庭環境や家族との関係性については、家族画等の他の手法も取り入れるなどして知見を蓄積する必要があると考えられた。

## まとめと今後の課題

　本章では、多面的なアプローチによる事例研究を通して日本とフィンランドのひきこもり傾向児の自己像と対人関係の特徴を検討した。その結果、自覚的なひきこもり傾向が高いという点では共通した一群であっても、自己像や対人関係のあり方は多種多様であるということが示された。2国間比較の観点からは、特にフィンランドのひきこもり傾向児は教師および家族との関係性が良好であり、適応の防御因子として機能している可能性があることが示唆された。今後は、フィンランドの教師がひきこもり傾向児といかにして関係を築き、どのような側面に着目してかかわっているのかを詳細に検討することで、日本におけるひきこもり傾向児支援へのさらなる視座が得られるものと考えられる。

### 文　献

Achenbach, T.M.(1991) *Manual for the Youth Self-Report and 1991 Profile*. Burlington, VT: University of Vermont, Department of Psychiatry.

Boivin, M. & Hymel, S.(1997) Peer experiences and social self-perceptions: a sequential model. *Developmental Psychology*, 33, 135-145.

Boivin, M., Hymel, S., & Bukowski, W.(1995) The roles of social withdrawal, peer rejection, and victimization by peers in predicting loneliness and depressed mood in childhood.

*Development and Psychopathology*, 7, 765-785.

Chang(2003) Variable effects of children's aggression, social withdrawal, and prosocial leadership as functions of teacher belief and behaviors. *Child Development*, 74, 535-548.

藤岡久美子（2013）「友達と遊ばない子どもの発達——幼児期児童期の引っ込み思案・非社会性研究の動向」『山形大学紀要　教育科学』15(4), 9-23.

Gazelle, H., & Ladd, G. W.(2003) Anxious solitude and peer exclusion: a diathesis-stress model of internalizing trajectories in childhood. *Child Development*, 74, 257-278.

Gazelle, H., & Rudolph, K.D.(2004) Moving toward and away from the world: social approach and avoidance trajectories in anxious solitary youth. *Child Development*, 75, 829-849.

近藤直司（2001）『ひきこもりケースの家族援助——相談・治療・予防』金剛出版

Kuhn, M. H. & Mcpartland, T.S.(1954) An empirical investigation of self-attitude. *American Psychological Review*, 19, 68-76.

倉本英彦・上林靖子・中田洋二郎・福井知美・向井隆代・根岸敬矩（1999）「Youth Self Report (YSR) 日本語版の標準化の試み——YSR 問題因子尺度を中心に」『児童青年精神医学とその近接領域』40, 329-344.

Markovic, A., & Bowker, J. C.(2015) Shy, but funny? Examining peer-valued characteristics as moderators of the associations between anxious-withdrawal and peer outcomes during early adolescence. *Journal of Youth Adolescence*, 44, 833-846.

Maruyama, K., Matsumoto, M., Keskinen, S., Tsuboi, H., Suzuki, N., Hatagaki, C., Nomura, A., Oya, Y., Kivimäki, R., Morita, M.(2012) The Relationship between Children and Their Peers or Teachers in the Kinetic School Drawing - A comparison study between Japan and Finland - The 34th Annual International School Psychology Association Conference.

松嵜くみ子・根本芳子・柴田玲子・森田孝次・佐藤弘之・古荘純一・渡邊修一郎・奥山眞紀子・久場川哲二・前川喜平（2007）「中学生版 QOL 尺度の信頼性と妥当性の検討」『日本小児科学会雑誌』111, 1404-1410.

南博文（2000）「児童期（2）：児童期の学びと仲間世界」小嶋秀夫・やまだようこ（編）『生涯発達心理学』放送大学教育振興会, pp.102-114.

Morgan, J., Shaw, D., & Forbes, E.(2013) Physiological and Behavioral Engagement in Social Contexts as Predictors of Adolescent Depressive Symptoms. *Journal of Youth and Adolescence*, 42, 1117-1127.

野村あすか（2014）「ひきこもり傾向児の心理的特徴の解明とその支援に関する研究——文章完成法によるアプローチを中心として」名古屋大学大学院教育発達科学研究科心理発達科学専攻博士学位論文

Prout, H. T. & Phillips, P. D.(1974) A clinical note: The Kinetic School Drawing technique. *Psychology in the Schools*, 21, 176-180.

Ravens-Sieberer, U., & Bullinger, M.(2009) KINDL$^R$ http://kindl.org/cms/sprachen-ubersetzungen-finnish

Rubin, K. H., Chen, X., & Hymel, S.(1993) The socio-emotional characteristics of extremely aggressive and extremely withdrawn children. *Merrill-Palmer Quarterly*, 39, 518-534.

Rubin, K.H., Chen, X., McDougall, P., Bowker. A., & McKinnon, J.(1995) The Waterloo Longitudinal Project: Predicting internalizing and externalizing problems in adolescence. *Development and Psycopathology*, 7, 751-764.

Rubin, K. H. & Coplan, R. J.(Eds.)(2010) *The development of shyness and social withdrawal*. New York: Guilford Press.（ケネス・H・ルビン、ロバート・J・コプラン（著）、小野善郎（監訳）(2013)『子どもの社会的ひきこもりとシャイネスの発達心理学』明石書店）

Rubin, K. H., Wojslawowicz, J. C., Rose-Krasnor, L., Booth-LaForce, C., & Burgess, K.B.(2006) The best friendships of shy/withdrawan children: Prevalence, stability, and relationship quality. *Journal of Counseling and Clinical Psychology*, 6, 916-924.

Rudasill, K. M. & Rimm-Kaufman, S. E.(2009) Teacher-child relationship quality: The roles of child temperament and teacher-child interactions. *Early Childhood Research Quarterly*, 24, 107-120.

佐野勝男・槇田仁・山本裕美（1961）『精研式文章完成法テスト解説——小・中学生用』金子書房

Schneider, B. H.(1999) A multi-method exploration of the friendships of children considered socially withdrawn by their peers. *Journal of Abnormal Psychology*, 27, 115-123.

Schneider, B. H.(2009) An observational study of the interaction of socially withdrawn/anxious early adolescents and their friends. *Journal of Child Psychology and Psychiatry*, 50, 799-806.

庄井良信（2005）「コラボレーションの発達援助学——高い学力は『安心と共同』の学びから」庄井良信・中嶋博（編）『フィンランドに学ぶ教育と学力』明石書店, pp234-259.

高橋睦子（2005）「家族関係の流動化と福祉国家——家族・ジェンダー政策と社会保障・社会福祉・子どもの人権保障」庄井良信・中嶋博（編）『フィンランドに学ぶ教育と学力』明石書店, pp.277-307.

田中志帆（2009）「どのような動的学校画の特徴が学校適応状態のアセスメントに有効なのか？——小・中学生の描画からの検討」『教育心理学研究』57, 143-157.

田中孝彦（2005）「教師教育の改革と教師像——2003年の調査と研究交流から」庄井良信・中嶋博（編）『フィンランドに学ぶ教育と学力』明石書店, 142-171.

Tsuboi, H., Matsumoto, M., Keskinen, S., Kivimäki, R., Suzuki, N., Hatagaki, C., Nomura, A., Kaito, K., & Morita, M.(2012) Japanese Children's QOL - A Comparison with Finnish Children. *Japanese Journal of child and adolescent Psychiatry*, 53(Supplement), 14-25.

# 第 7 章

## 日本とフィンランドにおける子どもの社会的養護

トゥルク市内にあるユースセンターの中、14歳から18歳の青年は誰でも自由に過ごすことができる

## はじめに

　フィンランドは北欧型の福祉国家のひとつであり、乳幼児期から地域で子どもの発達を支える包括的なシステムが充実している国である。子どもに対する福祉や各種支援も充実しているといわれている。またOECD（経済協力開発機構）による国際学習到達度調査（PISA）において、2003年以降、ずっと上位の成績を示している（国立教育政策研究所, 2010）。
　子どもの虐待や家庭の養育力低下が問題になっている日本の現状を鑑みるに、高福祉といわれるフィンランドに学ぶべきことが多いのではないかと考える。特に、児童福祉の観点から見た場合、18歳未満の子どものうち、何らかの事情により家庭外で養育されている子どもたち（社会的養護を受けている子どもたち）について、フィンランドにおける児童福祉施設の視察や関係者のインタビューから、日本との対応の違いがあることも示されている（坪井ら, 2013）。
　そこで、本章では、我が国の社会的養護の環境にある子どもたちについて、坪井（2016）の論文で示されている課題を紹介する。統計的なデータから、日本とフィンランドの比較を通して子どもの社会的養護について再考するとともに、社会的養護の環境に関するインタビュー（坪井ら, 2013）で浮き彫りになった課題を、日本の現状と照らし合わせて検討する。

## 第1節　社会的養護の背景について

　本節では、坪井（2016）の論文を引用しつつ、社会的養護の環境にある子どもたちの現状を概観する。
　厚生労働省（2015）が出している「社会的養護の課題と将来像の実現に向けて」によると、「社会的養護は、保護者の適切な養育を受けられない子どもを、公的責任で社会的に保護養育するとともに、養育に困難を抱える家庭

への支援を行うもの」とされている。日本とフィンランドは、社会のシステムや、家族のあり方など、子どもを取り巻く環境が異なっており、社会的養護の定義も細かく見ればもちろん異なると考えられる。そこで、社会的養護とは、18歳未満の子どものうち、保護者が養育できない何らかの事情があり、「家庭外で養育されている子ども」としておくこととする。

## (1) 日本における社会的養護の背景

　日本において、社会的養護に至る子どもたちの背景にはどのような問題があるのだろうか。これについて、坪井（2008）は、児童福祉施設7施設に入所している、4歳から18歳の子どもたち169人（男子101人、女子68人：平均年齢11.4歳、$SD$=3.17）を対象に、家庭背景などのデモグラフィックデータの分析を行っている。対象となった169人のうち、何らかの被虐待体験のある子どもは117人（69.2％）である。具体的な入所の理由を調べたところ、被虐待群で最も多いのが、親の離婚（54.7％）であり、次いで経済的理由（50.4％）、虐待（47.0％）、親の家出（17.1％）が挙げられている。非虐待群（52人）でも、最も多いのは親の離婚（57.7％）であり、次いで経済的理由（51.9％）、親の家出（25％）の順である。被虐待群で、「虐待」を入所理由としているのは55人であるが、それ以外にネグレクトに入る「遺棄」も4人（3.4％）あった。117人の被虐待児のうち、虐待以外の理由で入所している子どもが62人（53％）いるという結果である。そのうちネグレクト児では63.9％、身体的虐待では17.6％が虐待はあるものの、それ以外の理由で入所している。また「その他」の理由には、親の逮捕・拘禁・服役などが含まれている。入所理由には複数の回答があり、実際にはいくつかの理由が重複して、施設入所に至っていることが示されている。なかでも、経済的困窮が大きな要因になっていることは否めない。家族構成では、ひとり親家庭が両群合わせて65.1％と多かった。特に虐待を受けていないとされる子どもたちでは、父子家庭が母子家庭より多く、「養育困難」により早期から施設入所した背景がうかがえる。被虐待児では、虐待を受けていない子どもに比べ、両親がいる割合が高く、親の有無だけでなく親との関係性が問われる結果となっている。

特に離婚等でひとり親家庭になっただけでなく、経済的な困難が伴うと、施設入所の割合が高くなる可能性が示されている。

　清水（2010）は、児童相談所職員の立場から、社会的養護につながることの多い虐待発生過程について述べている。例えば、ひとり親家庭で親族などの援助がなく孤立している場合、経済的困窮が重なると、養育環境が悪化するということである。さらに子どもに問題行動が起きたりすれば、子どもを叱責することが増え、それによって子どもの問題行動がさらにひどくなるという悪循環が生まれ、やがて虐待の発生につながると述べている。

　経済的な問題ということでは、近年、日本においても「子どもの貧困」が問題になってきている。平成25年の国民生活基礎調査（内閣府, 2015）によると、我が国における子どもの貧困率は16.3％で、過去最高となっている。「子どもの貧困率」とは、平均的な所得の半分を下回る世帯で暮らす18歳未満の子どもの割合を示すものである。ちなみにフィンランドの子どもの貧困率は3.7％（2010年）でOECD34カ国中3位（少ない方が上位）、同じ年の日本の子どもの貧困率は15.7％でOECD34カ国中25位であった（内閣府, 2015）。

　滝川（2005）は、経済的困難が虐待の最大の背景要因となることについて、"経済苦が子育てからゆとりを奪うことに加えて、経済水準が上がって全体としては豊かになった社会では、貧しさは社会的な孤立に直結するから"（3 p）と述べている。虐待防止の観点から考えると、ひとり親家庭で経済的困難を伴う等のリスクが高い家庭の場合、子育てにかかる費用だけでなく、生活が安定するための経済的な支援や、社会的に孤立しないための地域における物理的、精神的サポートが必要であるといえるだろう。

## (2) フィンランドにおける社会的養護の背景

　フィンランドの教育や福祉は高い水準にあるといわれているが、一方でフィンランドにおける離婚率は世界でも高いことで知られている（高橋, 2005）。また、家族のあり方が多様化している中で、離婚・離別した後に、新たなパートナーが子ども連れで構成する世帯についても、フィンランドでは1990年より正式に統計上のカテゴリーとなっている（高橋, 2005）とのこと

である。タンミネン（2009）によると、フィンランドには「子ども保護法」という法律があり、「子どもには特別な権利がある」とされているそうである。その権利を保障するために、「フィンランドの人々は、社会には子育て中の家族を支える義務があると考えている」と述べている。法的にも、父親・母親ともに育児休業の取得や子どもと関わる時間が日本に比べ保障されており、家族の時間が大切にされているとのことである。これらの背景を考えると、離婚率の高さと社会的な家族支援の充実は、フィンランドが抱える問題の表裏であるとも考えられる。

　フィンランドでは、子どもを妊娠したところから、育児保障が始まる（藤井, 2005）。「ネウボラ」といわれる妊娠・出産・育児の相談所があり、出産前にまず育児に必要なキット（パッケージ）を受け取ることができるという。さらに藤井（2005）によると、妊娠中から相談ができ、出産後も育児支援としていわゆる子どもの健診だけでなく、親の相談にも対応されるとのことである。ネウボラは子どもが就学するまで利用可能で、必要に応じて、医療機関や保育施設、学校との連携もされるということである。

　中村（2015）は、フィンランドの家族支援視察の報告の中でネウボラを紹介し、すべての家庭に早期から支援を行うことから、妊娠期から育児を支えるシステムができていると述べている。このネウボラは、日本でいう保健センターと似たような組織であると考えられるが、より小さな地域で活動しているとのことである。また、中村（2015）は、家族ネウボラについても紹介している。こちらは要支援家族への早期サービス、主に保護者の養育能力を高めるための支援を行っており、子どもに対して継続的なセラピーが必要であれば、治療教育的サービスを提供する他機関に紹介されるとのことである。

　高橋（2005）は、フィンランドにおける就学前の子育てについて、さまざまな考え方があることをふまえた上で、自宅育児手当制度があること、自治体保育サービス利用だけでなく、民間保育サービス利用にも手当が支給されるようになったことを紹介している。普遍的な社会サービスが拡充され、家族政策が多元化を遂げていった反面、「経済面や家族関係について問題を抱え、保護者以外からの支援や保護を必要とする子ども、家族も存在し続け」（299p）ていると述べている。さらに、児童保護政策は、子どもにとっての

最善の利益と家族中心主義を基本とし、社会福祉サービス（家庭内ケア、家庭外保護、里親等）については、自治体が責任を持つとしている。この家庭外保護（社会的養護）は、子どもが18歳で終了するが、自治体はその当事者が21歳になるまでは事後ケアをしなければならないとされている。この事後ケアには、必要な相談、セラピー、教育や訓練など、本人が社会人として自立できるようにすることを目標とするとのことである。子どもの人権という視点からみると、1990年代では、家庭外保護された子どもと家族をどのように再統合するか、子どもと両親にどのような支援をするのか、といった目標が明確でないといった問題があったということで、1995年のEU加盟後、これらの点の見直しがなされたとのことである。21世紀に入った現在においても、子ども本人の主体的権利を重視している（高橋, 2005）と述べられている。

### (3) 統計データからの検討

次に、日本およびフィンランドの社会的養護の子どもたちについて、それぞれの国の統計データから検討を行う。

日本では、厚生労働省（2015）によると、平成26年3月末現在で約4万6000人の子どもたちが、社会的養護を受けている。一方、フィンランドでは、2013年度のデータで、約1万8000人の子どもが社会的養護を受けており、これは前年より0.9％増加している（National Institute for Health and Welfare, 2014）。統計の取り方が少し異なるが、日本とフィンランドにおける社会的養護を受けている子どもの数を図7－1に示す。日本では、家庭外での養育を受けている子どものうち、乳児院、児童養護施設、情緒障害児短期治療施設、児童自立支援施設などの施設入所をしている子どもが2013年度のデータで約4万人（厚生労働省, 2015）である。里親養育を受けている子どもは4,636人で、これは社会的養護児の約10％である。さらに全国に223カ所あるファミリーホーム（養育者の住居において家庭的養育を行うもの）では、993人（社会的養護児の約2％）の子どもが養育されている。

フィンランドの2013年12月末のデータ（National Institute for Health and Welfare, 2014）をもとに、図7－2には、フィンランドにおける社会的養護

第7章　日本とフィンランドにおける子どもの社会的養護

（家庭外養育）の子どもの数と、そのうち何らかのケアを受けている子ども、および緊急保護になった子どもの数の推移を示す。1990年代から社会的養護の子どもの数が増えていることについて、高橋（2005）はフィンランドにおける経済的不況時の福祉政策見直しの影響が表れているのではないかと述べている。

フィンランドの社会的養護の子どもの置かれている環境についての内訳の推移を図7－3に示す。フィンランドの場合、2013年12月末のデータ（National Institute for Health and Welfare, 2014）によると、社会的養護の子どものうち里親養育は6,626人（約37%）、ファミリーホームで養育されている子どもは2,349人（約13%）で、里親養育の割合が日本よりかなり高いことが示されている。また、社会的養護の子どものうち何らかのケアを受けている子どもは、全体の約半数にあたる9,077人、そのうち里親養育は4,748人（ケアを受けている子どもの約52%）、ファミリーホームで養育されている子どもは2,455人（同じく約27%）である。里親の割合がかなり高く、何らかのケアが必要な子どもたちは、施設より少人数のところで家庭的な養育がされていることが読み

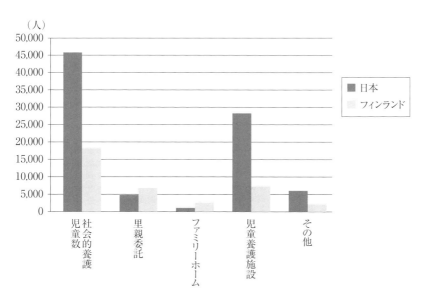

図7－1　日本とフィンランドの社会的養護児童の内訳

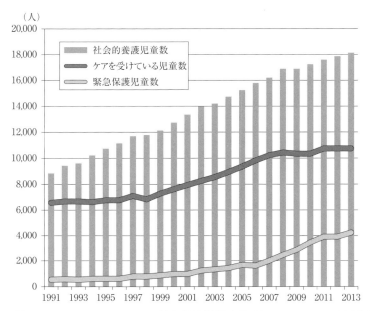

図7-2　フィンランドにおける社会的養護児童数（Child welfare, 2013より）

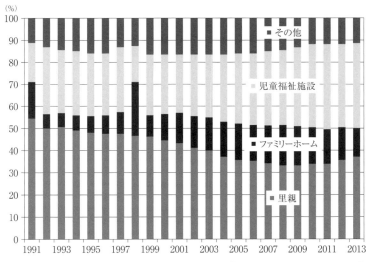

図7-3　フィンランドにおける家庭外養育の内訳（Child welfare, 2013より）

取れる。

　高福祉国家といわれるフィンランドであるが、それでも財政的な問題等により、里親養育の割合とファミリーホームを合わせた少人数養育の割合はやや減少傾向にあり、施設入所が増えていることも読み取れる。フィンランドの児童福祉統計（National Institute for Health and Welfare, 2014）によると、社会的養護の必要な子どもだけでなく、なんらかの児童福祉のサービスを受けている子どもは2013年度のデータで約8万8800人であり、前年度よりも約2％増えていることが示されている。

## 第2節　児童福祉施設の実際

### (1) 日本の児童福祉施設について

　日本では、子どもの虐待が社会問題となっており、平成25年度に全国の児童相談所が対応した児童虐待相談件数は7万3802件（厚生労働省, 2015）で、児童虐待防止法制定前の平成11年度（1,631件）に比べ約6.3倍に増加している。このような虐待を受けた子どもたちは、児童福祉施設に措置されることが多い。厚生労働省（2015）によると、平成25年2月のデータで、児童養護施設に入所している子どもの約6割は虐待を受けているということである。

　厚生労働省（2015）の「社会的養護の現状について」をもとに、平成20年度と平成24年度の児童養護施設の形態別の数を示す（図7-4）。ここでいう「大舎」とは、1養育単位で子どもが20人以上、「中舎」は13人～19人、「小舎」は12人以下、小規模グループは6人程度のものを指す。これをみると、平成20年3月では児童養護施設の約7割が大舎制だったものが、平成24年度では約5割に減っており、逆に、中舎や小舎が増えている。また、小規模グループや、地域小規模児童養護施設も増えており、全体に小規模化が進んでいるといえるだろう。厚生労働省としては、家庭的養護の推進のため、さらに施設の小規模化の推進が必要としている。

　施設の人員配置については、厚生労働省（2015）によると、被虐待児の増

加などを踏まえ、加算職員の充実に努めているとのことであり、平成24年度に基本的人員配置の引上げ等を行い、平成27年度予算においても児童養護施設等の職員配置の改善（小学生以上の子ども5.5人に対して職員1人→子ども4人に対して職員1人の配置）に必要な経費を計上している。これ以外に、里親支援専門相談員加算、心理療法担当職員加算、看護師加算、職業指導員加算、小規模グループケア加算等が考慮されている。

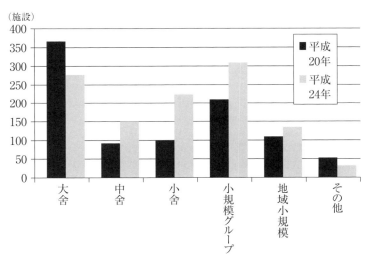

図7−4　児童養護施設の形態

## (2) 日本における児童養護施設の例

　筆者が非常勤で勤務する児童養護施設は、大都市郊外に位置し、近隣は住宅街で非常におちついた環境にある。もともとは小舎制の施設であったが、10数年前の施設の建て替え時に中舎制に移行した。その後、厚生労働省の施設小規模化の方針を受けて、現在は、中舎3つ、小規模ユニット2つの施設となっている。内訳は幼児1グループ（中舎）、小学生以上高校生までは、男女別にそれぞれ2グループ（中舎、小規模各1）に分かれて、計5つのフロア単位で生活している。小学生では2、3人の相部屋であるが、中高生では基本的には個室が与えられている。食堂や浴室、居間のスペース等も各フ

ロアで別々に生活できるようになっており、もともとの小舎制のなごりを残している。ケアワーカー（生活担当職員）は、通勤交代制で、フロアごとの担当制をとっている。小学生以上の中舎では、子ども13人を職員４〜５人で対応し、小規模ユニットでは子ども８人を職員２〜３人で対応している。さらに、家庭支援専門相談員、個別対応職員が配置されている。心理療法等担当職員は、筆者を含め非常勤の臨床心理士３名で、週１ないし２日ずつ計５日を交代で勤務している。何らかの形で心理療法等に関わっている子どもは、施設の定員全体の約３分の１程度である。この施設は、日本の児童養護施設の中では、厚生労働省の基準よりも比較的恵まれた職員配置で子どものケアにあたっている方であると考えられる。それでも、シフト制の交代勤務であることを考えると、職員一人で多くの子どもに対応しなくてはならない時間帯もあり、子どもたちにとって十分な配置であるとは言い難いだろう。

### (3) フィンランドにおける児童福祉施設の例

　筆者の属する研究グループでは、2010年３月にフィンランド第６の都市（2016年10月現在）であり、首都ヘルシンキから電車で２時間ほどのところにあるトゥルク市（人口約18万7000人）において、児童福祉施設とトゥルク大学病院児童精神科での現地調査および施設見学をさせていただく機会を得た。その際に児童福祉施設職員３名に、フィンランドにおける児童福祉施設の実情についてもインタビューを行った。詳細は、坪井ら（2013）にまとめられているが、ここではその一部を紹介する。

[１] インタビューより

　トゥルク市内に子どもの施設は公立10施設、民間１施設がある。公立10施設のうち８施設は子どものみの入所施設であり、２施設は家族も一緒に入所できるとのことだった。我々が見学した施設は、子ども24名（施設規模としては大きい方とのこと）に、総スタッフは53名（心理士１名・ソーシャルワーカー１名・栄養士・ケアワーカー・その他を含む）、施設は４ユニットに分かれていて、一つのユニットに子ども６人、ケアスタッフ11人で対応していると

のことだった。

　入所にいたる経路について、要保護児童は社会福祉局のソーシャルワーカーのネットワーク、警察、近隣の通報などから情報が上がってくるそうである。親から逃げてきた子ども自身の通報もあるとのことだった。さまざまな意味で危機の状況にある子どもたち、たとえば親に面倒を見てもらえない子、親子関係不調、親がアルコール依存、家庭内暴力（DV）、性的虐待、ネグレクトされた子どもなどが入所しているそうである。事情により、家に帰れない子どもには、この施設とは別の長期入所者用施設があるとのことだった。

　施設の方針として、子どもはどんな場合であっても「子どもでいる権利がある」ということを大事にしていると述べられた。最も大切なのは「セラピューティックな日常生活」であり、日々の生活と心理療法の組み合わせであるとのことである。スタッフが行っているのは、日常生活を「教育的」ではなく、セラピューティックなものにするというアプローチである。このアプローチはトラウマの緩和を狙っており、フィンランドでは最も典型的である、とのことであった。

［2］施設見学

　施設は、子ども6人で一つのユニット（それぞれがひとつの家のような形）になっている（写真①）。4ユニットのうちの1つをみせていただいた。子どもそれぞれに個室があり、共有スペースとして、普通の家庭のようなキッチン（写真②）と食堂、リビング（ソファとTV、観葉植物などもおいてある）があった（写真③）。家族面接室（写真④）では、家族が来たときに一緒に面接を行うとのことであった。

　入所施設については、日本でいう小規模児童養護施設あるいはユニット制といわれる施設形態と同じような形であった。ただし、日本に比べ一人ひとりの部屋が広く、リビングなどの共有スペースもゆったりしており、家具や食器、カーテンやベッドカバーなども、フィンランドを中心とした北欧ブランドのとてもカラフルな物で揃えられていた。日本の施設でも、近年、中高生には個室化が進められてきているが、それでもまだまだ相部屋で生活して

第7章　日本とフィンランドにおける子どもの社会的養護

写真①　施設外観

写真②　キッチン

写真③　リビング

写真④　家族面接室

いる子どもたちは多い。個人のプライバシーや安心できる居場所という面から考えても、このような生活空間のゆとりは心のゆとりにとっても必要であると感じられた。

## 第3節　考　察

### (1) 社会的養護の背景から考える

　日本における社会的養護について、ひとつには、そこに至る背景要因への対応を行うことが重要であると考えられる。特に、経済的困窮が子育て自体を困難にする要因となることは否めないだろう。子どもの貧困問題については、国でも対応が講じられようとしている（内閣府, 2015）が、特にハイリスク要因のある家庭に対して、虐待に至る前に、子育てにかかる費用だけでなく生活が安定するための経済的な支援や、社会資源を利用した育児支援のサポートが受けられるような体制作りが望まれる。この点に関して、フィンランドの「ネウボラ」のように妊娠期から早期に育児支援ができるシステムに学ぶことは多いと考えられる。社会や経済システムの違いもあり、そのまま取り入れることは難しいとは考えられるが、日本でも乳児全戸訪問事業（厚生労働省, 2015）など、子育て支援政策が各地で考えられていることと連動して、早期からの支援に繋がれば、親子ともに救われるケースが増えるのではないかと考えられる。

　もう一つの課題として、フィンランドも日本も、基本的に社会的養護は18歳までとなっている。フィンランドでは本人が21歳になるまで、自治体が自立援助を行うことになっているのに対し、日本では施設を出た18歳以降のフォローまでは手が回らないのが実情である。親や家族を頼れない子どもたちが、18歳で社会に出て、自立して生きていくのは大変なことである。社会的養護の環境にいる間に、人との信頼関係を作っておくこと、相談できる社会資源と繋がっておくことなどが望まれる。施設を出た後の子どもたちの生活をどう支えていくかについては、フィンランドでも日本でも社会全体で共

通する課題といえよう。

## (2) 社会的養護の実際について

　統計データおよび実際の施設職員のインタビューなどから、フィンランドでは、社会的養護の環境が里親やファミリーホームを主に考えられていることが示されている。児童養護施設にしても、小規模でのケアが中心であり、子ども1人に大人2人という配置である。日本では、平成27年度から人員配置の見直しがあったものの、やっと、子ども4人に大人1人という基準であり、フィンランドでは、いかに手厚く子どもをケアしているのかが明らかであろう。さらに、インタビューでは、「セラピューティックな生活」が中心であるということが何度も繰り返し語られた。これは日本でも「総合環境療法」といわれている生活全体がケアにつながるものという考え方に近いといえる。楢原（2011）はイギリスの「治療的コミュニティ」、アメリカの「環境療法」「治療的養育」などの考え方を紹介し、社会的養護の環境にある子どもの毎日の生活の質を大切にしていく必要があると述べている。日本の社会的養護の基本理念（厚生労働省，2015）では、「子どもの最善の利益」と「社会全体で子どもを育むこと」が挙げられ、基本原理の一つには「家庭的養護と個別化」が示されている。このようにみると基本的な考え方に日本とフィンランドの大きな違いはない。しかし、日本とフィンランドの子どもをケアする基本的な姿勢の違い（予算や手のかけ方の違い）について、あらためて考えさせられた。「子ども一人ひとりを尊重」するためには、大人の手厚いケアが必要だということである。さらに心理的なケアが必要な子どもにおいても、フィンランドでは、基本的に「生活」を大切にしていると語られたのが印象的であった。これは日本における子どもの福祉や教育などに関わるさまざまな問題においても、重要な示唆を与えてくれるものであると考えられる。

## まとめと今後の課題

　本章では、日本における社会的養護の環境にある子どもたちについて、フィンランドとの比較から検討したものを紹介してきた。

　社会的養護の環境にある子どもたちを、フィンランドのように「子どもでいる権利がある」と、意識してケアしていくことは大事なことである。しかし、日本では自立支援の名目のもとに、「子どもでいること」が許される期間が短いように感じられる。子どもとして、大人に大事に育てられ、しっかりと守られた経験があってこそ、自分や他者を大切にできるようになり、そのうえで自立に向かえるのではないかとあらためて考える。

　日本の児童福祉施設では、予算の関係などさまざまな制約から、子ども一人当たりの職員の数や、生活の質の制限など多くの問題を抱えている。それでもフィンランドに学んだことを活かすとしたら、少なくとも施設で働くスタッフが子ども一人ひとりを尊重し、大切に信頼関係を作っていく姿勢を持つことは出来るのではないかと考える。筆者自身も施設で働く心理職の一人として、個別の心理療法だけでなく、生活を援助する視点が必要であると考える。社会的養護の環境にある子どもたちの心理的なケアと発達支援を、施設全体の包括的なケアシステムの中で、生活を大切にしながら行っていくことが課題であるといえるだろう。

**付　記**
　本章の内容は、掲載許可を得て以下の論文の一部を加筆修正したものである。
　坪井裕子（2016）「社会的養護の環境にある子どもたち——フィンランドとの比較から日本の現状について考える」『臨床心理研究——人間環境大学附属臨床心理相談室紀要』第10巻, 45-54.

## 文　献

藤井ニエメラみどり（2005）「社会福祉に包まれて心地よい子育て」庄井良信・中島博編『フィンランドに学ぶ教育と学力』明石書店，pp40-57

外務省ホームページ「フィンランドの一般事情」
　http://www.mofa.go.jp/mofaj/area/finland/data.html（2015年）

国立教育政策研究所（2010）『生きるための知識と技能　OECD生徒の学習到達度調査（PISA）2009年調査報告書』明石書店

厚生労働省ホームページ「社会的養護の現状について（参考資料）」
　http://www.mhlw.go.jp/bunya/kodomo/syakaiteki_yougo/dl/yougo_genjou_01.pdf　2015年

厚生労働省雇用均等・児童家庭局家庭福祉課「社会的養護の課題と将来像の実現に向けて（平成27年8月版）」
　http://www.mhlw.go.jp/stf/seisakunitsuite/bunya/kodomo/kodomo_kosodate/syakaiteki_yougo/　2015年

内閣府ホームページ「子どもの貧困対策会議第3回」
　http://www8.cao.go.jp/kodomonohinkon/kaigi/index.html　2015年

中村慎（2015）「第39期資生堂児童福祉海外研修報告――フィンランドとオランダにおける予防的支援」『心理治療と治療教育――情緒障害児短期治療施設研究紀要』第26巻、64-69

楢原真也（2011）「治療的養育の歴史的展望と実践モデルの検討――社会的養護における養育のいとなみ」『子どもの虐待とネグレクト』第13巻(1)，125－136．

National Institute for Health and Welfare "Child welfare 2013, Official Statistics of Finland"
　http://www.thl.fi/en_US/web/en%20/statistics/topics/social_services_children_and_families/childwelfare　2014年

清水克之（2010）「児童相談所から見る子ども虐待と貧困」松本伊智朗編著『子ども虐待と貧困』第1章、pp46-70、明石書店

高橋睦子（2005）「家族関係の流動化と福祉国家」庄井良信・中島博編『フィンランドに学ぶ教育と学力』pp277-307、明石書店

滝川一廣（2005）「児童虐待防止法改正の視点から――アビューズを受けた子の支援」『心理治療と治療教育――情緒障害児短期治療施設研究紀要』第16巻、1-10

タンミネン・トゥーラ（2009）「フィンランドの子ども・家族福祉」渡辺久子、トゥーラ・タンミネン、高橋睦子編著『子どもと家族にやさしい社会――未来へのいのちを育むフィンランド』pp42-83、明石書店

Tsuboi H., Matsumoto M., Keskinen S., Kivimäki R., Suzuki N., Hatagaki C., Nomura A., Kaito K., Morita M. (2012) "Japanese Children's Quality of Life (QOL) - A Comparison with Finnish Children", *Japanese Journal of Child and Adolescent Psychiatry*, 53, Supplement, 14-25.

坪井裕子（2008）『ネグレクト児の臨床像とプレイセラピー』風間書房

坪井裕子・松本真理子・野村あすか・鈴木伸子・畠垣智恵・森田美弥子 (2013)「フィンランドにおける児童福祉施設の実際」『人間環境大学紀要「人間と環境」』電子版6、13-24

坪井裕子 (2016)「社会的養護の環境にある子どもたち――フィンランドとの比較から日本の現状について考える」『臨床心理研究――人間環境大学附属臨床心理相談室紀要』第10巻、45-54

ヘルシンキの街並み

# 第Ⅲ部 学校における心の支援

KiVa プログラムによる授業風景

# 第8章

## 学校現場を支える学校カウンセリングの2国間比較

トゥルク市から100キロほど離れた地方の小学校

## はじめに

　本章では、教育現場において心の支援という役割を担う心理専門職の2国間比較について報告したい。なお本章で扱う心理専門職であるが、日本の場合は、文部科学省事業として全国小中学校に派遣されているスクールカウンセラーについて記載し、SC（School Counselor）と表記する。一方、フィンランドでは、スクールサイコロジストという名称が一般的であり、SP（School Psychologist）と表記する。いずれにしても、子どもたちにとって学校生活の中での心の健康を支える専門職であることにかわりはない。両国におけるSCとSPの歴史的背景、役割の実際、資格と組織的基盤、養成課程および今後の課題について報告する。

　なお、役割の実際では石隈（1999）の分類に沿って報告したいと考えている。石隈（1999）は、学校での心理専門職の役割を心理教育的援助サービスと名づけ、対象によって3段階に分けて考えている。すなわち、一次的援助サービスは、すべての児童生徒を対象としており、二次的援助サービスでは登校しぶりや学習内容でつまずきのある一部の児童生徒で、そのままにしておくと重大な問題に発展する可能性がある児童生徒を対象としている。そして三次的援助サービスは不登校、学習困難など特別な援助を必要とする児童生徒を対象とする個別的援助を指している。本章でも、この分類に準じて役割を報告するが、石隈の心理教育的援助の範囲は子どもが取り組む課題として発達途上で出会うすべての問題状況に対する援助（学習、心理・社会、進路）を網羅している。本章では、内容的にすべてを網羅しているわけではないことをあらかじめ断っておきたい。

　本章の報告に関して、フィンランドについては、現地調査によるスクールサイコロジストへのインタビュー（2010年3月インタビュー［セイヤ（Seija）先生（ヴァリッスオ学校）］、2010年8月インタビュー［ピィクティネン（Pictinen）先生（ヴァルチオキュラ学校）］、2014年3月インタビュー［アフトラ（Ahtola）先生（トゥルク大学、フィンランドの学校心理学部門のリーダー）］）お

よびケスキネン（Keskinen）教授夫妻（トゥルク大学）による情報収集を中心として、それにフィンランドと日本の文献による情報を加えた。

日本については章末に挙げた文献を中心に、文部科学省等のウェブサイト、学会・研修会等での講演録などを参考にまとめた。

# 第1節　歴史的背景

## (1) フィンランドにおけるスクールサイコロジストの歴史

フィンランドにおけるスクールサイコロジスト（SP）の歴史は1965年、ラハティ（Lahti-town）に最初のSPが誕生したことに遡る。SPの役割は学校同士や学校環境、生徒のウェルビーイングを改善し、個人中心の業務に従事することであったという（Laaksonen, 1989）。その後、ヘルシンキ市では1974年に初の常勤スクールサイコロジストのポストが設置され本格的なSPの歴史が始まった。フィンランドのSPはスクールソーシャルワーカーとともに、地方行政による学校関連部署と国家教育委員会によって管轄されており、仕事は当時から個人中心の業務とシステム中心の業務という2つの柱からなっていた。その後1990年に児童福祉法が改訂されるまでは、スクールサイコロジストはフィンランド全土で123名、53自治体（全体の20％）程度であり、南部では1000名に0.47人であり、他地方は1000名に0.18人とかなりの偏りが見られた（Pirjo Laaksonen, 2005）。1990年に改訂された児童福祉法によってSPとスクールソーシャルワーカーは学校の計画および発展に関する活動に参加すること、彼らのポストは学校に配置されるべきであることが規定され、これが、フィンランドのSPの新たな歴史の幕開けとなったとされている。しかし、一方で、1990年代の経済不況以降、実際には財源のない自治体は設置困難であり、州によって設置の状況は異なることになった。

2003年には基礎教育法（Basic Education Act）によって、学校福祉が具体的に定義づけられ、その中で「心身の健康」が生徒の福祉として保証されることになり、SPの必要性が社会的にも一層浸透していった。一方で、実際

には、SPの人数には、現在もなお地域の偏りがみられ、南部地域において充実しているのが現状である。筆者らの現地調査対象地域の一つであるトゥルク市は人口約18万7000人でかつてのフィンランドの首都であり、全土で6番目（2016年10月現在）に大きな南部地方の都市であるが、最初のSPの設置は2001年であった。この年に10名が雇用され全小中学校を担当することになった。2014年現在では、国全体で約300名のSPが雇用され、そのうち80％は常勤ポストであり、700〜1000名に1名の割合で設置されている。

## (2) 日本におけるスクールカウンセラーの歴史

日本では、文部科学省によりスクールカウンセラー（SC）事業が行われている。「学校における教育相談体制の充実を図ることを目的に、各都道府県・指定都市において、児童生徒の臨床心理に関して高度に専門的な知識・経験を有する者等をスクールカウンセラーとして中学校を中心に配置する」というもので、その職務内容は、「1. 児童生徒へのカウンセリング、2. 教職員に対する助言・援助、3. 保護者に対する助言・援助」とされている（文部科学省 http://www.mext.go.jp/b_menu/shingi/chousa/shotou/066/gaiyou/attach/1369846.htm）。

SC事業は、1995年度に文部省初等中等教育局中学校課（当時）が主管し、「スクールカウンセラー活用調査研究委託事業」として開始された。背景には不登校の増加に加えて1980年代後半からいじめなど児童生徒にかかわる問題が注目されるようになり、対策を講じる必要性が高まってきたことが大きい。初年度は全国154校でスタートし、各都道府県教育委員会により選考・派遣されたSCは全員が臨床心理士であった。配置方法は、単独校方式（1校に配置、当該校のみを対象とする）、拠点校方式（1校を拠点校として配置し、その地域の小中学校も対象とする）、巡回方式（配置校を特定せず、あらかじめ決めた複数の対象校を巡回する）があり、当初の勤務条件は、年間35週、週2回、1回あたり4時間が原則とされたが、週1回8時間、あるいは月32時間という場合も設定された。5年間の「調査研究」事業は、学校教育現場に教師以外の心の専門家を導入する試みとして一定の評価が得られ、文部科学省

は2001年度から全公立中学校へのSC配置を目指す5カ年計画を決定した。同時に地方自治体主導へと方向転換が図られ、「スクールカウンセラー活用事業補助」として国庫補助は2分の1になった。さらに、2009年からは、教育基本法改正に伴い「学校・家庭・地域の連携協力推進事業」の中に、その前年に始まったスクールソーシャルワーカー（SSW）事業とともに組み込まれることとなり現在に至っている。

SC事業開始後まもなく、日本心理臨床学会、日本臨床心理士会、日本臨床心理士資格認定協会の3団体は合同で専門委員会を創設し、「学校臨床心理士ワーキンググループ」として研修会等の企画開催や、各都道府県臨床心理士会に教育委員会との連携役としてのSCコーディネーターをおくことを提案・実現させ、全国のコーディネーター連絡会議を通じての情報交流を行う、といったバックアップ体制をとっている。自治体によっては、臨床心理士の不足や予算の問題もあり、他の専門家あるいは準SCを採用するようになっているが、2009年時点ではSCの約8割が臨床心理士有資格者である。愛知県では、総人口750万人、うち小中学生63万2000人（2015年）に対しSCは670人、全員が臨床心理士である。

## 第2節　一次的援助サービス

### (1)−① フィンランドにおける一次的援助サービスの基本

フィンランドでは、SPを必要とする背景の第一には予防の概念がある。予防の概念の中には、特に学力について、低学年の間に学力の遅れを支援すること、すなわち子どもの全体的な学力の底上げが国家政策としても強調されている。そうした背景から、筆者らがインタビューしたSPは全員が重要な役割として、「学力のスクリーニング（算数、国語）」「学習支援」や「さまざまな言語、文化的背景の異なる子どもたちの学習を支援すること」をあげていた。フィンランドは歴史的にも社会全体が移民を含め公平、平等であることを重視する伝統があり、国家教育委員会も教育の基本に平等、公平、

質の高さをあげている。こうした伝統がSPの仕事にも反映されているといえよう。そしてその結果がOECDによるPISA（国際学習到達度テスト）における高い学力水準と低レベル段階の子どもの少なさや学校間のばらつきの少なさといった、質の高い教育の成果として表れているといえる（第11章参照）。

さらに予防の視点ではいじめ防止に対するSPの役割があげられる。フィンランドでは、2006年から国家レベルでいじめ予防教育プログラムのKiVaを支援しており、現在では90％以上の小中学校がこのKiVaプログラムを実施している。"KiVa"とはフィンランド語のkiusaamista vastaanの略で、いじめ反対を意味する言葉であるとともに、nice、good、friendlyなどの意味でも使われている。人口が540万人と少ないことも全土への統一プログラムの普及を促進させる要因になっていると思われるが、そのきっかけになった事件として、2007年と2008年に立て続けに起こった学校での生徒による銃の乱射事件があると言われている。犯人の生徒はいずれもかつていじめの被害体験があったという。この事件以降、政府が本格的にいじめ防止対策を支援し、トゥルク大学の心理学者であるサルミヴァッリ教授を中心として開発されたKiVaプログラムが普及することになった。筆者らは現地調査でリーダーであるサルミヴァッリ教授からKiVaプログラムについて情報収集したが、詳細については筆者らの著書（松本他，2013）やKiVa公式ホームページ（http://www.kivaprogram.net/）を参照されたい。

子どもと面接するスクールサイコロジストの部屋

## (1)-② 一次的援助サービスにおける SP の役割

フィンランドにおける一次的援助サービスとしての SP の主な役割は次の3点があげられる。

まず第1にあげられるのは前述した学力の支援を目的とした役割である。授業を巡回し教師からの相談を受け、学習の遅れが気がかりな児童を発見し、適切に評価し、担任や教科指導法の専門家、保護者などと相談をしながら、その子どもにとって最適な指導の計画と内容を立てることが業務の中心としてあげられている。「すべての子どもたちの教育の機会と学力を等しく保障する」という学校の基本方針を支えるスタッフの一員という位置づけが明確である。すべての子どもを対象としているという点で一次的援助の範囲でもあり、気になる子どもに対するアセスメントまでつながる場合には二次的援助の範囲ともいえる。

第2には、子どもたちの対人関係や自尊感情の向上のための心理教育の実施や学校主催のキャンプの企画などにも参加し、学力のみでなく心理的側面の一次的援助の役割を担うことがあげられる。前述した KiVa の実施については、あくまでも教師が主体で実施し、SP は補助的な役割として担当している学校が多い。

第3には、チーム援助の一員としての役割があげられる。フィンランドで

KiVa 開発者のトゥルク大学サルミヴァッリ教授と KiVa ゲーム

は多職種支援を基本とした学校運営がなされており、その一員として必要に応じてSPも参加することになる。キャンプや学校行事の計画への参加や、不登校（数は少ない）、いじめや情緒的問題をかかえる子どもに対するチーム援助など、校長、スクールソーシャルワーカー、スクールナース、特別支援担当教員とともにチームに入り、検討を行う。

　こうしたチーム援助は、学外の社会資源としてのボランティアや地元警察とも連携しており、筆者らが訪問した小学校では「学校のおじいちゃん」と呼ばれる地域の退職男性が校内を巡回していた。彼は元エンジニアで週2日、小学校を巡回して子どもたちの話し相手や悩み相談を受け、授業のサポートをしているとのことであった。離婚率の高いフィンランドでは成人男性とかかわる機会の乏しい子どもも多く、「学校のおじいちゃん」は頼れる男性像としての良いモデルにもなるとのことであった。また地元警察は学校ごとに担当警察官が配置され、交通教室や犯罪予防などの授業を担当している。

　家庭との連携においては、フィンランドでは伝統的な教師への尊敬は、かつてほどではないというものの、子どもたちにとって人気職業であることにかわりはなく、家庭からの信頼も厚い。家庭との日常的な連絡はネットを活用して頻回に行われており、それも信頼関係を築く要因になっていると思われた。これらの社会資源とSPとの連携も当然のことながら、一次的援助として位置づけられるものであろう。

地域の警察との連携

以上、一次的援助サービスの視点から見たフィンランドのSPは、その安定した勤務形態を背景として学校運営の一スタッフとして、学力や心理面を支える役割を担っていることが示された。加えてPTA会議や自治体の教育会議への出席なども学校スタッフとしての重要な仕事として位置づけられている。

## (2)−①　日本における一次的援助サービス

日本では、すべての子どもたちを対象とした、授業や学校行事を通した予防・啓発、発達促進が一次的援助と位置づけられており、教員が主になって行う活動だと言える。学習指導要領解説には、「教育相談」について「一人ひとりの生徒の教育上の問題について、本人又はその親などに、その望ましい在り方を助言すること。その方法としては、1対1の相談活動に限定することなく、すべての教師が生徒に接するあらゆる機会をとらえ、あらゆる教育活動の実践の中に生かし、教育相談的な配慮をすることが大切である」とされ、本来、日本の学校教育は学習指導のみならず、人格の成長発達を視野においた生徒指導が重視されている。

そこに外部性と専門性を担ったSCが活用されるようになったことは、当初は学校に動揺と不安ももたらしたようである。外部性とは、教育の専門家である教師とは異なった立場の存在で、いわば外から学校に入り児童生徒に関わるということを意味している。利点としては、日常的に接する教師とは別の視点から児童生徒の様子をとらえることができること、児童生徒にとって指導や評価とは関わりのない相手に心の相談ができることなどがあげられる。一方で、SCは学校スタッフの一員ではあるものの、週1回ないし2回の非常勤ということもあり、お客様意識のような感覚が双方に生じやすいという問題点も指摘されている。そのため、各学校で心理教育授業、教員や保護者の研修講演などの企画におけるSCの活用や、教育相談関連の会議へのSCの出席その他の工夫がなされている。

## (2)-② 一次的援助サービスにおける SC の役割

　その学校にいるすべての子どもたちを対象とし、あらゆる教育活動を通して行われる一次的援助サービスにおいて、SC が果たしている役割は、それらの活動の中に心理学とくに臨床心理学の視点から配慮や工夫を加えることだと言える。具体的には、心理教育の授業や研修の実施、SC だよりの発行などを通して、心の健康や発達に関する知識や情報を提供して、子どもたちのメンタルヘルス向上や心理・社会面での学校適応を支援している。

　心理教育プログラムの企画、それにもとづいて実施される授業の内容としては、ストレスマネジメントやソーシャルスキル・トレーニングが多く見られるほか、ネットいじめ、キャリア教育、心理面の防災教育といった特定の問題に焦点を当てた予防啓発的な内容も取り上げられている。保護者を対象とした講演、教員向け現職教育研修では同様のテーマの他に、現代の児童期・思春期の子どもたちの心の発達、関わり方が取り上げられ、時にロールプレイなどの体験実習も試みられている。

　SC が心理教育の授業や研修を行うことは学校にとって有益であるだけでなく、SC 自身にとっても貴重な広報活動の機会となる。SC の勤務はほとんどが週 1 ～ 2 回程度であるため、SC は何ができるのか、いつどこに行けば会えるのか、といったことが学校全体に十分周知されていない場合も少なくない。SC だよりを発行したり掲示板を設置したり、相談室の利用の仕方を知らせる広報活動は重要となる。

　加えて SC による一次的援助活動としては、校内巡回、学校行事参加といったアウトリーチ活動もあげることができる。これらは SC が学校風土を知ること、児童生徒の様子を観察すること、そして逆に SC の存在を児童生徒や教員に知らせることという双方向の意義がある。SC 業務において日常生活の中での関係構築は大切とされており、SC と教員との間では職員室で休憩時間や放課後に会話を交わすことが連携の基盤づくりとなる。また、児童生徒に対しては巡回時の声かけや、相談室の自由開放の時間を設けて、相談がある時以外でも SC と話ができる場を提供している学校もある。

## 第3節　二次的援助サービス

### (1) フィンランドにおける二次的援助サービス

　前節で紹介したように、フィンランドのSPの役割は、学力の支援、特にいかに早期に発見し特別な支援につなげるか、ということが重視されているため、学力アセスメントは、一次的意味合いが濃いと考えられる。トゥルク市のSPとして市内の小学校2校を各2日ずつ巡回するセイヤさんによると、個別支援はもちろん行うが、子どもと面接する前には保護者の許可を必要としている。したがって、まずはPTAなどに参加し、保護者との関係作りが重要であるという。例えば子どもの学力向上のために特別支援教育が必要と判断された場合、フィンランドでも抵抗を示す親は多くはないものの存在する。そのような保護者と面接し、特別支援教育が子どもにとっていかに良いかを納得してもらうのも重要なSPの役割であるとセイヤさんは語っていた。こうした役割は二次的援助サービスの範疇に入るものと思われた。
　ヘルシンキ市職員であるSPのピィクティネンさんは、業務の中心が学習障害のスクリーニングとのことで、知能検査をはじめとする検査の実施が多いと語っていた。また不登校やいじめの問題は少ないし、KiVaについては教師が中心で実施しているが、補助的に参加することもあるとのことであった。このように二次的援助サービスとしての役割もやはり学習上の問題に対する支援が中心であることが示された。

### (2) 日本における二次的援助サービス

　日本では学習面での支援は専ら教師の役割と位置づけられ、SCは心理・社会面すなわち対人関係や性格に関する悩みやストレス、情緒的な問題への対応が期待されている。孤立、不安、落ち着きなさ、反抗・乱暴などの状態を呈して学級不適応傾向が気になる子どもたちに対して、教師たちは個別の

指導に心をくだきつつも、学習指導、進路指導、学級経営に追われている。問題行動の背景に何があると想定されるのか、対応はどのようにしたらよいのか戸惑っている教師も少なくない。そこに心の専門家としてのSCが助言や情報提供などコンサルテーションを行うこと、連携してそれぞれの立場から対応にあたるコラボレーションを進めていくことが、二次的援助サービスとなる。そのためには、前節で述べたように日常的なコミュニケーションが基盤として重要である。

また、校務分掌として生徒指導部または教育相談部（係）を担当する教員や養護教諭らと合同した定期的な会合にSCが加わることもある。そこでは、各立場からの「気になる子」について情報共有が行われる。

## 第4節　三次的援助サービス

### (1) フィンランドにおける三次的援助サービス

個別の支援を必要とする子どもたちに対するSPの役割であるが、フィンランドでは、日本のSCにとって支援の中心となることの多い不登校児が非常に少ないという事実がある。フィンランドでは不登校児童生徒は義務教育児童生徒数の1％以下であり、学校での現地調査においても全小中学校で不登校はほとんどいない、もしくは非常に少ないという回答であった。

またいじめ問題はKiVaによって教師を中心として学校全体で対応しており、インタビューの中でいじめ問題への介入を重要な役割としてあげるSPはいなかった。個別支援の対象は学校によって異なっていたが、保護者や子ども自身からの個別相談、ADHDによる問題行動、家族の問題（虐待を含め）などに対応することが中心であった。一方、それらは日本のSCが学校現場で行う継続的面接というよりもガイダンス的な相談の形態が中心であることが多かった。

また昨今、日本では自死や災害などに絡む緊急支援が学校現場での心理専門家の重要な役割の一つとして考えられるようになっているが、これについ

ては、現地調査において SP の役割としてあげられることはなかった。日本においても緊急支援は特に2011年の東日本大震災以降、SC の新たな役割と考えられているが、三次的援助サービスにおいても日本とフィンランドとの相違は比較的大きいように思われた。

### (2) 日本における三次的援助サービス

　日本の多くの学校で SC の役割として最も重点がおかれているのは、個別支援の部分であると思われる。もとより SC 活用事業開始の背景には不登校やいじめの増加があり、SC の導入により問題改善されることが期待されていた。不登校の減少や、心の問題に対する教師の理解促進やそれについて相談連携できることでの安心感向上など効果が見られ、SC 事業の範囲は中学校の全校配置、次いで小学校の全校配置へと拡大されてきた。
　一方で、子どもたちが抱える問題は時代とともに多様化している。発達障害、虐待への対応は、現代社会において喫緊の課題である。また、自殺、事件・事故・災害の発生時における緊急支援の必要性が高まっているのも最近の特徴である。福岡県や愛知県では、緊急支援を要する事案が発生した際、教育委員会を通して県臨床心理士会に要請があり、緊急支援 SC チームが学校に入るシステムが比較的早期につくられている。こうした最近の問題に対しては、個別対応と並行して学校内の子ども全体への支援を視野に入れること、保護者や教員スタッフ全体との学内連携をはかること、さらには必要に応じて医療機関、児童相談所、警察等との地域連携をはかることが重要な役割となる。

## 第5節　心理アセスメント

### (1) フィンランドにおける心理アセスメント

　学校現場での心理アセスメントとしては、教師や家族からの情報収集、子

ども本人との面接や学校生活の観察に加え、フィンランドでは心理検査も重要な情報収集の一つの手段になっている。SPに対するインタビューからは対象となる子どもの80〜90％が心理検査によるアセスメントに基づくコンサルテーションに助けられているとのことであった。使用される心理検査の種

面接室にはボードゲーム、クレヨン、画用紙や本などが

学校で使用されるSCT

次の文を完成させなさい
1. 私がうれしいのは、
2. 学校の後は、
3. 友だちがこうだといいなと思うのは、
4. 家では、
5. 私が感謝されるのは、
6. 私の母は、
7. 私にとって学校は、
8. 女の子たちは、
9. 休み時間は、
10. 私の親友は、
11. 私が学校で好きな科目は、
12. 私の父は、
13. 私が恐れるのは、
14. 教師たちは、
15. 私は悲しい、なぜなら、
16. 学校で私が苦手な科目は、
17. 男の子たちは、
18. クラスメートは、
19. 私は一人で、
20. 私が我慢するのは、
21. 私が好きな本は、
22. 私がもっとも得意なのは、
23. 時々、私の親は、
24. 私が非難されるのは、
25. 私は余暇には、
26. 私が頭にくるのは、
27. 私が苦手なのは、

類も多種にわたるが、中でも学力の支援を重要な役割とするSPにとっては、知能検査（ウェクスラー式）、学力検査（国語・算数）の使用頻度がもっとも高くなっている。次いで文章完成法（SCT）やHTP・人物画・バウムテスト・家族画などの描画法も多く、この場合には子どもとのラポールを築く手段としても使用されている。その他にはレーブン色彩マトリクス検査、ベンダーゲシュタルトテストなどが用いられている。

### (2) 日本における心理アセスメント

日本では子どもや保護者との面接、教師からの情報、生活場面での観察などが主たるアセスメント手段となっており、学校場面で心理検査を用いることは必ずしも多くはない。心理検査を実施するには保護者の同意が必要とされる場合があること、責任の所在はＳＣの任命権者である学校長になることなどをめぐって賛否両論があるためのようである。検査を活用しているところでは、知能検査（ウェクスラー式、ビネー式）、発達検査（新版K式、K-ABC）、描画法（バウムテスト、DAM、HTP、KFD、KSDなど）が主なものである。

学校でのアセスメントに関してよく取り上げられる話題として、学級のアセスメント、学校のアセスメント、その学校の教師集団のアセスメント、さらに学校のある地域特性のアセスメントということが重要であると言われている。日々生活している環境によって、同じ問題であっても周囲の受けとめ方や子どもへの関わり方が異なり、SCはそれを踏まえて対応を考えることが必要となる。そのためにも学校や地域の日常の中に積極的に入っていくことが求められている。

## 第6節　資格と組織的基盤

### (1) フィンランド

フィンランドでは、正式なスクールサイコロジストに特化した資格はない。

筆者らの調査時点（2013年）当時、フィンランド全土で約300名のSPが雇用されており、そのうちの80％程度は自治体雇用の常勤職員であった。SPはスクールサイコロジストの組合に所属し、組合によって年間勤務時間は1600時間と規定されているが実際には2400時間程度の勤務実態でかなりの負担になっているとのことであった（参考までに、フィンランドの年間労働者勤務時間平均は1578時間、日本のそれは1728時間である。2014年）。また組合の規定によって3〜4週間に1回程度のスーパーヴィジョンを受けることになっている。フィンランドではSPの数も少ないためSP同士のネットワークが重要でありSPの会議では職場の悩みや校長との関係などを相談する場になっているとのことであった。

　インタビューを通して、SPとしての資格はないものの、自治体常勤職員としての立場から、学校の一員としてしっかり位置づけられていることが日本のSCとの大きな相違点であると思われた。そして、フィンランドのSPはそうした社会的基盤に支えられ、学校での重要性は教師と同じである、という自覚と誇りを持ってSPの仕事を担っているという印象を強く受けた。

## (2) 日　本

　日本の文部科学省では、SCの選考として、以下のいずれかに該当する者から都道府県または指定都市が認めた者としている。①公益財団法人日本臨床心理士資格認定協会の認定を受けた臨床心理士（養成指定大学院修士課程修了後、資格試験に合格した者）、②精神科医、③児童生徒の臨床心理に関して高度に専門的な知識と経験を有する大学教員。また、SCに準ずる者として、大学院修士課程を修了し1年以上の心理臨床業務または児童生徒を対象とした相談業務の経験をもつ者、大学もしくは短大を卒業し同様の経験5年以上の者、医師で同様の経験1年以上の者をあげている。SC活用事業によるSCは自治体に雇用される非常勤特別職である。

　SCの多くを臨床心理士が占めていることから、各県の臨床心理士会が研修会を定期的に開催している。若いSCの割合が高いため、研修会やスーパーヴィジョン体制を充実させることが課題となっている。歴史の項でも述

べたように、学校臨床心理士ワーキンググループにより全国的な交流の場が設けられ、研鑽や意見交換を行っている。

## 第7節　専門家の養成

### (1) フィンランド

　フィンランドでは、修士課程を修了すると法的にどのような心理職であっても専門職として勤務することが可能である。すなわちこの時点では、SPとしての特別な訓練があるわけではない。もちろんSPとしてより良い専門家になるために勉強する者もいる。修士課程のカリキュラムは基礎的な専門職としての技能を磨くものである。修士と博士学位の中間に位置するものとして、有資格者（licensiate degree）としての訓練がある。これは3年間の訓練で大学では無料であるために人気がある。学生は実地の仕事に就きながら訓練を受けることになる。例えばカリキュラムとしては、発達心理学分野の訓練を受ければこの領域の仕事を得ることが可能になる。SPもSPとして働きながらより専門性の高い訓練を受ける。この間に集団か個人のスーパーヴィジョンを一定以上受けることが義務づけられている。スーパーヴィジョンを受ける内容は日々の実践についてである。講義としては危機臨床、トラウマ、心理療法、アセスメント、介入、などがある。

　また修士修了学生は、医療法律分野国家委員会（National Board of Medicolegal Affairs）に登録され、サイコロジストとしてのタイトルを得て、法律上守られるが、資格ではないとのことであった。資格はないものの、フィンランドでは病院や学校で心理専門家として働くことは人気の職業の一つである。

### (2) 日　本

　現在SCの大多数を占める臨床心理士は、公益財団法人日本臨床心理士資

格認定協会によって認定された養成指定大学院（平成27年現在167校）の修士課程を修了し、資格試験（筆記及び面接）を受けて合格すると所定の手続きを経て資格を得ることができる。臨床心理士は汎用資格であり、学校現場だけでなく、医療（病院・クリニック、保健センター等）、福祉（児童相談所、養護施設等）、司法（家庭裁判所、少年鑑別所等）、産業（企業等）と広く活動している。大学院では、面接、査定の技法を学び、附属心理相談室での実習、学外機関での臨床実習が共通カリキュラムとして開講されている。

現在3万人近い臨床心理士であるが、国資格ではなく、長年にわたり議論・検討がなされてきた。平成27年9月に「公認心理師法」が国会で成立し、ついに心の専門家が国資格となった。これは臨床心理士だけでなく、他の学会等による認定資格を包含した内容となっている。平成30年度までに施行することが定められ、具体的なカリキュラムや資格試験の審査方法などが早急に整備されていく予定である。

## 第8節　課　題

### (1) フィンランド

自治体雇用の常勤職員が約80％を占めることからも、経済状況によって雇用が変化することを免れ得ない。特に、フィンランドは世界経済同様に昨今、経済成長も悪化し失業率は8.2％（2015）であり、特に若年層では20％という高率の失業率を示している現状にある。自治体の経済状況によるSP配置の偏り、人数不足は継続する深刻な課題である。

また学校スタッフ間や学外資源へのコンサルテーション機能の強化も必要とされている現状にある。

### (2) 日　本

SCに特化した養成カリキュラムがない。臨床心理士養成大学院ではさま

ざまな領域における心の支援の共通基盤となる面接や査定の技法、倫理や臨床心理学理論について学ぶが、地域援助の現場において昨今ますます重要になっている他職種との連携協働をすすめていくスキルの教育はまだ弱いと言わざるを得ない。

また、現状ではSCは非常勤雇用がほとんどである。外部性と専門性をあわせもつということを利点と考える立場もあり一概には結論づけられないが、常勤職でなければSC自身の安定した生活が成り立たない。自治体の教育委員会などに所属して、その地域の複数の小中学校を担当する形もわずかではあるが存在しており、今後雇用形態については検討されていくと考えられる。

冬、ヘルシンキの港は凍結する

表8-1 日本（スクールカウンセラー、SC）とフィンランド（スクールサイコロジスト、SP）の学校における心の専門家比較

| | 歴史 | サイコロジスト人数、人数比 | 勤務形態 | 身分 |
|---|---|---|---|---|
| 日本 | 1995年度文部省が開始、2001年度から全公立中学校への配置が制度化。自治体によりSCの専門性は異なるが、多くは臨床心理士資格取得者である（2009年、SCの81％が有資格者）。 | 愛知県（人口750万人）、小中学生63万2000人（2015年）、SC670人、940人に1名のSC。 | 年間約210時間、週6時間、35週間。 | 非常勤（時給5000円程度） |
| フィンランド | 1965年にLahti-townで最初のSP。ヘルシンキでは1974年に初の常勤SPポスト。全土で約300名、うち約80％が自治体雇用職員。 | 自治体雇用が中心のためフィンランド南部に偏っている。700～1000名に1名のSP。 | 1.5～3日／1校を担当する。 | 自治体雇用常勤。フィンランドサイコロジスト組合（Finnish Union of Psychologists）学校心理学部門に登録。年間1600時間と規定されているが実際は2400時間程度労働。 |

| | 資格 | 養成 | 課題 |
|---|---|---|---|
| 日本 | 自治体によって異なるが、多くのスクールカウンセラーは臨床心理士資格保有。愛知県は100％臨床心理士有資格者。 | 臨床心理士資格は、資格認定協会の定めるカリキュラムにそって指定校大学院で養成。臨床心理学特論、臨床心理面接、臨床心理基礎実習、臨床心理実習、臨床心理査定演習、A～E群の心理系専門科目を各1科目以上。修士修了により受験資格。試験は筆記と面接。合格率60％。 | 1校あたりの勤務時間が短い。非常勤雇用が主である。 |
| フィンランド | 資格はない。医療法律分野国家委員会（National Board of Medicolegal Affairs）がすべてのヘルスケアプロフェッショナルの登録を担う。 | 一般心理学の修士修了後に3年間のトレーニング。危機臨床・トラウマ・心理療法・アセスメント・介入。スクールサイコロジストはクリニカルサイコロジストとしての訓練を受けている。 | 必要とされるSPの人数不足、コンサルテーションの機能をより強化する必要がある。 |

**引用文献**

石隈利紀（1999）『学校心理学——教師・スクールカウンセラー・保護者のチームによる心理教育的援助サービス』誠信書房

**参考文献**

Pirjo Laaksonen, Kristiina Laitinen, and Minna Salmi「フィンランドの学校心理学」（小林絵理子訳）シェーン・R・ジマーソン他編、石隈利紀・松本真理子・飯田順子監訳（2013）『世界の学校心理学事典』明石書店, 249-258.

Kärnä ,A., voeten, M., Little, T. D. Poskiparta, E., Alanen, E. & Salmivalli, C.(2011) Going to scale: A nonrandomized nationwide trial of the KiVa antibullying program for Grades 1-9. *Journal of counsulting and Clinical psychology*, 79, 796-805.

Laaksonen, Pirjo(1989) Developmental phase in school psychological work: Reflections on the work of psychologist in Finland, *School Psychology International*, 10(1), 3-9.

Laaksonen, Pirjo(2006) The Handbook of International School Psychology, SAGE Publications（石隈利紀・松本真理子・飯田順子監訳（2013）『世界の学校心理学事典』明石書店, 249-258.）

Laaksonen, P., Laitinen, K & Salmi, M.(2007) School Psychology in Finland (Shane R. Jimerson, Thomas D. Oakland and Peter T. Farrell(2007) The Handbook of International School Psychology, SAGE Publications, 103-112.）

松本真理子、ソイリ・ケスキネン編著（2013）『フィンランドの子どもを支える学校環境と心の健康——子どもにとって大切なことは何か』明石書店

村山正治編（2000）「臨床心理士によるスクールカウンセラー——実際と展望」『現代のエスプリ別冊』至文堂

村山正治・森岡正芳編著（2011）「スクールカウンセリング——経験知・実践知とローカリティ」『臨床心理学』増刊第3号, 金剛出版

戸田有一（2013）第4章 欧州の予防教育

山崎勝之・戸田有一・渡辺弥生（2013）『世界の学校予防教育——心身の健康と適応を守る各国の取り組み』金子書房, 139-186.

鵜養美昭・鵜養啓子（1997）『学校と臨床心理士——心育ての教育をささえる』ミネルヴァ書房

# 第Ⅳ部 フィンランドにおける子どものウェルビーイング

森に囲まれた家で、おばあちゃんと子どもの楽しいひと時

# 第9章

## フィンランドにおける
## 子どもの幸福とその支援

無人島にボートで渡り、家族と過ごす夏の一日

## はじめに

　本章では第1に、さまざまな統計に基づいて、フィンランドの子どもと若者がどう暮らしているかについて紹介する。具体的にはフィンランド全国の子どもとその家族の状況について、信頼できる事実を提供したいと思う。フィンランドの子どもと若者に関する統計についてさらに関心のある方には、文中で挙げているインターネットページが有益である。
　第2に、子どもと若者の幸福を目指すフィンランドの諸団体について紹介し、これらの団体がどのように働いているかについて解説したい。このような団体のいくつかは全国的規模のもので、国の活動の一部として活動している。また、フィンランド全国において情報を収集し、提案を行い、その他のサービスを提供する任意団体もある。諸団体の目標と活動などについては、主に各団体のインターネットページと報告書に基づいている。また、子どもと子ども関連事業についての重要な法律にも言及した。

## 第1節　子どもと若者の育成に関する2015年フィンランド内閣計画

　フィンランドの新内閣（2015年春に組閣）は、国会に対し2015年5月29日付で声明を発表した。この声明の中で子どもと若者の育成、特に教育と医療に関する目標と方法について述べている（2015年内閣計画）。この声明は、現在のフィンランドで最も重要な内容を含んでいるので、以下に主な点を紹介したい。

① 「実践的知識と教育」における目標
　今後10年間の内閣の目標は、フィンランドのすべての人が常に新しいことを学びたいと思う国にすることである。これまでにフィンランド国民の実践的知識と教育水準は高まり、その結果、国民全体でフィンランド社会の革新

を支え、平等の可能性を支えてきた。フィンランドは、教育・実践的知識・現代的学習における世界の先導者である。

② フィンランド政府が4年間の政権中に目指す目標
・学習環境の現代化。新しい教育方法と電子技術の可能性を学習に利用する。
・教育や労働生活に参加していない若者の数を現在より減らす。自身の教育を中断する人の数を減らす。
・教育と労働生活との間の相互作用の活性化。

③ フィンランド政府が示す新たな教育方法
　新しい学習環境と電子教材を作り出し、総合学校に提供する。目標は、よりよい学習効果を挙げ、学習者間の差をより小さくすることである。学校への満足度を高くし、子どもと若者の精神的・身体的健康水準を向上させる。具体的には以下である。
・新しい電子学習環境の使用によって、学習方法の幅を広げる。
・教育方法の改革。教員能力開発計画と、さらなる教育開発計画の実行。
・教員がその基本業務である教育に専念できることを保証することによって、学校をより安定した環境にする。
・学校で毎日1時間身体運動を行う。
・言語教育の拡大と多様化。1年生から言語学習を始め、国内のそれぞれの地域で異なる言語の選択を可能にする実験を行う。

④ 「共同体保証」という方向による「若者保証」
　公・私・第三セクター間のよりよい協働を目指す。社会サービス・医療サービスを強化することにより、若者の生活管理と雇用を支援する。
・援助を必要とする若者に対応する責任を一つの部局のみが持つような「若者保証」のシステムを開発する。
・基礎教育を終えたすべての人が、教育や労働や社会復帰のための場所を得ることを保証する。
・「若者の仕事を探す」。仕事を探す活動と、若者のための精神保健サービス

の強化（2015年内閣計画
　　http://valtioneuvosto.fi/documents/10184/1433371/Tiedonanto_Sipil%C3%A4_29052015_final.pdf/6de03651-4770-492a-907f-89452141d0d5）。

## 第2節　幸福と健康における政府の目標について

　フィンランド政府は今後10年間で幸福と健康について次の目標を立てている。すなわち、1）フィンランド国民がより幸福だと感じ、生活のさまざまな状況にうまく対応できていると感じること、2）すべての人が、相互に作用しあい、主体的選択を行い、責任を取ることができると感じること、3）社会福祉・医療においては、予防策に焦点づけられ、サービス間の連携は緊密で、職員はやりがいを感じ、データ処理は信頼できるものであること、の3点である。
　また政府は、「子どもと家族に対するサービス計画の実施」を行うことを決めている。
　家族は多様なかたちをとること、子どもの利益はより大きくされるべきであることがこの改革の出発点にある。親であることを支援し、敷居の低いサービスを増やしていくことが重要とされ、サービスは、すべての関係部局とともに、子どもと家族にとってより良い方法で用意され、関係部局間の協力関係は強化される。また、学校と早期教育も、子どもの幸福を支援するよう改善される。離婚においては、子どもの利益と父母への権利が保証される。関係部局の決定について、子どもと家族に対する効果の評価が実施される。またいじめに介入する義務が強化され、勤労生活においても、より家族志向のモデルが実施される予定である。
　ここで2014年のフィンランドにおいて、子どもと若者はどのように暮らしており、どの程度幸福だと感じているかについて紹介したい。
　フィンランドでは子どものためのオンブズマンが子どもの幸福と権利を監視し報告書を刊行している。「子どものためのオンブズマン」の任務は、フィンランドでの子どもの権利の履行を監視し促進することであり、その他

にも子どもと若者のための他の団体（NGO）も専門的な援助を提供し、さまざまな方法で子どもの権利の履行を促進している。

「子どものためのオンブズマン年次報告書（2014）」で述べられているように、子どものためのオンブズマンの仕事の出発点は、子どもの権利に関する条約である。「児童の権利に関する条約」は、1989年に国際連合総会で採択された。世界のすべての国が、2カ国を除いて、この条約に参加している。フィンランドは1991年に加盟した。フィンランドにおいて、この条約は、国・地方自治体・子どもの親・その他の大人に対してこの条約を守る義務を課している。

子どもの権利は、大人の義務であり、関係部局は子どもに関するその措置・決定のすべてについて、子どもへの影響を評価しなければならない。また子どもの利益を考慮し、子どもの意見を聞かなくてはならない。また親と法定後見人は、自身の子どもの世話と養育に主要な責任を持つ。この養育について、彼らは支援・指導・助言を得る権利を持つ。支援にもかかわらず、親や後見人が自身の子どもの幸福に配慮することができない場合、里親や養子縁組によって、その子どもに対する充分な配慮を国が保障しなければならない。

子どもの権利条約に含まれる一般原則は以下の4つである。
① すべての子どもは平等である。
② すべての決定において、子どもの利益は重要である。
③ 子どもはよい生活への権利を持つ。
④ 子どもの考えは考慮されなければならない。

## 「児童の権利に関する条約」の要約
1. 18歳未満のすべての人は子どもである。
2. すべての子どもは、子どもの権利を持つ資格がある。すべての子どもは、その親の特徴や意見や生まれを理由として差別されてはならない。
3. 子どもに関する決定を行う際には、その子どもの最善の利益が常に重要なものとして考慮されなければならない。
4. 国は、「児童の権利に関する条約」において規定された権利を実行しな

ければならない。
5. 国は、子どもの養育において、その親や法定後見人の責任・権利・義務を尊重しなければならない。
6. 子どもは生存権を持つ。国は、子どもの生存と、その子ども自身の歩みに応じた発達を、最大限保証しなければならない。
7. 子どもは生後すぐに登録されなければならない。産まれた子どもは、名前と国籍への権利を持つ。すべての子どもは、その親を知る権利と、まず第一にその親によって養育される権利を持つ。
8. 子どもは、自身のアイデンティティ・国籍・名前・家族関係を守る権利を持つ。
9. 一般に、子どもがその親と暮らすことを幸福で安全に感じる場合、子どもはその親とともに暮らす権利を持つ。親とは別に暮らしている子どもは、両親と会い、定期的な接触を維持する権利を持つ。子どもの最善の利益に反する場合には、このような面会は差し止められ得る。
10. 子どもがその親と別に暮らしており、親は別の国に滞在している場合、国は、彼らが家族で再びともに暮らすための申請を、好意的かつ迅速に取り扱う責任を持つ。
11. 国は、子どもがある国から別の国へ不正に移送されることを防止しなければならない。

　オンブズマン事務所は、フィンランドの子どもの状況に関する報告書を毎年出版しており、2014年の報告書は、子どもの不平等を特集している（子どもの不平等：国民指標からみる子どもの幸福、子どものためのオンブズマン年次報告書2014。子どものためのオンブズマン事務所発行、2014：3. ヘルシンキ、168頁）。

　子どものためのオンブズマンの主要な任務には、子どもの幸福を見守り、子どもの権利の履行を監視することが含まれる。ここで言及した報告書（『子どもの不平等：国民指標からみる子どもの幸福』子どものためのオンブズマン年次報告書2014。子どものためのオンブズマン事務所発行　2014：3. ヘルシンキ　2014年、168頁）において、子どものためのオンブズマンは、包括的な統

計データに基づき、フィンランドの子どもと若者の幸福について検討している。この検討は、必要なデータを収集し、子どもと若者の幸福を映し出す国民指標を開発した数年間の努力の結果に基づいている。この指標は、児童の権利に関する国連条約に従って、6つの領域に分けられている。すなわち、以下の6領域である。

1）生活水準（物質的幸福）
2）安全な環境
3）健康
4）教育
5）家族・参加・余暇時間
6）国と地方自治体によって提供される支援と保護

一方、子どもの幸福に関するデータを包括的に監視し続けるためには、情報源として使われる統計と研究が再現性をもち安定していなければならない。さらに、データがより利用しやすいことも求められるが、現在、以下の子どもたちの幸福については不充分なデータしか入手できない現状にある。すなわち、低年齢で社会的に恵まれず障がいを持ち施設入所している子どもや、言語的・文化的少数者の子どもたちについて、より長期間定期的に集められたデータは、フィンランドではまれである。

しかし、入手可能な統計に基づく限り、フィンランドにおける子どもは、改善の余地もあるものの、全体としてかなり幸福だと思われる。他の国と比較して、フィンランドの子どもは、高い生活水準、よい健康状態（特に年少の子ども）とよい教育を享受している。使用された指標によると、10人中9人の子どもは、自分の生活に満足しており、友だちがいて趣味を持っており、自分の親と問題について議論することができ、子ども自身の学習状況を親が支持していると感じている。

一方で、リスクのある行動と健康習慣については、フィンランドの評点はかなり低い結果になっている。

## (1) 生活水準・物質的幸福

　フィンランドにおける物質的幸福に関する平均値は良好で、子どもが経験する経済状況は改善している。しかし、なお9％の子どもは低い経済水準の家庭に暮らしている。3％の子どもは、深刻な経済的問題を持つ家庭で暮らしている。また、1.2％の子どもは、長期的な所得支援を受けている世帯におり、8％の子どもは非正規雇用家庭で暮らしている。この種の家庭の数は、この数年間で増加している。

## (2) 安全な環境

　子どもの事故死は、1980年代初頭以降半数にまで減少した。特に子どもの交通事故死は減少した。2012年には、1歳から17歳までの年齢集団において、10万人に14人の子どもが死んでいる。しかし、10代の（13～17歳の）少年が、病院での治療を必要とする事故の統計ではなお首位となっている。10代の少女が自傷行為により病院での治療を必要とする頻度は、少年の3倍である。
　またアルコールは、子どものいる家庭の10～20％で週に数回飲まれている。しかし、過度の飲酒を目撃する子どもの数は減少し、2013年には1～4％であった。
　子どもに対する体罰は、5年間で半数に減少した。しかし、なお9年生の20％、6年生の10％が体罰について報告している。学校でのいじめは、2000年代の間、減少を目指す多くの努力にもかかわらず、減少が認められなかった。中学生の7％がなお、毎週いじめられていると報告している。さらに、いじめに苦しんでいる子どものうちほぼ70％が、学校の大人はいじめに対して充分な介入を行っていないと報告している。

## (3) 健　康

　フィンランドの赤ちゃんはとても健康であるが、その後問題になるのは、精神保健上の問題と肥満である。生後1年間の死亡数は、今日まで減少し続

けている。

　また、子どもの多くは、自分の生活に満足している。11歳・13歳・15歳の年齢集団において約90％の子どもが満足している。

　一方、フィンランドにおける少年の自殺数はなお多い。2011年、15～19歳の年齢集団では、少年10万人につき約17人、少女10万人につき約7人が自殺した。反対に、うつ状態は少女により多く見られ、増加してきた。8年生と9年生の少女の18％程度が、（中度または重度の）うつ状態に苦しんでいる。少年における数は少女の約半数である。

　また、若者の喫煙と過度の飲酒は減少したが、残念ながら薬物の使用は増加している。

　肥満は、特に少年について大きく増加しており、（12歳の）少年中4人に1人、少女では6人に1人が肥満である。1970年代末には、肥満は約8％のみであった。

## ⑷　教　育

　小学校ではなお、フィンランドの基準では25人を超える学級が多すぎる（6年生の20％）。ただし、クラスの平均児童数は2008年以降減少してきている。

　総合学校で特別支援を受けている生徒は、1995年（3％）から2012年まで増加し続け、現在は8％である。読解が苦手な生徒の割合は、2012年のPISA調査では増加し、少年の18％、少女の5％が読解を苦手としていた。2000年の結果では、少年の11％、少女の3％であった。

　しかし、学校を好きだと回答する生徒は以前よりも増加している。15歳の少年の半数以上（57％）、少女の3分の2（64％）が学校を好きと回答している。この割合は2002年（44％と56％）より高くなっている。

　また、学校での学習環境に関する生徒の満足度も高くなってきた。2013年には、（8年生と9年生の）生徒の20％が、学校の学習環境における問題を報告している。さらに、半数を越える生徒が、教員は生徒の私的生活に関心を持っていないと感じている。しかし、生徒と教員間のやりとりは、この数年

間で改善されている。（8年生と9年生の）生徒の約40%がなお、カリキュラムが進んでいく際に自分たちの意見が考慮されていないと考えている。しかし、この点についても改善は認められる。

　また、2010年にはほとんどすべての生徒が、学校での学習に問題を感じたときには自分の親の援助が信頼できると感じ、親に対する子どもの信頼も増加している。

　退学については、1学年度（2011-2012）の間に総合学校の生徒212人（0.3%）が、退学証明書なしに学校を辞めた。率としては低いが、増加を続けている。さらに、2012年には、卒業した9年生の9%が、すぐには学業を続けなかったが、約20年前は18%が学業を続けなかった。

## (5) 家族・参加・余暇時間

　家族の形態にかかわらず、家族は常に子どもにとって重要な資源である。また、子どもたちは、インターネットによる友だちとのつながりが、自分にとって重要なものごとに影響を与える、と報告している。

　子どものいる家庭の20%は単親家庭であり、ひとり親の数は1970年代以降大きく増加している。

　ほとんどの子ども（8年生と9年生の90%）は、私的なことについて自分の親と話せると感じ、親とのやりとりは改善したと感じている。また、自分の親と議論すべき問題はない、とも感じている。自分の親と議論すべき問題について報告している少年の数は、この10年で半数に減少した。しかし、半数を越える子どもが、平日に家族と食事をしておらず、国際的に比較すると、この数は多い。

　また、8年生と9年生の少年の10人に1人が、親友がいないと回答している。同じ年齢の少女については、6%に親友がいないと回答している。しかしここでも、状況は以前よりよい。15年前は20%の少年に親友がいなかった。

　半数を越える10〜17歳の若者が、何らかの団体・組織・クラブに所属している。しかし、国際的に比較すると、フィンランドの若者の活動は明らかに平均より下である。

フィンランドの子どもは、自由時間に団体で活動することはそう多くないが、7～17歳の80％以上の子どもが趣味を持っていると報告している。

スポーツクラブへの積極的な参加は、子どもの年齢が大きくなると減少する。11歳時には50％を越える子どもがスポーツクラブに所属しているが、15歳児には約30％のみである。

読書については、ほとんどすべての子どもは本を読むか誰かに読んでもらうかしているものの、この30年間で読書する子どもの数は10％減少している。

10歳から12歳のほぼ3人に1人が、毎日、新聞を読んでいる。8年生の子どものうち、3人に2人の子どもが少なくとも週に一度ニュースに触れている。自分自身の問題を解決する方法にもっともよい影響を与えるのはインターネットと友だちだ、と子どもたちは報告している。

## (6) 国と地方自治体によって提供される支援と保護

サービスと所得分配が、子どもと若者の幸福を保障する。子どもの幸福と教育に関する主要な責任は親にあるが、フィンランドでは、親への給付金、母親のための診療所の運営、子ども手当など社会の支援が、保育所や学校を通して事実上すべての家庭に届く。1歳未満の子どもは、家庭で育てられるが、ほとんどの1～5歳の子どもは保育所で育つ。

フィンランドにおける10代の妊娠数は、国際的に比較すると少なく、2000年代に入ってさらに低下し続けている。2011年のフィンランドでは、13～17歳の少女の0.5％に対して妊娠中絶が行われた。

子どものいる家庭に対するコミュニティホームサービスは、顕著に減少している。2012年には9000世帯がホームサービスを受けたが、1990年には5万2000世帯を越えていた。

フィンランドには、幸福だと感じている子どもたちがいる一方で、子どもたちの一部は問題を抱えていることを、別の指標から見ることができる。例えば、子どもを保護する開放型コミュニティケアの利用者は、この15年間で2倍になった。2012年には未成年者（18歳未満）の7％が利用している。同じ2012年には、ほぼ1％の子どもが身柄を保護され、その数は増加しつつあ

る。2回以上身柄を保護された子どもの数も増加している。このような場合、若者は13〜17歳であることが多い。身柄を保護され、施設型ケアを指示された子どもの数は、1991年以降3倍になった。

　提供されるサービスは、子どもとその親が直面する問題に適時対応できてきたわけではない。親たちは、その個人的問題に取り組むための支援や子育ての指導を、的確な時に受けられないことも多かった。1990年代前半以降利用できる家庭内での援助は顕著に減少した。若者の生活能力を高めるために作られたサービスは乏しいのが現状である。21世紀に入って、保護される子どもの数は（特に13歳以上の子ども）、基本的な公共サービスが充分機能していないために増加した。この傾向を改善するには、サービスと支援の運営を革新的に再編成することが必要である。親が子どもとやりとりする能力に問題がなく、かつ自分の子どもに向き合い配慮することが可能な場合、その親はすべての状況において、子どもに支援を提供する充分な手段を有する。小児科診療所と初等総合学校からはじまり、その後も続く親と子の双方に対する支援は、強化され促進されるべきである。子育てへの支援は、中等総合学校に通う子どもを持つ親も、たとえば学校での家族学習などによって利用できるべきである。行政上の境界を乗り越え、さまざまな年齢集団におけるさまざまな必要を考慮した子どもと家族のための幅広い支援が、容易に利用できるようなシステムが必要であろう。

地域住民と子どもたちのために小学校には
毎週巡回図書館バスがやってくる

## 第3節　児童福祉法について

　フィンランドにおいて子どものための福祉事業を導く最も重要な文書は、「児童福祉法」（法令番号417/2007）である。安全な成長環境、均衡のとれた広範囲の発達、特別な保護に対する子どもの権利を守ることが、この法律の目的である。この法律は、子どものための福祉に配慮する責任が誰にあり、この配慮がいかにして実行されるべきかについて述べている。この法律全体をここに掲げることはせず、子どものための福祉事業において導きとなる目標、原則、方法、人員について、興味深い部分のみを紹介する。

### (1) 子どもの幸福に対する責任

① 　子どもの幸福に対する主要な責任は、その子どもの親と、他の保護者にある。その子どもの親と保護者は、「子どもの監護と面会権法」（361/1983）に規定されている方法で、その子どもの均衡のとれた発達と幸福を保障しなければならない。
② 　子ども・家族を担当する公的機関は、親と保護者をその子どもの養育について支援しなければならない。家族に対して、必要な援助を充分に早期の段階で提供するよう努めなければならない。必要な場合には、子どもと家族を、子どものための福祉サービスに紹介しなければならない。
③ 　子どものための福祉は、親・保護者・その他子どもの世話と養育に責任のある者に対し、必要なサービスと支援方法を用意することによって、子どもの世話と養育への支援を提供しなければならない。この法律において以下のように規定される条件のもと、子どもは家庭以外の環境に置かれることができ、子どもへの世話・監護を用意するために他の手段をとることもできる。

## (2) 子どものための福祉

① 子どものための福祉の提供は、子どもと家族を対象とする。
② 子どもと家族を対象とする子どものための福祉には、子どもの福祉において利用される方法に対するニーズを調べ、利用者のために計画を立て、開放型ケア（非施設型ケア）での支援を提供することが含まれる。
③ 子どもと家族を対象とする福祉には、子どもの緊急避難および子どもの保護が含まれ、これらに関連する代替ケアや事後のケアも含まれる。

## (3) 子どものための予防的福祉

① 子どものための福祉に加えて、地方自治体は予防的福祉を提供する。その目的は、子どもや家族が子どものための福祉サービスを利用していない場合に、子どもと若者の幸福を促進することである。
② 子どものための予防的福祉は、子どもの成長・発達・幸福を促進し保障するために、また子育てを支援するために利用される。子どものための予防的福祉には、例えば教育、若者を対象とする支援活動、保育、出生前・小児科診療所サービス、その他の社会サービス・医療サービスといった支援や特別支援が含まれる。
③ 子どものための福祉の利用者が子どもである場合には、上記(2)②で述べられた支援は、開放型ケアや代替ケアの一部として、または事後のケアの一部として提供される。

## (4) 子どものための福祉の主要原則

① 子どものための福祉は、子どもの発達・幸福を促進するものでなければならない。子どものための福祉は、親・保護者・その他子どもの世話と養育に責任を持つ者に対し、子どもの養育と世話のための支援を提供しなければならない。子どものための福祉は、子どもと家族の問題を予防し、問題が見出された場合には早期に介入することを目指さねばならない。子ど

ものための福祉に対するニーズを調査する際や、子どものための福祉を提供する際には、何よりもまず子どもの利益が考慮されなければならない。
② 子どもの利益を評価する場合、選択肢となる方法・解決策が子どもに対して以下の事項をどの程度保障するかについて考慮しなければならない。
・均衡のとれた発達と幸福。親密かつ継続的な人間関係。
・理解と愛情、またその子どもの年齢と発達水準にかなった監督と配慮を与えられる機会。
・その子どもの能力と希望に合った教育。
・安全な成長環境。身体的・感情的自由。
・その子どもに影響するものごとに関与し、それらのものごとに影響を与える機会。
・その子どもの言語的・文化的・宗教的背景を考慮する必要性。
③ 子どものための福祉において、行動はできるだけ慎重に行わなければならない。その子どもの利益にとって別のものが必要でない限り、開放型ケアにおける援助が優先されなければならない。その子どもの利益にとって代替ケアが必要な場合、遅滞なく用意されなければならない。代替ケアを提供する際は、その子どもの利益にかなう方法で、家族を再び結びつけるという目的が考慮されねばならない。

## (5) 子どもや若者の考えと希望

　子どものための福祉において、ある事例が子どもに影響する場合、その子どもが情報を得る権利と、その事例について自身の考えを提示する機会が、その子どもの年齢と発達水準にかなう方法で保障されなければならない。子どものための福祉に対するニーズの調査や、子どもや若者に関する決定、子どものための福祉の提供を行う際は、その子どもや若者の考えと希望に特別な注意を払わなければならない。

## (6) 子どもと若者――子どもと若者の幸福を促進する

　この法律では、18歳未満のすべての人は子どもであると考えられ、18～20歳のすべての人は若者と考えられる。

[1] **子どもと若者の幸福を促進する**
① 　地方自治体において社会サービスに責任を持つ組織は、子どもと若者の幸福を見守り促進するため、その地方自治体の他部署と協力しなければならない。また、子どもや若者が育てられる環境に関する不利な諸要因を除去し、これら諸要因の発生を予防しなければならない。
② 　地方自治体において社会サービスに責任を持つ組織は、子どもと若者が育てられている環境に関する情報と、発生するすべての社会問題に関する情報を提供しなければならない。また、他の公的機関、その地方自治体の住民、その地方自治体内の団体に対して、専門的な援助を提供しなければならない。

[2] **養育支援サービスを展開する**
① 　社会サービス、医療サービス、保育、教育サービス、および子ども・若者・子どものいる家庭のためのその他のサービスを用意し展開する際、地方自治体は、以下のことを保証しなければならない。これらのサービスが、親・保護者・その他子どもの世話と養育に責任を持つ者に対して、子どもの養育における支援を提供すること。また、子ども・若者・子どものいる家庭における、特別な支援に対するニーズについて調査すること。必要な場合、地方自治体は、特別な支援を必要とする子どもと若者を援助する活動を用意しなければならない（911/2012）。
② 　サービスが用意され展開されている時には、子どもと若者のニーズや希望が特別に考慮されねばならない。

## (7) 児童と生徒のための福祉

　「基礎教育法」（628/1998）で述べられている就学前教育・基礎教育におい

て、および「後期中等学校に関する法律」(629/1998) と「職業教育に関する法律」(630/1998) で述べられている教育において、児童・生徒は福祉への権利を持つ。この権利に関する条項は、「児童・生徒・学生の福祉に関する法律」(1287/2013) 内に設けられている。

## (8) 大人に対するサービスにおいて子どもを考慮する

① 親・保護者・子どもの世話と養育に責任を持つその他の者が、以下の各項のいずれかに該当する場合には、その子どもへの世話・支援のニーズが調査され、適切な世話と支援が保障されねばならない。
・薬物乱用対応サービス・精神保健サービスや、その他の社会サービス・医療サービスが提供されており、その子どもの世話と養育に最大限注意する能力が低下しているとみなされる場合。
・裁判前の勾留下にある場合。
・刑務所に収監されている場合。
② 必要な場合、社会・医療関係部局は、妊娠中の女性およびまだ生まれていない子どもを特別に保護するために不可欠のサービスを用意しなければならない。

## (9) 子どものための福祉を用意する

① 予防的福祉および子どもと家族を対象とする福祉サービスの内容と程度が、その地方自治体の中での一般的なニーズにかなうように用意されることを、地方自治体は保証しなければならない。
② 子どものための福祉は、この種のサービスを要請する子ども・若者・その家族が必要とする助力と支援を保証するような性質のものでなければならない。
③ 各地方自治体において、子どものための福祉の提供に含まれる機能は、「社会福祉法」(710/1982) の6(1)節において述べられている組織の責務である（地方自治体において社会サービスに責任を持つ組織）。子どものための

福祉を用意する際、地方自治体において社会サービスに責任を持つ組織は、その地方自治体のさまざまな行政組織、他の公的機関、他の地方自治体、地方自治体間での合同委員会、他のサービス提供団体・機関と、必要に応じて協力しなければならない。その目的は、必要に応じた充分なサービスを用意し、その地方自治体内で専門性を保障することである。

### ⑽ 子どもと若者の幸福のための計画（1292/2013）

① 各地方自治体は（または二つ以上の地方自治体が共同で）、子どもと若者の幸福を促進し、子どものための福祉サービスを用意し展開するための、その地方自治体の活動に関する計画を作成しなければならない。この計画には、計画に関わる各地方自治体の議会による承認が必要であり、少なくとも4年に1度は再検討される。この計画は、「地方政府法」（365/1995）65節で述べられている予算と財政計画を作成する際に考慮されねばならない。

② この計画は、計画対象となる期間中の以下の事項に関する情報を含まなければならない。
・子どもと若者が育てられている環境と、彼らの暮らしの状態。
・子どもと若者の幸福を促進し、問題を予防する活動・サービス。
・その地方自治体内での、子どものための福祉に対するニーズ。
・子どものための福祉について確保されている資源。
・「児童福祉法」で規定されている義務を果たすために入手可能な、子どものための福祉サービスシステム。
・さまざまな公的機関と、子どもと若者のためにサービスを提供する団体・組織との間の協力関係の調整。
・その計画が実行され監視される方法。

### ⑾ 子どもに関することに責任を持つソーシャルワーカー

福祉を利用するようになった子どもに対しては、責任を持つソーシャル

第9章　フィンランドにおける子どもの幸福とその支援

ワーカーが任命されねばならない（子どもに関することに責任を持つソーシャルワーカー）。子どもに関することに責任を持つソーシャルワーカーは、「社会福祉専門職の資格要件に関する法律」3節に従い、ソーシャルワーカー専門職としての資格を有していなければならない。

## ⑿ 複数の専門職によって専門性を保障する

① 　子どもに関することに責任を持つソーシャルワーカーが、子どもの成長・発達・医療に関する専門知識を使いこなし、また子どものための福祉事業において必要となる法律その他の専門知識を使いこなせることを、地方自治体は保証しなければならない。

② 　各地方自治体は（または二つ以上の地方自治体が共同で）、子どものための福祉の専門家によるチームを設置しなければならない。このチームは、社会的ケア・医療の専門家、子どもの成長と発達の専門家、福祉事業において必要とされるその他の専門家から構成される。福祉の専門家によるチームは、子どもを保護する準備や代替ケアの準備を行う際に、また子どものための福祉を提供するその他の局面において、ソーシャルワーカーを援助する。この専門家チームはまた、福祉において使われる方法に関する決定について、必要な場合には意見を表明する。

## ⒀ 特別な医療の義務

保健所と病院行政地区は、子どもと家族を特に対象とする福祉において、専門的援助を提供しなければならない。必要な場合には、検査や医療・治療サービスを用意しなければならない。性的虐待や暴行が疑われる場合の調査に関係する、子どもが必要とするサービスについては、至急提供が可能となるように用意されねばならない。

## ⒁ 子どものための福祉を用意する責任を持つ地方自治体

① その子どもや若者が居住している地方自治体が、子どものための福祉を用意する責任を持つ。その子どもや若者が主に暮らしている地方自治体が、「居住地方自治体法」(201/1994) の２節または３節１項のもとでの居住地方自治体でない場合には、その子どもや若者が本住所としている地方自治体が、福祉を用意する責任を持つ。

② 上記①の規定にかかわらず、以下の場合には、その子どもが一時的に居住している地方自治体が、38⑴節で述べられている緊急避難に関する決定を行う責任を持つ。以下の場合とは、緊急避難に関する決定がなされつつあるか、決定を遅らせれば緊急避難の目的の達成が危うくなることが避けられない時に、その子どもが居住している地方自治体や本住所としている地方自治体が不明な場合である。緊急避難の提供後、サービスを用意する責任は、その子どもが居住している地方自治体か本住所としている地方自治体へと移転する。これらの地方自治体において、必要な場合には、50節と54節の規定を考慮して、代替ケアの場所の変更に関する決定が行われる。その子どもが、緊急避難の間、居住している地方自治体や本住所としている地方自治体から移動する場合、緊急避難の終了前に、サービスを用意する責任が新しく本住所となる地方自治体に移転することはない。

③ その子どもの最善の利益にかなう場合、地方自治体は、この節の規定とは異なる方法で子どものための福祉を用意することに同意できる。

## ⒂ 子どものための福祉の費用に責任を持つ地方自治体

① 法律によって別途規定されない限り、その子どもの居住している地方自治体が、その子どもの福祉の費用を支払う責任を持つ。

② その子どもや若者が主に暮らしている地方自治体が、「居住地方自治体法」の２節または３⑴節に基づく居住地方自治体でない場合には、開放型ケアにおける支援方法を通して用意された家族型ケアや施設型ケアの費用は、その子どもや若者が本住所としている地方自治体によって支払われね

ばならない。ただし、14日を越える期間の施設型ケアや家族型ケアの費用は、その子どもや若者が居住している地方自治体によって支払われる。
③　代替ケアの費用は、代替ケアを用意する必要が生じた場所が属する地方自治体によって支払われねばならない。事後のケアの費用は、代替ケアの費用を支払う責任を持つ地方自治体が支払う。75(1)節で述べられている、開放型ケアにおける支援方法を通した6カ月を越える期間にわたる滞在に基づいて事後のケアが用意される場合、事後のケアの費用は、その滞在が終了した時点でその子どもが居住している地方自治体によって支払われねばならない。事後のケアが、75(2)節に従い自由裁量に基づいて用意される場合、事後のケアに関する決定が行われる地方自治体がその費用を支払う責任を持つ。

1292/2013までの修正を含む「児童福祉法」（法令番号 417/2007）
https://www.finlex.fi/en/laki/kaannokset/2007/en20070417.pdf

　この法律から、重要な発見がなされ得る。すなわち、地方自治体は、子どものための福祉に配慮する責任を持つ。そのため、各地方自治体は（または二つ以上の地方自治体が共同で）、子どもと若者の幸福を促進し、子どものための福祉サービスを用意し展開するための、その地方自治体の活動に関する計画を作成しなければならない。この計画には、計画に関わる各地方自治体の議会による承認が必要であり、少なくとも4年に一度は再検討される。これは、文章化された計画が、各地方自治体で福祉事業を導いている、ということを意味する。

## 第4節　保健・医療法について

　フィンランドの福祉事業を導くもうひとつの重要文書は、「保健・医療法」である。2010年に制定され、その後修正が行われた。以下のウェブサイトに、現在有効なものが掲載されている。

https://www.finlex.fi/fi/laki/kaannokset/2010/en20101326.pdf

「保健・医療法」は、フィンランドにおけるすべての保健・医療に関わる。その一部である、母親と子どものための診療所サービス、学校保健、生徒・学生の保健にも関わっている。ここでは「保健・医療法」全体の中から、これらに関する部分のみを提示する。

## (1) 母親と子どものための診療所サービス（15節）

地方自治体は、その地域内で、母親と子どものための診療所サービスを提供しなければならない。このサービスは、妊娠中の女性と、これから子どもを持つ家族のためのものであり、就学年齢未満の子どもとその家族のためのものである。

母親と子どものための診療所サービスには、以下が含まれる。
・個別の必要に応じた、胎児の健康な成長・発達・幸福を保証し、妊娠中の女性と新しく母親になった女性の健康を保証するための定期検診。
・子どもの健康な成長・発達・幸福を保証するための検診。生後1年間は約1カ月に1回、それ以降は年1回と個別の必要に応じて行われる。
・少なくとも2年に1回の、子どものための口腔検診。
・親であることへの支援。家族の幸福への支援。
・子どもにとっての健康的な家庭・生活環境の促進。家族の健康的な生活習慣の促進。
・子どもと家族が求める特別なニーズと検査、子どもと家族に対する支援を、早期に識別する。必要な場合には、検査や治療を紹介する。

母親と子どものための診療所サービスの提供について、地方自治体の一次医療サービスは、就学前教育、子どものための福祉、他の社会サービスに責任を持つ団体との間で調整されねばならず、専門的医療や他の関係者とも調整されねばならない。

## (2) 学校保健（16節）

　地方自治体は、その地域で基礎教育を提供する教育機関に籍のある児童に対して、学校保健サービスを提供しなければならない。学校保健サービスには、労働体験学習の間の保健サービスも含まれねばならない。
　学校保健サービスには以下が含まれる。
・学校環境の安全・衛生と、学習コミュニティにおける福祉の促進に関する、3年に1回の検査。
・児童の成長・発達と、健康・福祉の促進に関する、1年に1回の検査。
・児童の親と後見人への支援。
・児童の口腔保健。口腔検診を、少なくとも3回、さらに個別の必要に応じて行うことを含む。
・児童が求める特別なニーズと検査を早期に識別し支援する。慢性的な疾患を持つ子どもたちが自身の状態を管理できるよう援助する他の児童福祉団体との協力。必要な場合にはさらなる検査と治療を紹介する。
・児童の健康状態を診断するために必要なすべての専門的検査。

　学校保健サービスは、「児童・生徒・学生の福祉法」(1287/2013) で述べられている児童福祉サービスのひとつである。各地方自治体で一次医療の提供に責任を持つ部署は、「基礎教育法」(628/1998) 15節で述べられている教育内容の起案に対し、教育機関と家庭の間の協力および児童の福祉に関連する範囲について、寄与しなければならない (1293/2013)。また、学校保健サービスの提供について、地方自治体は、親・後見人と協力し、他の児童福祉職員・教員・その他の関係者と協力しなければならない。
　地方自治体は、児童とその児童に付き添う者に対して、学校保健サービスの提供者を訪れる結果として生じる、常識の範囲内の旅費を支払わなければならない。ただしこれは、提供者への訪問を通常の通学と組み合わせることが不可能な場合に行われる。
　学校保健の枠組みの対象者であるものの、当該保健所の運営に責任を持つ地方自治体の居住者ではない児童に対して専門的検査が行われた場合、その

児童が居住する自治体は、専門的検査の実施を指示した保健所に対し、検査費用全額と、児童とその児童に付き添う者の（常識の範囲内での）旅費を支払わなければならない。

## (3) 生徒・学生の保健（17節）

　地方自治体によって提供される一次医療サービスには、その生徒・学生の居住場所にかかわらず、その地方自治体内に位置する後期総合学校・職業教育を提供する教育機関・大学とその他の高等教育機関に籍のある生徒と学生に対する、生徒・学生保健サービスの提供が含まれねばならない。大学やその他の高等教育機関に籍のある学生については、当該地方自治体の同意を得て、「全国福祉保健監督署」の承認のもと、上記以外の方法で生徒・学生保健サービスを提供することもできる。生徒・学生の保健には、労働体験学習や実地研修の間の保健サービスも含まれねばならない（1293/2013）。

　生徒・学生の保健には以下が含まれる。

・教育機関の安全・衛生と、学習コミュニティにおける福祉の促進に関する、3年に1回の検査。
・生徒・学生の健康な暮らしと、学業に適した健康状態を見守り促進する。後期中等学校と職業教育機関に籍を置く生徒に対する2回の定期健診と、個別のニーズに応じたすべての生徒・学生に対する健診を含む。
・生徒・学生のための保健・医療サービスの提供。精神保健サービス・薬物乱用対応サービス・健全な性に関する助言・口腔保健を含む。
・生徒・学生が求める特別なニーズと検査を早期に特定し、支援を行い、必要な場合にはさらなる検査や治療を紹介する。

　生徒・学生の保健について、地方自治体における一次医療の提供者は、未成年の生徒・学生の後見人や親と協力し、生徒・学生の福祉に関わる他の職員・教員・その他の関係者と協力しなければならない。

　生徒・学生の保健は、「児童・生徒・学生の福祉法」と、「成人職業教育・訓練法」（631/1998）16a節で述べられている、生徒・学生のための福祉サー

ビスのひとつである。各地方自治体で一次医療の提供に責任を持つ部署は、「後期中等教育法」(629/1998) 11節と「職業教育法」(639/1998) 14節で述べられている教育内容の起案に対し、教育機関と家庭の間の協力と生徒・学生の福祉に関連する範囲について、寄与しなければならない(1293/2013)。

〈参照〉

2015年に制定された、フィンランドの初等教育に関する新しい法律：フィンランドのすべての子どもは、教育において同じ出発点にある。

現在、フィンランドの子どもは、小学校入学前にも教育を受けるよう、法律で義務づけられている。就学前教育に関するこの新しい法律は、１月１日に施行された。それ以前のフィンランドでは、就学前教育は子どもにとって限定的な権利であった。

http://www.minedu.fi/OPM/Verkkouutiset/2015/01/pri_primary_education.html?lang=en

フィンランドでは、年少の子どもの多数(98％)がすでに就学前教育を受けている。約1500人の子どもだけが就学前教育を受けずに、小学校で公教育を受けはじめる。就学前教育を受けない最も一般的な理由は、保育所が教育を提供していないことや、年少の子どもの家族が海外で暮らしていることである。

就学前教育の場所として、学校か保育所か、家庭託児所かその他の適切な場所かを決めるのは、地方自治体に任されている。就学前教育はまた、私立の基礎教育提供者によっても提供されることがある。

就学前教育は無料である。学校から５kmを越えるところに住んでいる就学前の児童、通学路がその他の点で危険な就学前の児童は、無料の学校送迎への権利を持つ。子どもはまた、保育所への権利も持つ。保育所では、所得に基づく料金がかかる。

就学前教育の教育内容については、学校への準備を重視する。全国の就学前教育で中心となる教育内容は、「フィンランド全国教育委員会」によって決定される。就学前教育における授業時間に関する最低要件は「基礎教育令」が規定する。就学前教育の各提供者は、就学前教育の時間割や、その他

実際の計画について決定する。

就学前教育の教員は、幼稚園教諭または担任教員としての資格を持つ。

http://www.minedu.fi/OPM/Verkkouutiset/2015/01/pri_primary_education.html?lang=en

## 第5節　福祉事業の担い手と団体について

　フィンランドにおける子どものための福祉には、重要な団体・組織がいくつか存在する。フィンランド政府下には社会保健省（http://stm.fi/en）があり、子どものためのオンブズマン（http://lapsiasia.fi/en/）も、政府と密接に連携している。国立保健・福祉研究所（https://www.thl.fi/en/web/thlfi-en）は、フィンランド社会保健省のもとにあり、研究と指導を行う組織である。

　フィンランドにおける子どものための福祉領域に関する他の団体としては、非政府組織（NGO）がある。例えば、マンネルヘイム児童福祉連盟（http://www.mll.fi/en/）、国際組織の一部であるセーブ・ザ・チルドレン（http://www.pelastakaalapset.fi/en）、フィンランド赤十字社（https://www.punainenristi.fi/）である。これらの団体の価値観も、児童の権利に関する国連条約に基づいている（http://www.unicef.org/crc/）。

### (1) マンネルヘイム児童福祉連盟：子どもたちへの配慮

　すべての子どもは、子どもとして幸福に暮らす権利を持つ。このことを可能にするために、マンネルヘイム児童福祉連盟は、他の多くの公的機関・民間団体とともに機能している。

https://www.google.fi/#q=mannerheim+league+for+child+welfare

　マンネルヘイム連盟はNGOであり、誰でも会員になることができる。マンネルヘイム連盟は、子どもの幸福と子どものいる家族の幸福を促進し、子どもの暮らしをより尊重し、子どもの暮らしをより注目されるものにしようと努めている。また、公的な決定において子どもの考えが考慮されるよう配

慮している。

　マンネルヘイム児童福祉連盟の将来像は、2024年にはフィンランドを子どもにやさしい社会にすることである。すなわち、子どものための利益に大きな関心が寄せられる社会であり、子どもと若者は自身が幸福だと感じる社会を目指すものである。マンネルヘイム児童福祉連盟は、子ども・若者・家族に対する日々の生活の専門家であり、信頼できる仲間であり、ボランティア活動に積極的であり、開拓者であり、頼もしい実践家である。

　マンネルヘイム児童福祉連盟は、子どもと子どもの暮らしを正しく理解することに、そして連帯・博愛・平等に価値を置いている。マンネルヘイム児童福祉連盟を導く原則は、日々の評価・公開性・喜び・協力・参加である。

　マンネルヘイム連盟は、子どものための福祉に関するフィンランド最大の団体である。全国の9万1000人の会員と、558の地域団体とが所属している。これらの地域団体の活動を支援するのは、連盟の10の地区組織である。

　マンネルヘイム連盟は、協力関係を信頼している。フィンランドや海外にある数多くの団体・企業・ネットワークとともに働いている。連盟の中央事務所はヘルシンキにあり、省庁・当局者・他団体と緊密に協働している。地区組織と地域団体は、地域で活動している。

　連盟は、以下の事項の実現を目指している。
・子どもは社会の平等な構成員である。
・すべての子どもが幸福な環境を享受する。
・子育てと教育が尊重され支援される。
・ボランティア活動、援助、配慮、共同責任を強化する。
　具体的には以下である。
① 　子どもの健康的で安全な暮らし
　マンネルヘイム連盟は、世代間のつながりと子育てを支援し、子どもにとってよい環境と健康を促進するために活動する。連盟は、学校に通う子どものために午後のプログラムを用意し、薬物乱用についての教育を行う。学校での安全・所属感・適応を高めるために、年長の生徒グループが活動する。
② 　サービスを必要とする家族
　マンネルヘイム連盟は、さまざまなサービスを提供する。ホームヘルプは、

家族に対して、短期間子どもを世話するサービスと、障がいを持つ子ども・慢性病の子どものための在宅ケアのようなより長期間にわたる特別なサービスを提供する。電話でのカウンセリングは、子ども・若者・親に対し、共感・援助・助言を提供する。リハビリテーションと、子どものための福祉サービスは、病気や障がいのある子どものいる家庭や、精神的・社会的問題を抱える家庭を支援する。

③　人々の近くにある地域団体

　連盟は、家族に対して、知人などを介してボランティア活動に参加する機会、公共のことがらに対して発言権を持つ機会、多様な活動に参加する機会を提供する。地域団体は、クラブ、親のための集まり、小旅行、訓練、特別な催しを用意する。これらの団体は、子どもと家族が必要とするものを前面に出し続け、家族に影響する地域での決定に影響を与えようと努める。地域団体の活動のほとんどは、ボランティア活動に基づいている。

④　国境を越えて子どものために

　マンネルヘイム連盟は、エストニアと、ロシアのカレリア地方に暮らす子どもの幸福を促進するため、現地にある子どものための福祉団体と協働している。アフリカのいくつかの最貧国においては、母親と子どもの健康を促進することを重視しつつ、農村部での基本的保健医療の発展に貢献してきた。

⑤　これからの21世紀のための市民団体

　愛情・配慮・幸福が、子どものよい暮らしのための基礎である。現在、マンネルヘイム連盟は、以下の課題に集中している。
・子どもであることへの子どもの権利を保障する。
・責任ある子育てを促進する。
・ボランティア活動への関心を高める。
・既存の境界線を越える協力関係を、子どもが抱えている諸問題、子どものいる家庭が抱えている諸問題への世界的な取り組みを前に進める協働関係へと発展させる。

⑥　連盟の組織

　連盟の決定は、最終的には連盟大会の責務である。この大会は３年に一度開かれる。大会は、連盟評議会（構成員38人）と議長を選出し、連盟委員会

（構成員12人）の議長を選ぶ。連盟の中央事務所は約100人の職員を有し、ヘルシンキに位置する。

⑦　財　源

　フィンランドスロットマシーン協会が、マンネルヘイム児童福祉連盟の事業を支援している。連盟は、年に一度募金運動を組織し、それを通して地域団体はその活動を支える資金を集める。多くのフィンランド国民がこのマンネルヘイム児童福祉連盟の会員であり、年会費を払っている。企業との協働の一例は、子どもたちが学校生活をうまく始められるようにする運動である。多くの地方政府も、マンネルヘイム連盟が提供するサービスを購入している。

## (2) フィンランド赤十字社

　過去20年間、赤十字社は積極的に活動し、計画し、開発協力計画を開始・実行し、母親と子どもの健康を改善するための構想を導入してきた。

　赤十字社は海外で多くの活動を行っているが、フィンランドでも子どもと若者に関する事業を行っている。フィンランド赤十字社は、二つの興味深い活動を行っている。「若者のための安全な家」と、学校に通う子どもの宿題の援助である。

　赤十字社は「若者のための安全な家」を主要都市で運営している（https://www.punainenristi.fi/hae-tukea-ja-apua/nuorten-turvatalosta）。「若者のための安全な家」は、あらゆる種類の問題と危機的状況において、若者とその親を援助し支援を提供している。

　「若者のための安全な家」は、若者（12〜19歳）とその親のためのものである。若者や家族は、「安全な家」の開館時間中であればいつでも、紹介や事前連絡なしに「安全な家」を訪れたり電話したりできる。「安全な家」のすべてのサービスは無料である。「安全な家」には、中立的な大人がいつでもいて、自分に関することがうまくいっていないと若者が思う時に、その人と話すことができる。

　必要な場合、「安全な家」は宿泊のための一時的な場所を提供することもできる。「安全な家」は、毎日夕方から朝まで開いており、平日には昼間で

も「安全な家」のスタッフに連絡できる。

「安全な家」の財源は、スロットマシーン協会、「安全な家」の所在地、そして赤十字社である。

もうひとつの興味深い活動形態は、学校に通う子どもの宿題を援助することである（ラックスヘルッピ（Läksyhelppi））(https://www.punainenristi.fi/hae-tukea-ja-apua/laksyjen-tekoon)。ラックスヘルッピは、放課後に、学校に通う子どもの宿題を援助している。ボランティアとして働く人々が、宿題を援助する。ラックスヘルッピクラブでは、子どもたちが話し合い、ともに時間を過ごすが、宿題をすることが中心にある。ボランティアは、例えば宿題が難しく、自分の親には手伝ってもらえないと子どもが感じる場合に援助する。ボランティアはまた、子どもたちの心配事を聞き、学校が子どもたちにとって困難な場合には支援する。このクラブで、子どもたちは、宿題をする以外に、おしゃべりなどでともに時間を過ごす。このクラブは特に総合学校に通う子どものためのものであり、また特に他の国からフィンランドに移ってきた子どものためのものである。長期間続く戦争を逃れるため、アフリカの国々から大量の難民がヨーロッパに移動している現在（2015年秋）、このことはとても重要である（https://www.punainenristi.fi/hae-tukea-ja-apua/laksyjen-tekoon#sthash.y31DCQ7F.dpuf）。

## 第6節　国立健康福祉研究所：統計と専門的助言について

国立健康福祉研究所（Terveyden ja hyvinvoinnin laitos : THL）は、フィンランド社会保健省のもとにある研究開発機関である。THLは、科学者集団、保健・福祉分野の担い手、中央政府・地方自治体の意思決定者の役に立つよう努めることに加え、より広い社会の役に立つよう努めている。THLの目的は、フィンランドにおける健康と福祉の促進である（https://www.thl.fi/en/web/thlfi-en）。

## (1) 職　員

　健康福祉研究分野および社会福祉・保健医療部門の専門家1000人以上が、フィンランド全国でその仕事を行っている。THLの拠点は、ヘルシンキおよびフィンランド内のその他6都市にある。

## (2) THL の義務

　国立健康福祉研究所（THL）は、フィンランド社会保健省の下にある研究開発機関である。したがってTHLは社会保健省の業務指導に従い、運営については、関連法と政令によって規定されている。

## (3) THL の機能

・人々の福祉と健康を促進する
・疾病と社会問題を予防する
・社会サービス・保健サービスを開発する

　THLは、研究開発活動・公的任務・情報案内・国際協力によって、その目的を追求し実行する。THLは、健康と福祉に関する法定統計機関という立場にあり、当分野内で強力な知識ベースの使用を管理し促進する。

## (4) 政令によって定められた機能

① 　以下に関する事項における専門機関としての機能を果たす。社会福祉、知的障がい・発達障がいを持つ人々への特別なケア、公衆衛生、専門的医療、精神保健事業、感染症、環境衛生、遺伝子技術など当研究所の活動領域に関連する事項。

② 　国の精神病院・社会福祉担当部署に関する事項を担当する。別途規定される、戦争避難者の社会福祉に関する政令（376/1942）で述べられている援助を行う。

③　フィンランドにおけるワクチンの供給を保証する。フィンランドで使われるワクチンおよび類似製品の品質を監視する。
https://www.thl.fi/en/web/thlfi-en/about-us

# 第7節　セーブ・ザ・チルドレン・フィンランド
## 　　　：ケア事業はどのように行われているか

　NGO（非政府組織）の活動方法の一例として、セーブ・ザ・チルドレンという団体の活動方法について、この団体が自身のインターネットページ（http://www.pelastakaalapset.fi/en/how-we-work/）で述べていることを提示する。

　セーブ・ザ・チルドレン・フィンランドは、子どもの福祉のために効果的な活動を行う専門家であり、その活動は社会に影響を及ぼしている。特に、フィンランドにおいて困難な状況のもとで暮らしている子どもたちを支援している。セーブ・ザ・チルドレン・フィンランドは、子どもたちが正しく理解され、考慮され、耳を傾けられ、そして、子どもたちにしかるべき希望と機会が与えられる世界のために活動している。

　共通目標は、子どもの福祉にとってよりよい条件を作り、子どもが幸福に暮らすための機会を改善することである。

　活動には以下が含まれる。
・子どもを保護する活動
・国際計画
・権利擁護活動・影響を与える活動
・地域団体
・セーフティネット活動

　具体的には以下の通りである。
**セーブ・ザ・チルドレンによる子どもを保護する活動**
①　「休日の家」サービス

50年以上、セーブ・ザ・チルドレン・フィンランドは、田舎にある「休日の家」で、子どもたちに休日を過ごす機会を提供してきた。「休日の家」は、その家に一年中住んでいる家族のものだったり、その家を余暇のために使っている家族のものだったりする。これらの家族は、子どもへの深い愛情と、必要な場合には援助を行う意志を共有している。

② 家族支援サービス

　家族支援サービスは、親自身の活動力と資源が足りなくなった時に、子どものいる家族が日々暮らしていくことを援助する。これは、子どもとその家族をともに援助することを目指す、私たちのさまざまな支援サービスのひとつであり、子どもとその家族が新たな活力を得られるようにする。

③ 個人支援サービス

　個人支援サービスの目的は、ボランティアの支援員によって、小さな子どものいる家族を援助することである。援助は無料で家族に提供される。

④ 家庭紹介サービス

　里親家族が、短期間または長期間、ケアを必要とする子どもを自身の家庭で受け入れる。

⑤ 「子どもたちの家」

　「子どもたちの家」は、それぞれ一度に8人の子どもを受け入れることができる。「子どもたちの家」は、「児童保護法」に沿った里親ケアを、親・地方政府・さまざまな後援者や提携者との協力のもと提供するためのものである。

⑥ 養子縁組

　養子縁組は、子どもが新しい家族と家庭を持つことを可能にする。その過程は、将来の養親のための養子縁組指導から始まる。

⑦ 治療と心理的・社会的サービス

　これらのサービスは、子どもとその家族のためのものであり、例えば、個人療法、家族療法、ピア・グループなどの双方向の支援サービスを含んでいる。

⑧ 相談サービスと訓練サービス

　相談サービスは、中央事務所と5つの地域事務所で利用可能である。弁護

士サービスは地方政府のためのものである。その他の相談サービスは、専門職と子どものいる家族の双方に対し、子どもを保護するための支援として提供される。

#### ⑨ 開発計画

開発計画は、子どもの保護の質を改善することを目指している。

#### ⑩ 権利擁護活動

セーブ・ザ・チルドレン・フィンランドは、フィンランド社会における活動的で影響力のある団体である。フィンランド社会において子どもの福祉に関する重要な問題を議論のために提起し、「児童の権利に関する国連条約」の諸目標を、地域的・全国的・国際的に促進する。

セーブ・ザ・チルドレン・フィンランドは、他の団体、関係当局、意思決定者と協力し、作業部会と委員会に参加し、声明を出し、意見を表明し、子どもとその福祉に関する問題を広い議論に向けて提起し、これらの課題について責任ある活動に関与する地域の人々に訓練を提供する。

またセーブ・ザ・チルドレン・フィンランドとその協力者による権利擁護活動は、「児童の権利に関する国連条約」の内容とそこでの義務に対する意識を高めることに役立つ変化の促進を目指している。具体的には以下である。

・子どもへの影響の調査が、立法においてしかるべき注目を得る。
・子どもを保護するための予防的行動に関する資源を増やす。
・社会において、子どもを保護することの地位を高め、子どもを保護するための資源を増やす。
・養親の紹介において子どもを中心とする方法が広がる。
・国際的養子縁組と養子の特別な必要に関する知識が増加する。
・子どもの保護に関する課題について国際的協力と訓練が強化される。
・子どもに対する暴力がはっきり明らかにされ、それを予防し止める行動が充分なものとなる。

セーブ・ザ・チルドレン・フィンランドは、EU司法総局から補助金を受けている。この補助金は、欧州連合における子どもの権利を促進する活動を

支援するためのものである。この補助金は、セーブ・ザ・チルドレンEU事務所による権利擁護活動への財政的支援となった。この権利擁護活動における主な目的のひとつは、MFF（多年次財政枠組）交渉と意思決定過程において、子どもの権利が考慮されることを追求し主張することである。セーブ・ザ・チルドレンEU事務所は、権利擁護のために多くの資料を出版し、また、この過程について欧州諸国のセーブ・ザ・チルドレンに対し年間を通して最新情報を送り続けている。資料については、このウェブページを参照されたい（http://www.savethechildren.net/advocacy/eu-office/publications-library）。

また、欧州諸国が、「児童の権利委員会」（CRC）に対する自国の報告書（CRC UN報告）において、子どもの権利のための事業に使われてきた資源についてどのように報告してきたかを理解するための研究も行っている。セーブ・ザ・チルドレンによる取り組みのひとつは、「子どもの権利の管理」（CRG）である。CRGチームは、各国のCRG事業においてきわめて有用な多くの資料、ツールキットを作成することである。

フィンランドの子どもたち

## 第8節　政府による開発計画：KASTE について

　近年、フィンランド政府は、子どもの幸福を促進することに積極的であり、特に、この分野での活動を応用し、委任し、これらの活動を促進するための実践的な指示を出すことに積極的である。KASTE 計画は、現在この分野で最も重要な計画である。

　政府は、2012年2月2日、2012〜2015年にわたる「社会福祉と保健医療のための全国開発計画（KASTE）」を採択した（http://www.julkari.fi/bitstream/handle/10024/112146/STM_2012_%20KASTE_FI_uusi.pdf?sequence=3）。この計画は、「社会福祉と保健医療のための計画と政府補助金に関する法律」（733/1992）とその5節に基づいている（http://stm.fi/en/kaste-progamme）。

　KASTE 計画の目標は、
Ⅰ　幸福と健康における不平等を低減し、
Ⅱ　社会福祉と保健医療における仕組みとサービスを、利用者志向の方法で組織すること、
　である。

　KASTE 計画は、互いに補完しあう6つの計画領域から成る。これらの計画領域は以下の通りである。
①　リスク集団が有する、社会への包摂、幸福、健康への機会を改善する。
②　子ども、若者、子どものいる家族のためのサービスを改革する。
③　高齢者のためのサービスの仕組みと内容を改革する。
④　サービスの仕組みと、基本的公共サービスを改革する。
⑤　利用者と専門職を支援するために、情報と情報システムを整備する。
⑥　経営管理によって、暮らしの現場での幸福とサービスの再構築を支援する。

　この計画は、責任を持つ組織と、計画領域ごとの実施予定を定めるととも

に、さまざまな企画の財政担当者間での責任分担について述べている。カステ計画の地域管理班は、地域実施計画を作成した。地域実施計画は、全国計画に添付されている。また、計画の監視と評価、'Innokyla'（Inno Village）活動、監督における優先順位、情報とコミュニケーションに関する行動も取り扱っている（「社会福祉と保健医療のための全国開発計画」（カステ）2012～2015年：実施計画）。

## 第9節　子どものための福祉サービスの有効性
　　　　：フィンランド地方自治体協会による研究プロジェクト

　フィンランドでは、健康に関することは地方自治体が責任を持つ。そのため、地方自治体の組織が、当該地域においてどの程度の影響力（効果）を持っているか、について関心を抱くのも当然である。このことが、ここで述べる研究の背景にある。

　フィンランド地方自治体協会は、子どものための福祉サービスの有効性を評価する研究計画を実行中である。子どものための効果的な福祉とは、子どもとその家族の幸福を増進し、彼らが自立してやっていくことを支援する手段・サービスを意味する（http://www.localfinland.fi/en/authorities/municipal-finances/Pages/The-effectiveness-of-child-welfare-services.aspx）。

　この研究の中では、一時的状況であれ長期的状況であれ、その家族がもはや処理できないストレスの多い生活状況から、子どものための福祉の必要性が生じた際、子どもと親双方の幸福を保障するために、外部の援助が必要となる場合を想定している。

　研究計画の一環として、プロジェクトでは、子ども、親、福祉職員に対し、それぞれ別のアンケートを用意した。これらのアンケートは、家族の状況を評価するために使われる。福祉職員が記入するアンケートは、以下の事項を調査するよう設計されている。すなわち、その子どもの取り扱い、その子どもの機能的能力に影響するストレス要因と資源、親などその子どもの世話と養育に責任を持つ者の機能的能力に影響するストレス要因と資源である。こ

れらの要因は、子どものための福祉に対する必要性を調査する福祉職員が常に調べなければならないものである。

　自己評価用アンケートは、家族の状況を調査する際の、福祉職員と家族との相互理解を深めることを目指している。親と子どもの懸念・希望・資源について知っている福祉職員は、その家族の最善の利益となる種類の支援について、その家族とともに、よりよく検討することができる。自己評価用アンケートの目的は、福祉に対する必要性を調査している時に、利用者の声が確実に届くようにすることである。

　福祉に対する必要性の調査が完了した後も利用者との関係が続く場合、初回調査から約9ヶ月後に家族の状況が再評価される。家族の機能的能力が改善したとすれば、そのサービスが効果的だったということである。

　2014年に、11の地方自治体で研究データを収集し、統計的手法を使って分析する予定である。

調理実習、ドーナツの調理

第9章　フィンランドにおける子どもの幸福とその支援

**引用文献**

Childhood Inequality : The Wellbeing of Children as shown by National Indicators. Annual Report of the Ombudsman for Children 2014. Publications of the Office of the Ombudsman for Children 2014 : 3. Helsinki 2014. 168p.

Child Welfare Act : No.417/2007 ; amendments up to 1292/2013 included.
　　https://www.finlex.fi/en/laki/kaannokset/2007/en20070417.pdf

Finnish government's Cabinet's program 2015
　　http://valtioneuvosto.fi/documents/10184/1433371/Tiedonanto_Sipil%C3%A4_29052015_final.pdf/6de03651-4770-492a-907f-89452141d0d5

The National Development Programme for Social Welfare and Health Care

THE KASTE PROGRAMME 2012-2015
　　http://www.julkari.fi/bitstream/handle/10024/112146/STM_2012_%20KASTE_FI_uusi.pdf?sequence=3

Mannerheim League for child welfare.
　　https://www.google.fi/#q=mannerheim+league+for+child+welfare

Ministry of Education and Culture
　　http://www.minedu.fi/OPM/Verkkouutiset/2015/01/pri_primary_education.html?lang=en

Red Cross in Finland, https://www.punainenristi.fi/

Save the Children Finland, http://www.pelastakaalapset.fi/en/

# 第10章

## フィンランド在住の日本人心理学者からみた学校環境とウェルビーイング

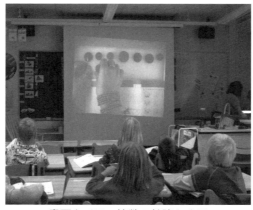

書画カメラで算数の勉強をする
特別支援学級の子どもたち

## はじめに

　この原稿を書いている現在、2015年は、いろいろな面でフィンランドの教育の過渡期にあたる。まず、2014年に小中学校の新しい学習指導要領（Opetushallitus, 2014）が発表され、徐々に移行が進み、遅くとも2016年の学年初めから新しい学習指導要領に沿った教育を行うことになっている。また、同じく2014年に施行された児童・生徒ウェルフェア法が、スクールソーシャルワーカー、スクールサイコロジスト、スクールナースなどの仕事にさまざまな変化をもたらした。さらに、現在、国も自治体も財政難で教育予算をカットし、学校経営は困難を増してきている。このような状況で、今、学校環境とウェルビーイングにどのような変化が起きているのかをお伝えできればと思う。

　しかしながら、フィンランドの学校は、自治体による差が大きく、同じ自治体の中でも学校間で設備にも職員配置にも違いがある。さらに教師の裁量が大きいので、どの学校のどの学級を見学したかによって、フィンランドの教育に関して全く違う印象を受けることになる。私が直接知っているのは、自分の子どもが通うトゥルク（Turku）市の小学校と、教育実習で出入りするトゥルク大学教育学部付属学校（Turun normaalikouu）、見学に行ったトゥルクのルオラヴオリ（Luolavuori）学校の特別支援部くらいである。もちろん、他の学校に関してもその学校の教師や保護者から話を聞くことはあるが、伝聞に過ぎない。従って、ここに描くフィンランドの学校環境とウェルビーイングはあくまで私個人の経験の範囲でしかないことをお断りしておく。

## 第1節　学校ウェルフェアチーム

　フィンランドの小中学校では、多領域の専門家によるチームが児童・生徒

のウェルビーイングを育み守る。チームに属するのは、一般に校長、スクールサイコロジスト、スクールソーシャルワーカー（kuraattori）、スクールナース（terveydenhoitaja）、特別支援教員（erityisopettaja）などである。学校ウェルフェアチーム（oppilashuoltoryhmä）は1週間に1回会議を開き、児童・生徒のウェルビーイングに関する事項を検討する。必要によっては、会議に教師や保護者、保護者が求める場合には外部の専門家を加えることもある。

　フィンランドにおけるスクールサイコロジストの仕事は、児童・生徒の発達と学習、メンタルヘルスに関する領域を対象とする。小学校の場合、低学年では学習障害や注意欠陥・多動性障害に相当する特徴が見られる生徒について、総合的に評価し、教師や保護者とともに支援の計画を立てることが、主な仕事である。学年が進むにつれて、メンタルヘルスに関する問題への対応が増えてくる。

　スクールソーシャルワーカーは、人間関係、家庭の問題など学校生活に影響を与える要因を扱う。例えば、児童・生徒があいまいな理由で欠席が続いた場合、スクールソーシャルワーカーが保護者と連携してその原因を明らかにし、必要な対策や支援をしていく。いじめへの対策もどちらかといえば、サイコロジストよりもスクールソーシャルワーカーが扱うことが多い。児童・生徒や保護者は、教師を介さなくともスクールサイコロジストやスクールソーシャルワーカーに直接連絡を取って相談できるようになっている。スクールサイコロジストとスクールソーシャルワーカーでは専門性が違うので、本来ならそれぞれの学校に両方いるべきなのだが、実際には、自治体の財政上の都合からどちらか一方しかいない場合もあり、その場合は積極的差別で、社会的な弱者が多い地域に重点的に配置される。

　スクールナースは、資格から言うと、日本の保健師に相当する。日本の保健室と違ってスクールナースの部屋には児童・生徒が休むためのベッドはなく、あったとしても診察台かソファベッドくらいである。スクールナースは、もちろん怪我や病気の救急処置も行うのだが、仕事の中心は、児童・生徒の心身の健康の推進と問題の早期発見・対処である。例えば、繰り返し体調不良を訴える児童の場合、症状だけではなく、児童をとりまく環境まで総合的

に検討して、保護者と連携して対処していく。

　健康診断もまた、保護者と連携する機会のひとつである。フィンランドでは学校の健康診断は、個別であり、1年生と5年生で学校医の診察と保護者との面談もある。その場合はまず、スクールナースから予約可能な日時のお知らせがあり、保護者が自分に都合の良い日にちと時間を選び予約する。予約した日に子どもと一緒にスクールナースのオフィスに行き、身体測定と医師の診察の後、スクールナースが学校で何か心配なことはないかを子どもに尋ね、保護者からも子どもの健康・発達について何か気になることはないか尋ねるなど、和やかに進む。

　教育実習の一環で、トゥルク大学付属学校のスクールサイコロジスト、スクールソーシャルワーカー、スクールナースに話を聞く機会があった。それぞれの仕事の分担について尋ねると、別々の場で尋ねたにもかかわらず皆一様に、「ケースバイケース、自分の所に相談に来たなら、まず自分が対応し、他の専門家と連携をとりながら対応を進めていく」、と答えた。実際、例えば、いじめの被害者の場合、ストレスが身体状態に表れてスクールナースのところに来ることもあれば、人間関係の調整をスクールソーシャルワーカーに相談に行くこともあるし、心理ストレスをスクールサイコロジストに相談することもありうる。

　ちょうど、多領域の専門家のうち最後に話を聞くことになったスクールナースに「ケースバイケース」の真意を尋ねてみると、「専門性だけでなく、児童と保護者が誰と一緒に話したいのか、その希望に沿って対応する。何よりも、児童の利益を一番に考えることが大事だから、そして児童の支援のためには、保護者との信頼と連携が欠かせないから」、とのことだった。さらにスクールナースの話で印象的だったのは、「学級担任というのは、鶏のお母さんのようにすべての児童を包み、面倒を見なくてはならない仕事。私たち多領域の専門家の仕事は、教師に寄り添い、側面からサポートし、教師が教育に集中できるようにすること」と言ったことだった。

　2014年より児童・生徒ウェルフェア法（oppilas- ja opiskelijahuoltolaki, 2013）が施行され、ウェルフェアグループの多領域の専門家の仕事にさまざまな変化がもたらされた。まず、仕事の重心が問題の解決から防止へと移ってきた。

したがって、例えばスクールサイコロジストが教室で教師とともに自己認識や自尊心に関する授業を行う、スクールソーシャルワーカーが学校生活が大きく変わった中学1年生向けに共同体意識を高めるようなワークショップをするなど、以前よりもクラスや学年全体に働きかける活動が多くなった。その一方で、児童・生徒や保護者からの相談への対応も明確に規定され、申し込みがあってから遅くとも7日以内に、急を要する案件は翌日に面談を設けるように決められた。

　児童、生徒ウェルフェア法施行により、スクールサイコロジストやスクールソーシャルワーカーの仕事量は増大したといわれている。彼らは、複数の学校を掛け持ちし、限られた時間の中で、教師からもたらされた児童・生徒に関する案件に対処し、児童・生徒や保護者からの直接の相談に対応し、かつ問題発生防止活動を行わなくてはならない。また、プレスクールから高校、専門学校まで自治体のすべての学校をカバーするようになったので、対象とする児童・生徒数が増大した。そのような状況では、個々のケースに継続して関わっていくには限界があり、スクールサイコロジストやスクールソーシャルワーカーの組合は増員を訴えている。法律施行のもうひとつの変化として、守秘義務が強化され、機関ごとの連携、例えば、プレスクールと小学校、小学校と中学校の間で生徒のウェルフェアに関わる情報の共有が、保護者による書面での承諾なしではできないことになった。児童、生徒のウェルフェアを向上する目的の法律なのだが、まだ施行されて日も浅く、各自治体、学校は最善の運用方法を探るべく試行錯誤をしている。

## 第2節　いじめ

　トゥルク大学の心理学科が開発したいじめ対策プログラム KiVa Koulu プログラムは、日本でもすでに紹介されており、オランダなど他の国でも取り入れられるようになってきた。しかし、いじめは相変わらずフィンランドの学校における大きな問題の一つである。

　プログラムは、小学校の低学年用、高学年用、中学生用に分かれていて、

いじめに関して教師が知っておくべき知識、教師が必要に応じて授業で使える教材と学校でできるアクティビティで構成される。一学期に1～2回のKiVa授業があり、感情について考えるところから始まり、どんな状況をいじめと考えるのか、身近でそれが起きた時、どうしたらいいのかを学ぶ。授業は、教師から「こういうのがいじめです、だからやめましょう」、と言うのではなく、児童・生徒に自分で感じ、考えさせることを目的とする。また、休み時間には、教師達が交代で蛍光色の目立つベストを着て校庭で遊ぶ児童を見回り、少しでも何か問題だと感じれば小まめに子どもたちに介入している。また、子どもたちも休み時間の間に何かあれば見回りの教師に告げることになっている。

　システムとしてはよくできているし、また、実際、自分の子どもの担任を見ても教育実習先の教師たちを見ても、少しでもいじめの芽を感じれば、すぐに摘み取ろうと努力しているのを感じる。例えば、先日、教育実習先で休み時間の終わりに小学校2年生の男の子3人の間で口げんかになり、やがて一人に対して2人が意地悪な言葉を浴びせる形になった。授業時間になって、教室で教師と意地悪を言った2人の児童の間でこんなやり取りがあった。

教師　あなた達はXXに意地悪な事を言っていたね。意地悪なことを言われるとどんな気持ちになると思う。
児童　いやな気持ちになる。
教師　意地悪なことを人に言ってもいいの。
児童　いけないと思う。
教師　なぜいけないと思うの。
児童　相手をいやな気持にさせるから。
教師　あなた達がXXに意地悪なことを言ったら、XXは嫌な気持になったね。
児童　うん。
教師　では、ごめんなさいを言いに行きなさい。

　その場で2人の児童はもう一人の児童に謝った。ここでも「なぜいけないのか」を自分で考えさせる、少なくとも言葉にさせる姿勢は変わらない。また、授業時間を削ってでもすぐにその場で対応するほど重視している、とい

第10章　フィンランド在住の日本人心理学者からみた学校環境とウェルビーイング

うことも分かる。

　しかしながら、子どもと教師たちがKiVa Kouluプログラム通りに行動するのか、そもそも子どもたちがKiVaの授業から何を学んでいるのか、は別の話だ。フィンランドの健康福祉研究所（Terveyden ja hyvinvoinnin laitos, 2015）の中学２、３年生を対象にした調査によると、いじめに関わった生徒の割合は、2000年に入ってからほとんど変わっていない（図10−1）。7％

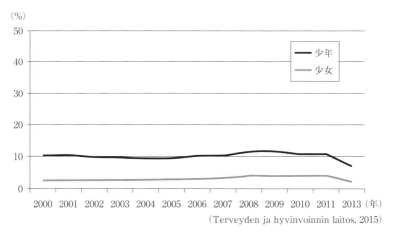

**図10−1　学校で少なくとも1週間に1回はいじめに関わった中学2、3年生の割合**

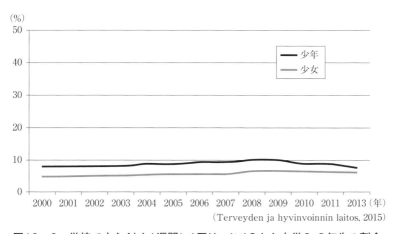

**図10−2　学校で少なくとも1週間に1回はいじめられた中学2、3年生の割合**

261

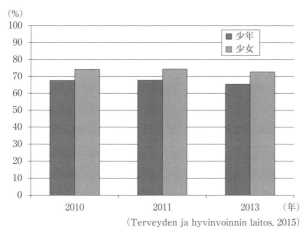

図10-3　学校の大人はいじめを止める役に立っていないと考える中学2、3年生の割合

が少なくとも1週間に1回はいじめの被害者となり（図10-2）、70％近くが学校にいる教師や大人はいじめをなくすのに役に立っていない（図10-3）と答えている。小学校に関する同種の調査はないようだが、中学校と同様の傾向があったとしても不思議ではない。

　児童・生徒にも保護者にも、なぜ学校はなぜいじめを止めるのに無力なのか、といういらだちはある。いじめの加害者に対して一般的になされることは、注意をする、保護者を呼んで話し合う、いじめの行動が何らかのストレスに起因する場合には、スクールウェルフェアチームが保護者と共にその解決にあたる、などである。場合によっては、スクールウェルフェアチームが児童保護事務所に通報することもあり得る。教育基本法では学校の安全に著しい危害を与える場合は、最大3カ月の停学を命じることができると記されているが、実際に適用されることはない。問題を複雑にしているのは、いじめの多くが教師や学校のスタッフから見えない、放課後や休日、そしてソーシャルメディアでも起きていることである。

　いじめ解決の手段の一つとして、警察の助けを求めることもできる。実際、学校に訴えてもいじめがやまない場合に、保護者が警察にいじめを告発する、ということがある。警察のウェブサイトにも若者向けにいじめについての

ページがあって、いじめはまず保護者か教師に相談するのがいいが、警察のアドバイスを求めることもできる、身体的暴力だけでなく言葉による暴力も処罰の対象となる、ソーシャルメディアなどで誰かについて虚偽の情報を流せば名誉棄損になる、と記されている。

　メディアを介してもいじめの対策にさまざまなキャンペーンがなされている。今年は若者に人気の高校生タレントとラップシンガーがキャンペーンを担っている。2014年秋には日本のNHKに相当するフィンランド公共放送で、いじめについての公開討論会が放送された。参加者は、中学生、高校生、大学生、教師、当時の文部大臣、KiVaプログラムの開発者でトゥルク大学心理学科のサルミヴァッリ（Salmivalli）教授、若者に人気のタレントなどで、それぞれが率直な意見を交換し、中学生が大学教授や文部大臣に意見を述べるのも、ごく自然だった。どこかの特定の機関や誰かに責任を押し付けて終わりにするのではなく、何が起こっているのかを複数の視点から明らかにし、解決を探るプロセスを重視する、いかにもフィンランド的なアプローチだと感じた。

## 第3節　学習と学校生活についての支援

　学習に困難を持つ児童・生徒は、必要な支援を受ける権利を持っている。2011年より支援教育の枠組みが変わり、現在は、一般的な支援、強化された支援、特別な支援の3段階に分かれ、必要に応じて児童・生徒への支援の段階を見直していくことになっている。

　一般的な支援は、最初の支援段階で、一時的な支援である。例えば特定の事項に関して授業についていけなかった場合、病気で数日欠席が続いた後の補習などが一般的である。継続的な、あるいは複数の支援が同時に必要な場合には、次の段階の強化された支援となり、どんな支援が必要か教育的な評価を行い、評価に基づいて支援がなされる。強化された支援は、基本的には、通常学級の中で行われる。教育支援員（koulunkäynninohjaaja）が強化された支援を必要とする児童・生徒をサポートすることも多い。教育支援員は、

教育学、心理学、特別支援教育など理論と実習を含む1.5〜2年の教育を経て資格を取得した人たちである。

最大の支援段階である特別な支援は、学習指導要領よりも、個別の学習支援計画に基づいての教育と支援が行なわれる。個別の学習支援計画は、教師と保護者、児童・生徒の話し合いで作成される文書である。一般に教育の場は、特別支援学級あるいは特別支援学校となる。特別支援学級あるいは特別支援学校で学ぶ必要性は、スクールウェルフェアチームが検討するものの、どこの学級で、あるいはどこの学校で学習するかを決める権利は、あくまで保護者と児童・生徒にある。

教育基本法には、全ての児童・生徒は地域の学校で教育を受ける権利を要すると明記されている。実際に、統計（Opetushallinnon tilastopalvelu, 2016）を見ても特別支援学級や学校で行われる特別な支援は減る傾向にあり、通常学級の中での強化された支援が増加しているのが分かる（図10-4）。さらに、特別な支援の場としては、地域の学校の中に特別支援学級を作り、特別支援学校を減らす方向にある。

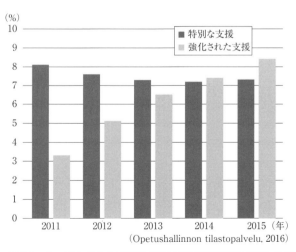
（Opetushallinnon tilastopalvelu, 2016）

**図10-4　強化された支援と特別な支援を受ける児童・生徒が全小中学生に占める割合**

特別支援学級と普通学級のどちらがその子にとって最善の環境なのかを決めるのが難しいのは、フィンランドも同じである。支援学級は、クラスあたりの児童・生徒数が少なく、小学校教諭と特別支援教諭の免許を併せ持っている教師が担当し、教育支援員の数も多い。例えば、トゥルク市のルオラヴオリ学校のアスペルガー症候群を対象にした１、２年生合同クラスでは、６人の児童に対して担任の他に２人の教育支援員がついていた。児童によっては一部の授業を通常学級で受けるのだが、その時に教育支援員がついて行って補助をしたり、あるいは、その日の児童の状態に応じて、教育支援員と別室で個別で指導することも可能である。担任によると、授業は学習指導要領に基づいて行うが、本当に必要なことに絞っている、個別の学習支援計画に基づいて社会性の向上のためにさまざまな活動を取り入れているとのことだった。授業を「本当に必要なことに絞っている」、というのは、トゥルク大学付属学校の６年生を対象とした支援学級の教師も言っていた。彼によると、「インターネットが普及して簡単に検索できる時代に、教科書に出てくる用語の全てを覚えなくてもかまわない。情報を検索し使う力と考える力をつけることに集中した教育をしている」、とのことだった。

　残念なことに、近年、教育支援員がどんどん減らされている。国は、教育支援員の代わりにリソース教師（resurssiopettaja）として教諭の有資格者を採用し、教師一人当たりの児童・生徒数を減らす政策を取っていたが、リソース教師は１年契約の臨時職員であり、国と地方の財政状況では、今後どれだけ採用されるかは不透明である。さらに支援という観点では、リソース教師は教育を担うが、教育支援員は介助もする、という仕事の違いもある。学習と学校生活についての支援においても枠組みは良くても予算次第で運用が変わってくる、という難しさが見られる。

　フィンランドの小・中学校では、決して少なくない量の宿題が出されるが、学校によっては、児童・生徒の学習を支援する活動のひとつとして、子どもたちが放課後学校に残って宿題をする宿題クラブをもうけているところがある。学校によって運用は違って、宿題を何回忘れたら宿題クラブに１回行く、と決めているところが多いが、強化された支援を受けている子が継続的に来て、補習の役割を果たしているところもある、また、児童が自発的に好きな

ときに参加できるところもある。宿題クラブは教師がついていて監督と指導をする。都市部では、学校以外でも NGO が宿題クラブをもうけているところもあり、とりわけ、母語がフィンランドの公用語であるフィンランド語でもスウェーデン語でもない児童を対象にした補習の役割を担っていることが多い。

## 第4節　学校と保護者の連携

　フィンランドでは、保護者と学校の連絡は、サインが必要な書類以外は、ヴィルマ（Wilma）という電子システムを介してやり取りされる。さらに、ヴィルマには、宿題をしていなかった、授業時間にいなかった、授業で教師からポジティブな、あるいはネガティブな評価を受けた、などが、授業時間ごとに記録されるため、冗談で「学校における犯罪記録」と呼ばれることもある。ヴィルマに記載されたことを自動的にメールに送る機能もついているので、保護者は学校で起きたことをほぼリアルタイムで知ることができる。

　学校と家庭をつなぐのは、もちろん電子システムだけではない。保護者の夕べとして学級、あるいは学校単位で、教師と保護者が話しあう会合が年に一度か二度開かれる。また、学校で行われるテストは全て保護者がサインを

学期末に1人ずつ前に出て成績表をもらう

してから教師に返すことになっているので、保護者は子どもが授業をどの程度まで理解しているのかを把握できるようになっている。

　さらに担任との個人面談が最低でも年に1回はある。例えば、娘の学校では、秋学期の終わり、つまり学年の中間で保護者と子どもが一緒に担任と面談する。まず面談の前に質問表を基に子どもが秋学期の学習に関する自己評価をし、保護者のサインをしてもらって学校に持っていく。面談では、子どもの自己評価と教師による評価を合わせて、子どもが何を必要としているか、そのために学校と家庭でどんなサポートをしていくのかを話し合う。このような面談の背景には、学習の評価は結果の評価ではなく、次の目標の設定とその手段を計画するためにある、という考えがある。その一方で、学校からもらう成績表は数字による評価だけで、日本のような担任からのきめ細かいコメントはない。

　家庭は、児童・生徒を育てる場として、いうまでもなく重要な役割を担っている。スクールサイコロジスト、スクールソーシャルワーカー、スクールナース、特別支援教員の誰と話していても繰り返し、「保護者と連携して」、という表現が出てきた。ウェルフェアチームのスタッフと話していて印象的だったのは、問題が起きたときに保護者を責めない、ということだった。特別支援教員の言葉を借りれば、「決して保護者に対して、あなたの育て方がこうだから、子どもがこうだ、と責めてはいけない。そんなことを言えば、保護者は心を閉ざして、そこでおしまいになる。対話が続けられるように働きかけるのが、保護者との連携の鍵だ」とのことだった。

## 第5節　多言語、多文化教育

　自分の文化と言語を維持し、発展させる権利は、フィンランドの憲法に記されている。また、新しい学習指導要領でも、自分の文化や言語に対する認識を通じてアイデンティティを深めること、自分と違う文化を尊重すること、異なる文化間の対話が学習の目標の一つとして述べられている。

　フィンランドの学校では、親の仕事の都合や難民として他の国から来た児

童・生徒も学ぶ。学齢でフィンランドに来て、フィンランド語もスウェーデン語も全く話せず、英語を使うインターナショナルスクールにも行かない場合は、初めに準備学級（valmistava opetus）に通うことが多い。とりわけ最近は難民の流入が急増したため、準備学級の数も急増している。

準備学級ではフィンランド語を学びながら、他の教科の主要事項も勉強する。紛争地域から難民として来た場合、対立する民族出身の児童・生徒が同じクラスで共に学ぶこともありうる。これに関して、一度、トゥルクの小学校で準備学級を担当する教師に質問して見たところ、「ここはフィンランドで、あなた達は安全と平和の担い手なのだ」、と告げているとのことだった。しかしながら、紛争地域から来た場合は、トラウマから長期にわたって情緒が不安定だったり、暴力行為を起こしたりすることもある。単に言語の教育だけでなく、多方面での総合的なサポートが欠かせないのは、言うまでもない。トゥルクの中学校の準備学級では、教室で犬を世話して、犬とのふれあいを通して情緒の安定に役立てているところもある。

準備学級から通常学級に移行した後も、必要によって、強化された支援を受けることもある。さらに多くの学校では、フィンランド語の向上のための、フィンランド語の補習クラス（suomi toisena kielenä：S2）が設定されており、週に数時間、通常のフィンランド語（suomen kieli ja kirjallisuus：日本の国語に相当）の授業の代わりに補習クラスでフィンランド語の授業を受けることもある。国の通達により、自治体が、フィンランド語もスウェーデン語も母語としない児童・生徒にフィンランド語の補習授業を設定することになっているのだ。また、児童・生徒は授業の一部を母語により学ぶこともできる（omakielinen opetus）ことになっている。実際には、地域によって、学校によって運用が異なるが、トゥルク市の場合、アラビア語、クルド語など母語での教育を担う教師が通常の授業に入って、特定の児童・生徒の支援をする場合もあるし、ひとつの教室に集まって、母語でグループ指導をする場合もある。母語による教育は、あくまで学習の補助なので、一人の児童・生徒が受ける時間はそう多くはない。そのため、母語による教育を行う教員は、今日はこっちの学校で何時間、あっちの学校で何時間、と学校間を飛び回っている。

さらに、通達により、フィンランド語もスウェーデン語も母語としない児童・生徒で同じ言語を学ぶ児童・生徒が4人集まれば、自治体はその言語の補習クラス（oppilaan oman äidinkielen opetus）を設定することになっている。憲法でフィンランドの教育で使う言語として認められているサーメとロマニの場合は、2人からである。ただし、自分の母語の補習クラスは、フィンランド語の補習クラスと違って、授業は週に1回、放課後にどこか自治体が決めた場所で行われるため、自分の家から遠い場合や、習い事などと時間が重なって参加できないこともある。

# おわりに

ノキアが携帯電話で世界一のシェアを誇り、フィンランドがPISAでトップを取った2000年代前半に比べ、子どもをとりまく社会環境は大きく変わった。福祉が充実していると考えられる北欧であるが、フィンランドでは近年の不況による国と地方自治体の財政緊縮で、各種の手当の削減と教育予算の削減が続き、家庭と学校をとりまく状況は、不透明である。

フィンランドはPISAではまだ上位に位置しているが、その一方でフィンランド健康福祉研究所の調査（Terveyden ja hyvinvoinnin laitos, 2015）では、学校が楽しいと答えたのは女子で65％、男子で60％以下でしかない。学校の楽しさを増すことは、新しい学習指導要領の重点のひとつでもある。また、新しい学習指導要領には、体育や芸術科目の授業時間の増加や、教師が教える授業から、児童・生徒が自分達で考え、調べ、知識を作り上げる授業への転換、学校外の機関との連携などさまざまな方策が盛り込まれている。その一方で、学習の目標が多過ぎて、一人ひとりに応じた指導を明確に推奨しているわりには、支援が必要な児童・生徒には荷が重いのではないかとも言われている。

フィンランドでは、学習指導要領は約10年に一度改訂される。今回は、児童・生徒のウェルフェアや学習の支援の枠組みも含む大掛かりな改訂が行われたが、まだその効果は、未知数である。この先の10年間、子ども達の学習

環境とウェルビーイングが向上することを祈るばかりである。

**引用文献**

Opetushallinnon tilastopalvelu(2016) Erityinen ja tehostettu tuki. http://vipunen.fi/fi-fi/perus/Sivut/Erityinen-ja-tehostettu-tuki.aspx （2016年8月30日）

Opetushallinto(2014) Perusopetuksen opetussuunnitelman perusteet.
http://www.oph.fi/ops2016/perusteet （2016年8月30日）(Finnish National Board of Education(2016) National core curriculum for basic education. Porvoon Kirjakeskus, Porvoo, Finland.)

Oppilas- ja opiskelijahuoltolaki(2013) http://www.finlex.fi/fi/laki/alkup/2013/20131287
（2016年8月30日）

Terveyden ja hyvinvoinnin laitos(2015) Kouluterveyskysely.
https://www.thl.fi/fi/tutkimus-ja-asiantuntijatyo/vaestotutkimukset/kouluterveyskysely
（2016年8月30日）

# 資料

## 2国間比較統計

ムーミンの故郷はフィンランド。フィンランド語では "Muumi"（ムーミ）

# 国土・人々・経済

### 表11-1　国土の2国比較

| | 日本 | フィンランド |
|---|---|---|
| 面積 | 37万7972km² | 33万8400km² |
| 森林の割合(2010年) | 69% | 73% |
| 耕地の割合(2012年) | 12% | 7% |
| 首都平均気温 | 15.4℃ | 5.3℃ |
| 首都年間降水量 | 1528.8mm | 678.6mm |
| 国土・気候の特徴 | 東アジアに属する島国。はっきりとした四季があり、国土は小さいものの、南北に長い列島の北と南では大きく気候が異なる。そのため多くの植物や動物が生息している。 | 「森と湖の国」と呼ばれる程美しい自然を誇り、バルト海や湖の広大な総面積や偏西風の影響によって、高緯度に位置するわりに気候は穏やかである。一方、気温は一年間で80℃以上変動することもあり、北部では50日以上太陽が昇らない冬や2ヶ月以上太陽が全く沈まない夏といった極端な気候が見られる。 |

### 表11-2　人口構成

| | 日本 | フィンランド |
|---|---|---|
| 人口(2015年) | 1億2689万人 | 547万人 |
| 人口密度 | 335人/km² | 16人/km² |
| 15歳未満児童の割合(2013年) | 13% | 16% |
| 言語 | 日本語 | フィンランド語：89.0%<br>スウェーデン語：5.4%<br>サーミ語：0.04%<br>その他：5.7% |

### 表11-3　経済関連指標（GDPは2013年のデータである）

| | 参加国平均 | 日本 | フィンランド |
|---|---|---|---|
| GDP 現地通貨(2013年　単位:100万) | … | 479,083,700 | 203,338 |
| 公財政支出の対GDP比(2013年) | … | 42.5% | 57.5% |
| 国民一人当たりのGDP(2013年　PPP換算) | … | 36,529 | 40,770 |
| 子どもの貧困率* | 13.3% | 16.3% | 3.6% |

*日本の貧困率は2012年時点、他の貧困率は2014年時点のデータである。

日本の子どもの貧困率はフィンランドに比べて非常に高い。日本は大人が1人で子どもを養育している世帯の相対的貧困率がOECD加盟国中最も高いという現状があり（OECD, 2016）、このような世帯への支援の促進が課題であると言える。

トゥルク市内の小学校

トゥルク市内の中学校

# 教育関連指標

出典：Education at a Glance 2014：OECD Indicators（OECD, 2014）
Education at a Glance 2016：OECD Indicators（OECD, 2016）

### 表11－4　学歴取得率

|  | 参加国平均 | 日本 | フィンランド |
| --- | --- | --- | --- |
| 後期中等教育の学歴取得率（2012年） | 43.9% | 53.4% | 45.1% |
| 高等教育の学歴取得率（2012年） | 32.6% | 46.6% | 39.7% |

### 表11－5　生徒数・授業時間

|  | 参加国平均 | 日本 | フィンランド |
| --- | --- | --- | --- |
| 【学級規模：1クラス当たりの平均生徒数（2012年）】 | | | |
| 初等教育 | 21.3人 | 27.7人 | 19.4人 |
| 前期中等教育 | 23.5人 | 32.7人 | 20.3人 |
| 【教員一人当たりの生徒数（2012年）】 | | | |
| 就学前教育 | 14.5人 | 15.5人 | 10.6人 |
| 初等教育 | 15.4人 | 17.8人 | 13.6人 |
| 前期中等教育 | 13.5人 | 14.1人 | 8.9人 |
| 後期中等教育 | 13.8人 | 12.1人 | 16.1人 |
| 【国公立の教員における年間平均授業時間（2012年）】 | | | |
| 初等教育 | 782.7時間 | 731.4時間 | 673.2時間 |
| 前期中等教育 | 694.0時間 | 602.4時間 | 589.1時間 |
| 後期中等教育 | 655.0時間 | 509.7時間 | 547.2時間 |

### 表11－6　財政と教育支出の2国間比較

| | 参加国平均 | 日本 | フィンランド |
|---|---|---|---|
| **【生徒一人当たりの教育支出額（2013年）単位:米ドル　PPP換算】** | | | |
| 幼児教育 | 8,618 | 6,247 | 12,092 |
| 初等教育 | 8,477 | 8,748 | 8,519 |
| 前期中等教育 | 9,980 | 10,084 | 13,312 |
| 後期中等教育 | 9,990 | 10,459 | 8,786 |
| 高等教育 | 15,772 | 17,883 | 17,868 |
| 初等教育から高等教育 | 10,493 | 11,309 | 11,221 |
| **【教育支出の対GDP比（2013年）】** | | | |
| 幼児教育 | 0.8 | 0.2 | 1.2 |
| 初等教育 | 1.5 | 1.3 | 1.3 |
| 前期中等教育 | 1.0 | 0.8 | 1.1 |
| 後期中等教育 | 1.2 | 0.8 | 1.5 |
| 高等教育 | 1.6 | 1.6 | 1.8 |
| 初等教育から高等教育 | 5.2 | 4.5 | 5.7 |
| **【公財政教育支出の対GDP比（2013年）】** | | | |
| 初等教育、中等教育および高等教育に含まれない中等後教育 | 3.4% | 2.7% | 4.0% |
| 高等教育 | 1.3% | 0.8% | 2.0% |
| 初等教育から高等教育 | 4.8% | 3.5% | 6.0% |
| **【教育支出のうち公財政支出の占める割合（2013年）】** | | | |
| 幼児教育 | 81.2% | 44.5% | 89.4% |
| 初等教育、中等教育および高等教育に含まれない中等後教育 | 91.3% | 92.7% | 99.3% |
| 高等教育 | 69.8% | 35.2% | 96.1% |
| 初等教育から高等教育 | 84.2% | 72.5% | 98.3% |

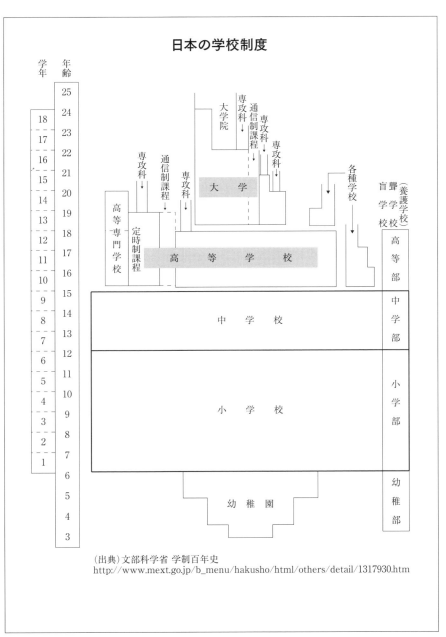

図11-1　日本の学校制度

資　料　2国間比較統計

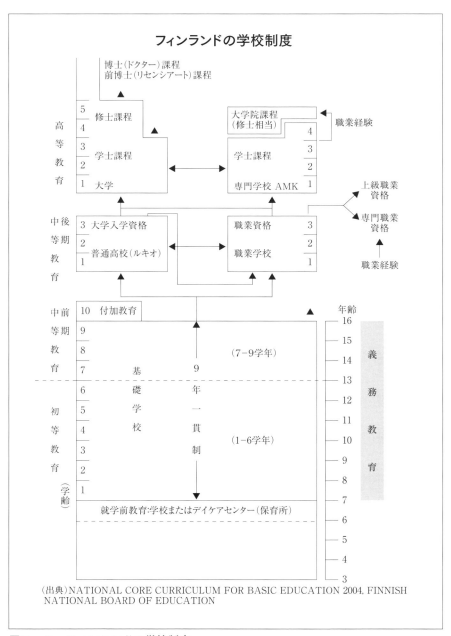

図11−2　フィンランドの学校制度

# PISA (Programme for International Student Assessment) における点数・順位の年間推移

　PISA (Programme for International Student Assessment) とは、OECD が進めている国際的な学習到達度に関する調査である。15歳児を対象に読解力、数学的リテラシー、科学的リテラシーの3分野について、3年ごとに本調査を実施している（国立教育政策研究所, 2016）。

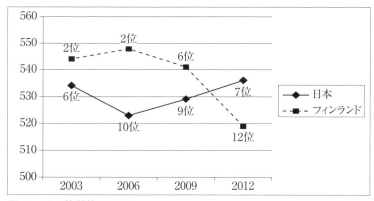

図11-3　数学的リテラシー

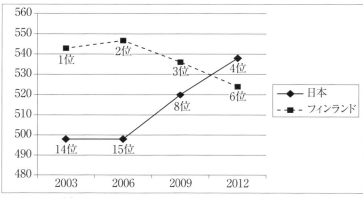

図11-4　読解力

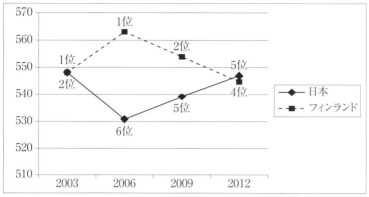

**図11−5　科学的リテラシー**

# TALIS ( Teaching and Learning International Survey ) に関する比較

　TALIS（Teaching and Learning International Survey：国際教員指導環境調査）とは、学校の学習環境と教員の勤務環境に焦点を当てた、OECDの国際調査である。職能開発などの教員の環境、学校での指導状況、教員への評価やフィードバックなどについて、国際比較可能なデータを収集し、教育に関する分析や教育政策の検討に資することを目指している（文部科学省, 2016）。

**［教員と学校の概要］**
　主に、TALIS（2013）の第2章「教員と学校の概要」をまとめたものである。この調査に参加した国の平均的な学校環境、教員像、校長像が記載されている。対象は中学校（中等教育学校）である。

**表11−7　調査における平均的な学校の環境**

|  | 参加国平均 | 日本 | フィンランド |
| --- | --- | --- | --- |
| 国公私の割合 | 国公立約82%<br>私立約19% | 国公立約90%<br>私立約10% | 国公立約95%<br>私立約5% |
| 平均生徒数 | 546人 | 357人 | 348人 |
| 平均教員数 | 45人 | 24人 | 33人 |
| 1学級あたり生徒数 | 24人 | 31人 | 18人 |
| 指導支援職員 | 教員14人につき1人 | 教員12人につき1人 | 教員8人につき1人 |
| 事務・経営の職員 | 教員6人につき1人 | 教員6人につき1人 | 教員12人につき1人 |

**表11−8　調査における平均的な教員像**

|  | 参加国平均 | 日本 | フィンランド |
| --- | --- | --- | --- |
| 女性の割合 | 68% | 39% | 72% |
| 平均年齢 | 43歳 | 42歳 | 44歳 |
| （平均勤続年数） | 16年 | 17年 | 16年 |
| 学歴 | 大卒以上91% | 大卒以上96% | 大卒以上96% |
| 勤務形態 | 常勤82% | 常勤96% | 常勤94% |
| （終身雇用） | 83% | 80% | 77% |

表11-10では、質の高い指導を行う上で妨げになっている項目を「非常に妨げになっている」から「全く妨げになっていない」の4件法で回答し、「非常に妨げになっている」「いくらか妨げになっている」と回答した教員の割合を示している。

表11-9　調査における平均的な校長像

| | 参加国平均 | 日本 | フィンランド |
|---|---|---|---|
| 女性の割合 | 49.4% | 6.0% | 40.6% |
| 平均年齢 | 51.5歳 | 57.0歳 | 51.2歳 |
| 50歳代以上の割合 | 62.5% | 98.4% | 58.4% |

表11-10　学校における教育資源

| | 参加国平均 | 日本 | フィンランド |
|---|---|---|---|
| 資格を持つ教員や有能な教員の不足 | 38.4% | 79.7% | 17.1% |
| 特別な支援を要する生徒への指導能力を持つ教員の不足 | 48.0% | 76.0% | 56.0% |
| 職業教育を行う教員の不足 | 19.3% | 37.3% | 4.9% |
| 支援職員の不足 | 46.9% | 72.4% | 51.5% |

［校長のリーダーシップ］

表11-11は過去12か月間の間に、校長が校長向けの職能開発に参加した割合、その種類および平均参加日数を示している。

表11-11　職能開発への参加率と参加日数

| | 参加国平均 | 日本 | フィンランド |
|---|---|---|---|
| 専門的な勉強会、組織内指導（メンタリング）、調査研究に参加した校長の割合 | 51.1% | 56.9% | 48.1% |
| 平均参加日数 | 20.2日 | 6.1日 | 4.4日 |
| 研修講座や会議、視察に参加した校長の割合 | 83.4% | 83.1% | 87.7% |
| 平均参加日数 | 12.6日 | 9.5日 | 5.8日 |
| その他の活動に参加した校長の割合 | 33.5% | 17.7% | 36.2% |
| 平均参加日数 | 10.4日 | 3.8日 | 3.7日 |
| いずれの職能開発にも参加しない校長の割合 | 9.5% | 14.6% | 8.3% |

### 表11-12　校長が実力を発揮する上での障壁と認識しているもの

|  | 参加国平均 | 日本 | フィンランド |
|---|---|---|---|
| 1位 | 不十分な学校予算や資源（79.5%） | 不十分な学校予算や資源（84.2%） | 自分にかかっている重い業務負担と責任（82.1%） |
| 2位 | 自分にかかっている重い業務負担と責任（71.8%） | 政府の規制や政策（64.8%） | 不十分な学校予算や資源（77.0%） |
| 3位 | 政府の規制や政策（69.1%） | 自分にかかっている重い業務負担と責任（40.6%） | 教員の欠勤（40.8%） |

### 表11-13　校長が職能開発に参加する上での障壁と認識しているもの

|  | 参加国平均 | 日本 | フィンランド |
|---|---|---|---|
| 1位 | 自分の仕事のスケジュールと合わない（43.1%） | 自分の仕事のスケジュールと合わない（78.2%） | 自分の仕事のスケジュールと合わない（42.2%） |
| 2位 | 誘因がない（35.4%） | 費用が高い（43.1%） | 誘因がない（30.1%） |
| 3位 | 費用が高い（29.1%） | 不十分な雇用支援（35.0%） | 家族間のやりとりに伴う葛藤（17.8%） |

　以下、表11-14、表11-16、表11-19、表11-21については、各設問を「非常にそう思う」から「まったくそう思わない」までの4件法で評価している。表中の割合は「そう思う」と「非常にそう思う」に回答した人数の、全体に占める割合である。

　なお、「校長になろうとしたことを後悔している」という項目においてのみ、「そう思わない」「まったくそう思わない」と回答した校長の割合を示している。

### 表11-14　校長の仕事に対する満足度

|  | 参加国平均 | 日本 | フィンランド |
|---|---|---|---|
| 校長には明らかに，不利より有利な点の方が多い | 83.3% | 61.1% | 95.5% |
| もう一度選ぶとしても，この仕事/立場を選ぶだろう | 86.9% | 61.2% | 91.6% |
| 校長になろうとしたことを後悔している | 93.7% | 96.4% | 97.1% |
| 現在の学校で働くのは楽しい | 96.1% | 83.0% | 92.5% |
| 良い職場環境として，自分の学校を勧められる | 96.4% | 88.3% | 98.6% |
| 現在の学校での自分の仕事の成果に満足している | 94.6% | 59.8% | 96.4% |
| 全体としてみれば，この仕事に満足している | 95.7% | 91.5% | 93.8% |

[指導実践、教員の信念、学級の環境]

表11-15は、各項目を「ほぼ毎回行っている」「頻繁に行っている」「ときどき行っている」「ほとんど・まったく行っていない」の4件法で評価し、「ほぼ毎回行っている」「頻繁に行っている」と回答した教員の全体に占める割合を示す。

表11-15　指導実践

| | 参加国平均 | 日本 | フィンランド |
|---|---|---|---|
| 前回の授業内容のまとめを示す | 73.5% | 59.8% | 62.0% |
| 生徒が少人数のグループで、問題や課題に対する共同の解決策を考えだす | 47.4% | 32.5% | 36.7% |
| 学習が困難な生徒、進度が速い生徒には、それぞれ異なる課題を与える | 44.4% | 21.9% | 36.6% |
| 新しい知識が役立つことを示すため、日常生活や仕事での問題を引き合いに出す | 68.4% | 50.9% | 63.7% |
| 全生徒が単元の内容を理解していることが確認されるまで、類似の課題を生徒に演習させる | 67.3% | 31.9% | 50.7% |
| 生徒のワークブックや宿題をチェックする | 72.1% | 61.3% | 62.4% |
| 生徒は完成までに少なくとも一週間を必要とする課題を行う | 27.5% | 14.1% | 14.1% |
| 生徒は課題や学級での活動にICT（情報通信技術）を用いる | 37.5% | 9.9% | 18.2% |

表11-16　指導・学習に関する信念

| | 参加国平均 | 日本 | フィンランド |
|---|---|---|---|
| 教員としての私の役割は、生徒自身の探求を促すことである | 94.3% | 93.8% | 97.3% |
| 生徒は、問題に対する解決策を自ら見出すことで、最も効果的に学習する | 83.2% | 94.0% | 82.2% |
| 生徒は、現実的な問題に対する解決策について、教員が解決策を教える前に、自分で考える機会が与えられるべきである | 92.6% | 93.2% | 93.8% |
| 特定のカリキュラムの内容よりも、思考と推論の過程の方が重要である | 83.5% | 70.1% | 91.0% |

表11-17は、祝日などで平日が休みになることがなかった1週間の間で、教員が以下の項目にどのくらいの時間を費やしたかを示している。

### 表11-17　教員の仕事時間

|  | 参加国平均 | 日本 | フィンランド |
| --- | --- | --- | --- |
| 仕事時間の合計 | 38.3時間 | 53.9時間 | 31.6時間 |
| 指導（授業）に使った時間 | 19.3時間 | 17.7時間 | 20.6時間 |
| 学校内外で個人で行う授業の計画や準備に使った時間 | 7.1時間 | 8.7時間 | 4.8時間 |
| 学校内での同僚との共同作業や話し合いに使った時間 | 2.9時間 | 3.9時間 | 1.9時間 |
| 生徒の課題の採点や添削に使った時間 | 4.9時間 | 4.6時間 | 3.1時間 |
| 生徒に対する教育相談に使った時間 | 2.2時間 | 2.7時間 | 1.0時間 |
| 学校運営業務への参画に使った時間 | 1.6時間 | 3.0時間 | 0.4時間 |
| 一般的事務業務に使った時間 | 2.9時間 | 5.5時間 | 1.3時間 |
| 保護者との連絡や連携に使った時間 | 1.6時間 | 1.3時間 | 1.2時間 |
| 課外活動の指導に使った時間 | 2.1時間 | 7.7時間 | 0.6時間 |
| その他の業務に使った時間 | 2.0時間 | 2.9時間 | 1.0時間 |

### 表11-18　教員間の協力

|  | 参加国平均 | 日本 | フィンランド |
| --- | --- | --- | --- |
| 同じクラス内で、チームとして共同で教えたことがない | 41.9% | 34.0% | 32.3% |
| 他の教員の授業を見学し、感想を述べることを行っていない | 44.7% | 6.1% | 70.3% |
| 異なるクラスや年齢集団をまたいだ活動（プロジェクトなど）に参加したことがない | 21.5% | 37.5% | 23.5% |
| 同僚と教科教材を交換したことがない | 7.4% | 11.1% | 9.8% |
| 特定の生徒の学習発達について、議論に参加したことがない | 3.5% | 6.0% | 1.1% |
| 共通の評価基準を持つために、自分の学校で他の先生と共に働いたことがない | 8.8% | 16.6% | 9.3% |
| 同僚との話し合いに出席したことがない | 9.0% | 3.6% | 7.9% |
| 協同で行う教員の学びに参加したことがない | 15.7% | 18.8% | 41.0% |

### 表11-19　学級の規律的雰囲気

|  | 参加国平均 | 日本 | フィンランド |
| --- | --- | --- | --- |
| 授業を始める際、生徒が静かになるまでかなり待たなければならない | 28.8% | 14.7% | 30.7% |
| この学級の生徒は良好な学習の雰囲気を創り出そうとしている | 70.5% | 80.6% | 58.5% |
| 生徒が授業を妨害するため、多くの時間が失われてしまう | 29.5% | 9.3% | 31.6% |
| 教室内はとても騒々しい | 25.6% | 13.3% | 32.1% |

## ［教員の自己効力感と仕事に対する満足度］

表11-20は各項目を4件法で評価し、「たくさんする」と「かなりする」に回答した教員の全体に占める割合を示す。

### 表11-20　教員の自己効力感

| | 参加国平均 | 日本 | フィンランド |
|---|---|---|---|
| **【学級運営について】** | | | |
| 学級内の秩序を乱す行動を抑える | 87.0% | 52.7% | 86.3% |
| 自分が生徒にどのような態度・行動を期待しているか明確に示す | 91.3% | 53.0% | 92.7% |
| 生徒を教室の決まりに従わせる | 89.4% | 48.8% | 86.6% |
| 秩序を乱すまたは騒々しい生徒を落ち着かせる | 84.8% | 49.9% | 77.1% |
| **【生徒の主体的学習参加の促進について】** | | | |
| 生徒に勉強ができると自信を持たせる | 85.8% | 17.6% | 83.9% |
| 生徒が学習の価値を見出せるよう手助けする | 80.7% | 26.0% | 77.3% |
| 勉強にあまり関心を示さない生徒に動機づけする | 70.0% | 21.9% | 60.4% |
| 生徒の批判的思考を促す | 80.3% | 15.6% | 72.8% |
| **【教科指導について】** | | | |
| 生徒のために発問を工夫する | 87.4% | 42.8% | 90.1% |
| 多様な評価方法を活用する | 81.9% | 26.7% | 64.2% |
| 生徒がわからない時は、別の説明の仕方を工夫する | 92.0% | 54.2% | 76.9% |
| さまざまな指導方法を用いて授業を行う | 77.4% | 43.6% | 68.2% |

### 表11-21　教員の仕事に対する満足度

| | 参加国平均 | 日本 | フィンランド |
|---|---|---|---|
| 教員には明らかに,不利より有利な点の方が多い | 77.4% | 74.4% | 95.3% |
| もう一度選ぶとしても、教員として働くだろう | 77.6% | 58.1% | 85.3% |
| 可能ならば、別の学校に移りたい | 21.2% | 30.3% | 16.2% |
| 教員になろうとしたことを後悔している | 9.5% | 7.0% | 5.0% |
| 現在の学校で働くのは楽しい | 89.7% | 78.1% | 90.8% |
| 別の職業を選んだほうがよかったのではと思う | 31.6% | 23.3% | 27.5% |
| 良い職場環境として、自分の学校を勧められる | 84.0% | 62.2% | 87.5% |
| 教員は,社会の中で価値があると思う | 30.9% | 28.1% | 58.6% |
| 現在の学校での自分の仕事の成果に満足している | 92.6% | 50.5% | 95.0% |
| 全体としてみれば,この仕事に満足している | 91.2% | 85.1% | 91.0% |

［職能開発］

### 表11-22　組織内指導者(メンター)の指導

|  | 参加国平均 | 日本 | フィンランド |
|---|---|---|---|
| メンターの指導を受けている | 12.8 | 33.2 | 2.8 |
| 校内で指導プログラムに参加できる | 24.9 | 14.9 | 6.0 |

### 表11-23　職能開発に対する教員のニーズ

|  | 参加国平均 | 日本 | フィンランド |
|---|---|---|---|
| 担当教科分野の知識理解 | 8.7% | 51.0% | 3.8% |
| 担当教科指導における教育学的な能力 | 9.7% | 56.9% | 3.4% |
| カリキュラムに関する知識 | 7.9% | 20.6% | 3.4% |
| 生徒の評価実務 | 11.6% | 39.6% | 3.9% |
| 指導用のICT技能 | 18.9% | 25.9% | 17.5% |
| 生徒と学級のマネジメント | 13.1% | 43.0% | 7.8% |
| 個別指導への接近 | 12.5% | 40.2% | 8.3% |
| 特別な支援を要する生徒への指導 | 22.3% | 40.6% | 12.6% |
| 職場で使う新しいテクノロジー | 17.8% | 16.0% | 13.9% |
| 生徒の進路指導やカウンセリング | 12.4% | 42.9% | 1.5% |

### 表11-24　職能開発の参加の障壁

|  | 参加国平均 | 日本 | フィンランド |
|---|---|---|---|
| 参加資格を満たしていない(資格、経験、勤務年数など) | 11.1% | 26.7% | 7.1% |
| 職能開発の費用が高すぎる | 43.8% | 62.1% | 23.1% |
| 雇用者からの支援の不足 | 31.6% | 59.5% | 23.2% |
| 職能開発の日程が仕事のスケジュールと合わない | 50.6% | 86.4% | 51.9% |
| 家族があるため時間が割けない | 35.7% | 52.4% | 37.0% |
| 自分に適した職能開発がない | 39.0% | 37.3% | 39.8% |
| 職能開発に参加する誘因がない | 48.0% | 38.0% | 42.9% |

### 表11-25　過去12カ月以内に受けた職能開発の形態

|  | 参加国平均 | 日本 | フィンランド |
|---|---|---|---|
| 課程(コース)／ワークショップ | 70.9% | 59.8% | 60.1% |
| 教育に関する会議やセミナー | 43.6% | 56.5% | 35.5% |
| 他校の見学 | 19.0% | 51.4% | 20.0% |
| 職能開発のために作られた教員ネットワークへの参加 | 36.9% | 23.1% | 20.5% |
| 教員が興味のある項目についての個人／共同研究 | 31.1% | 22.6% | 7.6% |

[**教員への評価とフィードバック**]

　教員評価とは、教員の仕事を校長などが審査することであり、公式な手法（例えば所定の手続きや基準に基づく正規の業績管理システムの一部として行われる場合）によるものと定義される。また、フィードバックとは、授業観察や、指導計画や生徒の成績に関する議論などを通じて、教員の指導状況についてさまざまな関係者との間で行われるあらゆるコミュニケーションであり、非公式なものと公式なもののいずれも含まれるものと定義される（国立教育開発研究所, 2016）。

表11-26　教員評価を受けたことのある教員の割合

| 参加国平均 | 日本 | フィンランド |
|---|---|---|
| 92.6% | 96.2% | 74.1% |

表11-27　フィードバックを受けたことのある教員の割合

| 参加国平均 | 日本 | フィンランド |
|---|---|---|
| 87.5% | 93.7% | 63.1% |

**引用・参考文献**

フィンランド大使館、東京（2013）
  http://www.finland.or.jp/Public/default.aspx?contentlan=23&culture=ja-JP
Finnish National Board of Education（2004） http://www.oph.fi/English
FAOSTAT（2010） http://faostat3.fao.org/browse/R/RL/E
気象庁（2015） http://www.jma.go.jp/jma/index.html
国土地理院（2014） http://www.gsi.go.jp/KOKUJYOHO/MENCHO/201410/opening.htm
国立教育政策研究所（2016） http://www.nier.go.jp/kenkyukikaku/talis/
国立教育政策研究所（2016） http://www.nier.go.jp/kokusai/pisa/
文部科学省（2015）
  http://www.mext.go.jp/b_menu/hakusho/html/others/detail/1317930.htm
文部科学省（2016） http://www.mext.go.jp/b_menu/toukei/data/Others/1349189.htm
OECD（2014）
  http://www.oecd-ilibrary.org/education/education-at-a-glance-2014_eag-2014-en
OECD（2016） www.oecd.org/social/family/database.htm
OECD（2016） http://www.oecd-ilibrary.org/education/education-at-a-glance_19991487
総務省統計局（2015） http://www.stat.go.jp/data/sekai/index.htm
Statistics Finland（2015） https://www.stat.fi/index_en.html
World Health Organization（2015）
  http://www.who.int/gho/publications/world_health_statistics/2015/en/

## ２国間調査研究成果一覧（平成22年～平成28年）

［著　書］

松本真理子・Keskinen, S. 編著（2013）／森田美弥子・坪井裕子・鈴木伸子・畠垣智恵・野村あすか・垣内圭子・大矢優花著『フィンランドの子どもを支える学校環境と心の健康――子どもにとって大切なことは何か』明石書店

［論　文］

1. Tuula Merisuo-Storm, Soili Keskinen, Mariko Matsumoto, Kikuyo Aoki, and Misuzu Nagai（2012）Feelings of Wellbeing in Adolescents：A Cross-cultural Study of Finnish and Japanese Students, *The Journal of Teacher Education and Educators*, Vol.1（１）81-105
2. Tsuboi, H., Matsumoto, M., Keskinen, S., Kivimäki, R., Suzuki, N., Hatagaki, C., Nomura A., Kaito K., Morita,M.（2012）Japanese Children's QOL - A Comparison with Finnish Children, *Japanese Journal of Child and Adolescent Psychiatry*, 53, Supplement. 14-25.
3. 松本真理子（2013）「子どもの幸せを考える――フィンランドと日本の子どもたち」『子ども健康学会誌』Vol.13(1), 3-9.
4. 野村あすか・松本真理子・坪井裕子・鈴木伸子・畠垣智恵・垣内圭子・蒔田玲子・山本明日香・森田美弥子（2013）「フィンランドにおけるひきこもり傾向児に対する多面的アプローチ――質問紙法、投影法、および行動観察を通した自己像と対人関係の検討」『心理臨床――名古屋大学発達心理精神科学教育研究センター心理発達相談室紀要』28, 5 -36.
5. 坪井裕子・松本真理子・野村あすか・鈴木伸子・畠垣智恵・森田美弥子（2013）「フィンランドにおける児童福祉施設の実際」『人間環境大学紀要「人間と環境」』電子版６、13-24.
6. 野村あすか・松本真理子・坪井裕子・鈴木伸子・畠垣智恵・垣内圭子・

大矢優花・森田美弥子（2013）「文章完成法から見た日本とフィンランドの児童生徒の自己像と対人関係」『心理臨床学研究』31(5), 844-849.
7. 坪井裕子・松本真理子・野村あすか・鈴木伸子・森田美弥子（2015）「日本の子どもの学校と友だちに関するQOL――フィンランドの子どもとの比較から」『人間環境大学紀要「人間と環境」』6, 31-39.
8. 坪井裕子（2016）「社会的養護の環境にある子どもたち――フィンランドとの比較から日本の現状について考える」『臨床心理研究――人間環境大学附属臨床心理相談室紀要』10, 45-54.
9. 大矢優花・松本真理子・野村あすか・垣内圭子・坪井裕子・鈴木伸子・畠垣智恵・森田美弥子（2016）「日本とフィンランドの小中学生における『わたし』をめぐる連想」『心理臨床学研究』34(1), 95-101.

[学会発表]
1）野村あすか・松本真理子・畠垣智恵・坪井裕子・鈴木伸子・金子一史・森田美弥子（2010）「フィンランドにおける子どものメンタルヘルス支援の現状――現地調査と文献から」『日本学校心理学会第12回大会（水戸市民会館）発表抄録集』39. 7月31日.
2）Tsuboi, H., Matsumoto, M., Keskinen, S., Milovanov, R., Suzuki, N., Morita, M., Hatagaki, C., Nomura, A., Maruyama, K., Makita, R.(2011) An International Comparison of Children's QOL in Japan and Finland Using Kid-KINDL and YSR, 14th International Congress of ESCAP - European Society for Child and Adolescent Psychiatry（Finlandia Hall, Helsinki, Finland）Supplement, S208. 6月14日.
3）鈴木伸子・坪井裕子・野村あすか・丸山圭子・蒔田玲子・山本明日香・大久保諒・畠垣智恵・松本真理子・森田美弥子（2011）「日本とフィンランドの子どもにおける対人交渉方略の発達」『日本学校心理学会第13回大会（信州大学教育学部、長野市）発表抄録集』A7. 10月10日.
4）蒔田玲子・丸山圭子・山本明日香・坪井裕子・鈴木伸子・野村あすか・大久保諒・畠垣智恵・松本真理子・森田美弥子（2011）「日本とフィンランドの子どもにおける学校環境とQOL――小学校中学年を対象に」

『日本学校心理学会第13回大会（信州大学教育学部、長野市）発表抄録集』B7．10月10日．

5） 丸山圭子・山本明日香・蒔田玲子・鈴木伸子・坪井裕子・野村あすか・大久保諒・畠垣智恵・松本真理子・森田美弥子（2011）「日本とフィンランドの子どもにおける学校環境と QOL――中学生を対象に」『日本学校心理学会第13回大会（信州大学教育学部、長野市）発表抄録集』B8．10月10日．

6） 大久保諒・丸山圭子・山本明日香・蒔田玲子・鈴木伸子・坪井裕子・野村あすか・畠垣智恵・松本真理子・森田美弥子（2011）「日本とフィンランドの子どもにおける学校生活の QOL」『日本学校心理学会第13回大会（信州大学教育学部、長野市）発表抄録集』B9．10月10日．

7） Suzuki, N., Matsumoto, M., Keskinen, S., Tsuboi, H., Nomura, A., Maruyama, K., Oya, Y., Kivimäki, R., & Morita, M.(2012) The Interpersonal Negotiation Strategies（INS）in Japanese children（I）A comparison between Japan and Finland,『34th International School Psychology Association（McGill University, Montreal, Canada）Abstract』162. 10th, July.

8） Nomura, A., Matsumoto, M., Keskinen, S., Tsuboi, H., Suzuki, N., Hatagaki, C., Maruyama, K., Oya, Y., Kivimäki, R., & Morita, M.(2012) A Study on the Self-image and Interpersonal Relationships of Japanese and Finnish Students at School: Using the Sentence Completion Test,『34th International School Psychology Association,（McGill University, Montreal, CANADA）Abstract』167. 10th, July.

9） Maruyama, K., Matsumoto, M., Keskinen, S., Tsuboi, H., Suzuki, N., Nomura, A., Oya, Y., Kivimäki, R., & Morita, M.(2012) The Relationship between Children and Their Peers as well as Teachers in the Kinetic School Drawing : A comparison study between Japanese students and Finnish students『34th International School Psychology Association（McGill University, Montreal, Canada）Abstract』210. 10th, July.

10） Oya, Y., Hatagaki, C., Matsumoto, M., Keskinen, S., Tsuboi, H., Suzuki,

N., Nomura, A., Maruyama, K., Kivimäki, R., & Morita, M.(2012) Associated images of their school in children brought up by Image-Association Method: Comparison between Japan and Finland,『34th International School Psychology Association 34th International School Psychology Association（McGill University, Montreal, Canada）Abstract』165. 10th, July.

11）Hatagaki, C., Oya, Y., Matsumoto, M., Keskinen, S., Tsuboi, H., Suzuki, N. Kivimäki, R., & Morita, M.(2012) Associated self-images in children brought up by Image-Association Method: Comparison between Japan and Finland,『34th International School Psychology Association（McGill University, Montreal, Canada）Abstract』166. 10th, July.

12）野村あすか・松本真理子・坪井裕子・鈴木伸子・畠垣智恵・丸山圭子・蒔田玲子・山本明日香・森田美弥子（2012）「フィンランドにおけるひきこもり傾向児に関する多面的アプローチ——質問紙法、投影法、および行動観察を通した自己像と対人関係の検討」『日本心理臨床学会第31回秋季大会（愛知学院大学）論文集』574. 9月15日.

13）大矢優花・畠垣智恵・坪井裕子・鈴木伸子・野村あすか・丸山圭子・松本真理子・森田美弥子（2012）「日本とフィンランドの子どもにおける学校イメージ——イメージ連想法（IAM）を用いて」『日本学校心理学会第14回大会（高知大学朝倉キャンパス、高知市）発表抄録集』46. 10月14日.

14）野村あすか・坪井裕子・鈴木伸子・丸山圭子・大矢優花・畠垣智恵・松本真理子・森田美弥子（2012）「日本とフィンランドのひきこもり傾向児の学校における自己像および対人関係の特徴——文章完成法を通して」『日本学校心理学会第14回大会（高知大学朝倉キャンパス、高知市）発表抄録集』49. 10月14日.

15）坪井裕子・鈴木伸子・野村あすか・丸山圭子・大矢優花・畠垣智恵・松本真理子・森田美弥子（2012）「QOLからみた日本の子どもの友人関係——フィンランドの子どもとの比較」『日本学校心理学会第14回大会（高知大学朝倉キャンパス、高知市）発表抄録集』57. 10月14日.

16）畠垣智恵・大矢優花・鈴木伸子・坪井裕子・野村あすか・丸山圭子・松本真理子・森田美弥子（2012）「日本とフィンランドの子どもにおける『私』イメージ——イメージ連想法（IAM）を用いて」『日本学校心理学会第14回大会（高知大学朝倉キャンパス、高知市）発表抄録集』58. 10月14日.

17）Suzuki, N., Matsumoto, M., Keskinen, S., Tsuboi, H., Nomura, A., Kaito, K., Oya, Y., Kivimäki, R., & Morita, M.(2013) A Cross-Cultural Comparison about Solutions to Interpersonal Conflict between Japanese and Finnish students, 『15th International Congress of European Society for Child and Adolescent Psychiatry（Convention Centre, Dublin, Ireland）Supplement』S249. 8th, July.

18）Nomura, A., Matsumoto, M., Keskinen, S., Tsuboi, H., Suzuki, N., Kaito, K., Oya, Y., Kivimäki, R., Matsumoto, H., & Morita, M.(2013) Comparing QOL of Students with Social Withdrawal Tendencies in Japan and Finland, 『15th International Congress of European Society for Child and Adolescent Psychiatry（Convention Centre, Dublin, Ireland）Supplement』S251. 8th, July.

19）Oya, Y., Hatagaki, C., Matsumoto, M., Keskinen, S., Tsuboi, H., Suzuki, N., Nomura, A., Kaito, K., Kivimäki, R., & Morita, M.(2013) A Cross-cultural Comparison of Self-images between Japanese and Finnish Students, 『15th International Congress of European Society for Child and Adolescent Psychiatry（Convention Centre, Dublin, Ireland）Supplement』S250. 8th, July.

20）Kaito, K., Matsumoto, M., Keskinen, S., Tsuboi, H., Suzuki, N., Nomura, A., Oya, Y., Kivimäki, R., & Morita, M.(2013) Japanese and Finnish Students' Responses on the Kinetic School Drawing: A Cross-Cultural Comparison, 『15th International Congress of European Society for Child and Adolescent Psychiatry（Convention Centre, Dublin, Ireland）Supplement』S248. 8th, July.

21）大矢優花・畠垣智恵・坪井裕子・鈴木伸子・野村あすか・垣内圭子・松

本真理子・森田美弥子（2013）「小中学生における『わたし』イメージ——イメージ連想法（IAM）を用いて」『日本学校心理学会第15回大会（皇學館大学、伊勢市）発表抄録集』B10.　9月15日.

[**中間報告書**]
松本真理子・森田美弥子・鈴木伸子・坪井裕子（2011）「子どもと子どもの環境に対する包括的支援モデルの構築——子どものメンタルヘルスに関する国際比較研究　中間報告書」（平成21〜25年度日本学術振興会科学研究費基盤研究(B)　課題番号21330159)

# あとがき

　本書では、日本の子どものウェルビーイングについて、そして子どもの幸福について多面的に考えることができるよう構成した。「はじめに」でも触れたが、子どものウェルビーイングを考えるときに大切なことは、子ども自身が「幸せである、よりよく生きている」という感情や感覚をもっていることであろう。

　現代は、国内外において社会情勢の不透明感や閉塞感が、事あるごとにマスコミなどで話題になることも多い。一方、そうした社会背景もあってであろうか「幸福度」という言葉に触れる機会もまた多いように思う。国内では、長寿、持ち家率、離職率や医療費などによる幸福県ランキングが話題になり、世界では実質GDP、汚職レベル、社会支援などによる国別幸福度ランキングが国連から発表され話題になっている。心理学領域に目を向ければポジティブ心理学が米国から日本にも輸入されて話題になっている。セリグマン（Seligman, M. E.）の提唱するポジティブ心理学は「人々を一層幸せにすることができる」ことを目指すものであるという（2011）。こうした現状は心理学に限らず、医療、社会基盤、福祉や生活基盤などさまざまな側面から「幸福であること」を世の中全体が意識し、目指しているようにも映る。

　本書では、臨床心理学の分野から子どものウェルビーイングにアプローチを試みた結果と、子どものウェルビーイングを支える社会基盤や環境についての論文および資料を掲載した。「幸福」に関心が向けられる時代の中で、子どもを取り巻く大切な環境である私たち大人が、「子どもたちの幸せ」について、「自分自身の幸せ」と同じくらい真摯に向き合って考える機会が増えてくれれば、未来を担う子どもたちにとって、それはまた「幸せ」なできごとであるように思い、その思いも本書に託したつもりである。

　最後に本書の刊行は日本とフィンランドの多くの方々の支えあって

のものである。われわれの2国間比較研究に快く協力してくださったフィンランドと日本の学校の子どもたちおよび教職員皆様に、何よりも最初に、皆様のお蔭で本書を刊行することができたことを報告し、記して感謝したい。リア・キヴィマキ（Riia Kivimäki）先生（トゥルク大学）には現地調査の際に多大なご尽力をいただいた。日本在住でフィンランドが母国であるナーバラ・トリスタン（Narbrough Tristan）先生と橋本ライヤ先生（東海大学）、名古屋大学大学院文学研究科の佐久間淳一教授には質問紙の翻訳、通訳などで大変にお世話になった。日本のフィンランドセンター元学術担当マネージャーの高瀬愛さんにも貴重な資料をいただいた。そして、国際比較研究会元メンバーで、静岡大学人文学部の畠垣智恵准教授、名古屋大学大学院教育発達科学研究科の院生（当時）の蒔田玲子さん、山本明日香さんと大久保諒さんにもデータ分析や現地調査などで多くのご協力をいただいた。5回目の調査時には名古屋大学大学院教育発達科学研究科の金井篤子教授にもご協力いただいた。記して感謝したい。

　また明石書店の森本直樹編集部長には、一貫して温かい励ましの言葉と適切な助言をいただいてきた。ここに記すことのできなかった皆様にも多くの支えとご協力をいただいた。厚く御礼申し上げたい。

　最後に、本書の刊行は独立行政法人日本学術振興会平成28年度科学研究費助成事業（科学研究費補助金）（研究成果公開促進費）〈JSPS科研費16HP5191〉の助成を受けて実現したものである。学術振興会には本研究における助成（日本学術振興会基盤研究（B）　子どもと環境に対する包括的支援システムに関する研究　研究代表：松本真理子）と出版助成を合わせて、われわれの研究を大きく支えていただいた。改めて深く感謝申し上げたい。

　　　平成28年8月末　初秋のトゥルクにて　　　　　　　　　著者一同

Martin E. Seligman（2011）*Flourish: A Visionary New Understanding of Happiness and Well-being*. Nicholas Brealey Publishing.（マーティン・セリグマン（2014）『ポジティブ心理学の挑戦――"幸福"から"持続的幸福"へ』宇野カオリ監訳、ディスカヴァー・トゥエンティワン

あとがき

夕暮れ時、ヘルシンキ大聖堂に集う人々

## 執筆者紹介（執筆順）

**松本真理子**（まつもと・まりこ）［編者、担当：序章、第 8 章］
編著者紹介参照。

**野村あすか**（のむら・あすか）［担当：序章、第 4 章、第 6 章］
日本福祉大学社会福祉学部助教。名古屋大学大学院教育発達科学研究科心理発達科学専攻博士後期課程修了。博士（心理学）。臨床心理士。名古屋大学心の発達支援研究実践センター発達障害分野における治療教育的支援事業研究員を経て現職。
主な著作に、『フィンランドの子どもを支える学校環境と心の健康──子どもにとって大切なことは何か』（分担執筆、明石書店、2013）、『心の専門家養成講座第 2 巻　臨床心理学実践の基礎その 2 ──心理面接の基礎から臨床実践まで』（分担執筆、ナカニシヤ出版、2015）、『〈心の発達支援シリーズ第 4 巻〉小学生・中学生　情緒と自己理解の育ちを支える』（分担執筆、明石書店、2016）、『〈心の発達支援シリーズ第 6 巻〉大学生　大学生活の適応が気になる学生を支える』（分担執筆、明石書店、2016）、『災害に備える心理教育──今日からはじめる心の減災』（分担執筆、ミネルヴァ書房、2016）。

**坪井裕子**（つぼい・ひろこ）［担当：第 1 章、第 7 章］
名古屋市立大学大学院人間文化研究科教授。名古屋大学大学院教育発達科学研究科博士後期課程満期退学。博士（心理学）。臨床心理士。名古屋市児童福祉センター等公的機関の心理職、人間環境大学人間環境学部教授を経て現職。
主な著作に『ネグレクト児の臨床像とプレイセラピー』（風間書房、2008）、『子どもの臨床心理アセスメント──子ども・家庭・学校支援のために』（分担執筆、金剛出版、2010）、『子どもの心と学校臨床』（第 8 号、分担執筆、遠見書房、2013）、『フィンランドの子どもを支える学校環境と心の健康──子どもにとって大切なことは何か』（分担執筆、明石書店、2013）、『ネグレクトされた子どもへの支援──理解と対応のハンドブック』（分担執筆、明石書店、2016）他。

**大矢優花**（おおや・ゆか）［担当：第 2 章］
愛知医科大学病院こころのケアセンター臨床心理士。名古屋大学大学院教育発達科学研究科心理発達科学専攻博士前期課程修了。臨床心理士。
主な著作に『フィンランドの子どもを支える学校環境と心の健康──子どもにとって大切なことは何か』（分担執筆、明石書店、2013）、主要論文に、大矢優花・松本真理子他（2016）「日本とフィンランドの小中学生における「わたし」をめぐる連想」『心理臨床学研究』34, 95-101.

**鈴木伸子**（すずき・のぶこ）［担当：第3章］
愛知教育大学教育学部准教授。鳴門教育大学大学院学校教育研究科学校教育専攻修了。臨床心理士、特別支援教育士。医療法人社団至空会メンタルクリニック・ダダ臨床心理士、静岡県スクールサポーター、スクールカウンセラー、常葉学園大学（現：常葉大学）教育学部准教授を経て現職。
主な著作に『子どものロールシャッハ反応――形態水準と反応内容』（共著、金剛出版、2009）、『子どもの臨床心理アセスメント――子ども・家族・学校支援のために』（分担執筆、金剛出版、2010）、『発達と学習の心理学』（分担執筆、田研出版、2013）、『フィンランドの子どもを支える学校環境と心の健康――子どもにとって大切なことは何か』（分担執筆、明石書店、2013）、『子どものこころの医学』（分担執筆、金芳堂、2014）他。

**垣内圭子**（かいとう・けいこ）［担当：第5章］
名古屋大学大学院教育発達科学研究科心理発達科学専攻博士後期課程満期退学。臨床心理士、学校心理士。愛知県スクールカウンセラー。
主な著作に、『フィンランドの子どもを支える学校環境と心の健康――子どもにとって大切なことは何か』（分担執筆、明石書店、2013）、『世界の学校心理学事典』（分担翻訳、明石書店、2013）、『〈心の発達支援シリーズ第4巻〉小学生・中学生　情緒と自己理解の育ちを支える』（分担執筆、明石書店、2016）、主要論文に、垣内圭子・松本真理子他（2015）「中学生における動的学校画の病理指標とQOLとの関連」『ロールシャッハ法研究』19, 57-64.

**森田美弥子**（もりた・みやこ）［担当：第8章］
名古屋大学大学院教育発達科学研究科教授。名古屋大学大学院教育学研究科博士後期課程満期退学。臨床心理士。刈谷病院臨床心理室、名古屋大学学生相談室助手、名古屋大学医療技術短期大学部助教授、名古屋大学教育学部助教授を経て現職。
主な著作に、『21世紀の心理臨床』（森田美弥子ほか編著、ナカニシヤ出版、2003）、『臨床心理査定研究セミナー』（編著、至文堂、2007）、『実践ロールシャッハ法――思考・言語カテゴリーの臨床的適用』（森田美弥子ほか、ナカニシヤ出版、2011）、『フィンランドの子どもを支える学校環境と心の健康――子どもにとって大切なことは何か』（分担執筆、明石書店、2013）、『心の専門家養成講座第1巻　臨床心理学実践の基礎その1』（監修・編著、ナカニシヤ出版、2014）。

**ソイリ・ケスキネン** (Soili Keskinen) ［担当：第9章］
トゥルク大学名誉教授。心理学博士（トゥルク大学）。専門は児童心理学で、特に幼児教育のリーダーシップや子どものウェルビーイングに関する国際比較研究を行っている。
Takala, M., & Keskinen, S.(2014). Performance dialogs implemented in a Finnish university. Studies in Higher Education. Published online 4 Apr. 2013, 39, 1170-1184.
Hujala, E., Eskelinen, M., Keskinen, S., Chen, C., Inoue, C., Matsumoto, M., & Kawase, M.(2016). Leadership Tasks in Early Childhood Education in Finland, Japan, and Singapore. Journal of Research in Childhood Education, 30, 406-421.

**エスコ・ケスキネン** (Esko Keskinen) ［担当：第9章］
トゥルク大学名誉教授。心理学博士（トゥルク大学）。専門は交通心理学で、ドライバーの教育に関する研究など世界の第一人者。
Keskinen, E. & Hernetkoski, K.(2011). Driver education and training. In Porter, B.(ed.) Handbook of Traffic Psychology. Academic Press: Elsevier, USA(pp. 403-422).
Molina, J.G., García-Ros, R. & Keskinen, E.(2014). Implementation of the driver training curriculum in Spain: An analysis based on the Goals for Driver Education(GDE) framework. Transportation Research Part F: Traffic Psychology and Behaviour, 26, Part A, 28-37.

**竹形理佳** (たけがた・りか) ［担当：第10章］
フィンランドのトゥルク市在住。北海道大学大学院教育学研究科博士課程単位取得退学。博士（教育学）。東京学芸大学教育学部講師、ヘルシンキ大学心理学科プロジェクト研究員を経て、トゥルク大学でフィンランドの教員免許取得。

**二宮有輝** (にのみや・ゆうき) ［担当：資料］
名古屋大学大学院教育発達科学研究科心理発達科学専攻博士後期課程在学。修士（臨床心理学）。臨床心理士。

**今村七菜子** (いまむら・ななこ) ［担当：資料］
名古屋大学大学院教育発達科学研究科心理発達科学専攻博士前期課程修了。修士（臨床心理学）。臨床心理士。岐阜市子ども・若者総合支援センター"エールぎふ"乳幼児相談員。

編著者紹介
**松本真理子**（まつもと・まりこ）［編者、担当：序章、第8章］
名古屋大学心の発達支援研究実践センター、大学院教育発達科学研究科教授。名古屋大学大学院教育発達科学研究科博士後期課程修了。博士（心理学）。臨床心理士、学校心理士。聖隷クリストファー看護大学助教授、金城学院大学人間科学部教授を経て、現職。専門は児童・思春期を対象とした臨床心理学。
主な著作に『子どもの臨床心理アセスメント──子ども・家族・学校支援のために』（編著、金剛出版、2010）、『世界の学校心理学事典』（監訳、明石書店、2013）、『フィンランドの子どもを支える学校環境と心の健康──子どもにとって大切なことは何か』（編著、明石書店、2013）、『心の発達支援シリーズ　1巻〜6巻』（監修、明石書店、2016）、『災害に備える心理教育──今日からはじめる心の減災』（編著、ミネルヴァ書房、2016）、『学校心理学ハンドブック　第2版──「チーム」学校の充実をめざして』（編著、教育出版、2016）他。

## 日本とフィンランドにおける子どものウェルビーイングへの多面的アプローチ
── 子どもの幸福を考える

2017年1月30日　初版第1刷発行

| | |
|---|---|
| 編著者 | 松本真理子 |
| 発行者 | 石井昭男 |
| 発行所 | 株式会社　明石書店 |

〒101-0021　東京都千代田区外神田 6-9-5
電　話　03 (5818) 1171
ＦＡＸ　03 (5818) 1174
振　替　00100-7-24505
http://www.akashi.co.jp

装幀　明石書店デザイン室
印刷・製本　モリモト印刷株式会社

（定価はカバーに表示してあります）　　ISBN978-4-7503-4451-5

JCOPY　〈(社)出版者著作権管理機構　委託出版物〉
本書の無断複写は著作権法上での例外を除き禁じられています。複写される場合は、そのつど事前に、(社)出版者著作権管理機構（電話 03-3513-6969、FAX 03-3513-6979、e-mail: info@jcopy.or.jp）の許諾を得てください。

# 心の発達支援シリーズ
【全6巻】

[シリーズ監修]
松本真理子、永田雅子、野邑健二

◎A5判／並製／◎各巻2,000円

「発達が気になる」子どもを生涯発達の視点からとらえなおし、保護者や学校の先生に役立つ具体的な支援の道筋を提示する。乳幼児から大学生まで、発達段階に応じて活用できる使いやすいシリーズ。

**第1巻** 【乳幼児】
育ちが気になる子どもを支える
永田雅子【著】

**第2巻** 【幼稚園・保育園児】
集団生活で気になる子どもを支える
野邑健二【編著】

**第3巻** 【小学生】
学習が気になる子どもを支える
福元理英【編著】

**第4巻** 【小学生・中学生】
情緒と自己理解の育ちを支える
松本真理子、永田雅子【編著】

**第5巻** 【中学生・高校生】
学習・行動が気になる生徒を支える
酒井貴庸【編著】

**第6巻** 【大学生】
大学生活の適応が気になる学生を支える
安田道子、鈴木健一【編著】

〈価格は本体価格です〉

## フィンランドの子どもを支える学校環境と心の健康
――子どもにとって大切なことは何か

松本真理子、ソイリ・ケスキネン 編著

◎2000円　A5判／並製

日本とフィンランドにおける学校環境と子どもの心の健康に関する2国間調査をふまえ、「子どもにとって大切なものは何か」を中心に行われるフィンランドの学校教育や社会づくりの素晴らしさを紹介する。

**内容構成**

フィンランドという国――厳しくも豊かな環境に生きるフィンランドの人
第1章　子どもにとって大切なことは何か
第2章　待つことと感謝すること――小学校の物理的環境と学校生活
第3章　思春期の挑戦――教師の役割と子どもとの関係
　　　――中学生の学校生活と将来の夢
第4章　垣根のない大人と子どものつながり――地域と学校の連携
第5章　心を支える大人たち――日本とフィンランドの子どもにおける心の健康調査
巻末資料　フィンランドの教育事情

---

## 世界の学校心理学事典

シェーン・R・ジマーソン、トーマス・D・オークランド、ピーター・T・ファレル 編
石隈利紀、松本真理子、飯田順子 監訳

B5判／上製／644頁　◎18000円

世界43カ国の学校心理学の歴史と現状、今後の課題を各国の主要研究者がまとめた画期的な事典。学校心理学が展開される環境・起源・歴史・現状と組織的基盤、スクールサイコロジストの養成・役割・機能など主要国の学校心理学を俯瞰できる。

**内容構成**

**第1部　各国の学校心理学**
〔北米〕カナダ／アメリカ合衆国
〔中南米〕ジャマイカ／プエルトリコ／ベネズエラ／ペルー／ブラジル
〔ヨーロッパ〕アイルランド／イングランドとウェールズ／スコットランド／スペイン／フランス／オランダ／スイス／ドイツ／イタリア／マルタ／ノルウェー／デンマーク／フィンランド／アルバニア／ギリシャ／キプロス／スロバキア／ハンガリー／ルーマニア／エストニア／リトアニア／ロシア連邦
〔アジア〕中国／香港／インド／パキスタン／韓国／日本
〔オセアニア〕オーストラリア／ニュージーランド
〔中東〕トルコ／イスラエル／アラブ首長国連邦
〔アフリカ〕ナイジェリア／ジンバブエ／南アフリカ

**第2部　世界の学校心理学～現在から未来へ**
世界の学校心理学：これまでの歩み
学校心理学の国際的発展に影響を与える求心的、遠心的動向
国際学校心理学会：その設立、成果および将来展望
学校心理学の国際比較調査：世界のスクールサイコロジストから得られる洞察
学校心理学の国際的展望：知見の統合

〈価格は本体価格です〉

## 諸外国の教育動向 2015年度版
文部科学省編著
●3600円

## 諸外国の初等中等教育
文部科学省編著
●3600円

## PISAから見る、できる国・頑張る国
トップを目指す教育
経済協力開発機構（OECD）編著　渡辺 良監訳
●4600円

## PISAから見る、できる国・頑張る国 2
未来志向の教育を目指す：日本
経済協力開発機構（OECD）編著　渡辺 良監訳
●3600円

## 生きるための知識と技能 6
OECD生徒の学習到達度調査（PISA2015年調査国際結果報告書）
国立教育政策研究所編
●3700円

## PISA2015年調査 評価の枠組み
OECD生徒の学習到達度調査（OECD）編著
経済協力開発機構（OECD）・国立教育政策研究所監訳
●3700円

## 図表でみる教育
OECDインディケータ（2016年版）
経済協力開発機構（OECD）編著
徳永優子、稲田智子、矢倉美登里、大村有里、坂本千佳子、三井理子訳
●8600円

## 教員環境の国際比較
OECD国際教員指導環境調査（TALIS）2013年調査結果報告書
国立教育政策研究所編
●3500円

## OECD教員白書
第1回OECD国際教員指導環境調査（TALIS）報告書
効果的な教育実践と学習環境をつくる
OECD編著　斎藤里美監訳
●7400円

## OECD幸福度白書 3
より良い暮らし指標：生活向上と社会進歩の国際比較
OECD編著　西村美由起訳
●5500円

## フィンランドの高等教育 ESDへの挑戦
持続可能な社会のために
フィンランド教育省編著　齋藤博次、開龍美監訳
●2500円

## 子どもと家族にやさしい社会 フィンランド
未来へのいのちを育む
トゥーラ・タンミネン　渡辺久子、髙橋睦子編著
●1500円

## 平等社会フィンランドが育む未来型学力
ヘイッキ・マキパー
●1800円

## 安全・平等・社会の育み フィンランドの子育てと保育
藤井ニエメラみどり、髙橋睦子著　全国私立保育園連盟編
●1800円

## フィンランドを知るための44章
エリア・スタディーズ 69
百瀬 宏、石野裕子編著
●2000円

## フィンランド中学校現代社会教科書
世界の教科書シリーズ 28　15歳 市民社会へのたびだち
T・ホンカネン、H・マルヨマキほか監修　髙橋睦子監訳
●4000円

〈価格は本体価格です〉